# 沪 游 杂 谈

蒋炳辉 著

文匯出版社

# 目 录

引言 ■ 1
对话与对景 ■ 3
漫步在外滩 ■ 6
湖心亭喝茶 ■ 9
参观海上名刹 ■ 12
购物在南京路 ■ 17
临行前的旅游 ■ 20
从"万国禁烟会"纪念牌谈起 ■ 25
从"四马路"到"文化街" ■ 28
露香园的故事 ■ 31
上海的马路 ■ 34
美食家的赞叹 ■ 41
体验"界路" ■ 51
看戏聊起"青洪帮" ■ 54
闲谈海上风情 ■ 58
参观街头宣传画 ■ 64
移居上海的"老外" ■ 67
观赏"人头"话"人源" ■ 71
有感街头上的上海话 ■ 75

- 79 ■ 崇明人的骄傲——沙船
- 82 ■ 从"跑马厅"到"人民广场"
- 86 ■ 点春堂的故事
- 89 ■ 那是一个了不起的地方
- 91 ■ 走在"城墙"上
- 94 ■ 上海旅游名胜趣谈
- 98 ■ "座谈"旧上海的娱乐业
- 106 ■ "移民城市"的土特产
- 110 ■ 由参观"哥德堡号"后而想起
- 113 ■ 记住这两艘船
- 116 ■ "购物天堂"的由来
- 119 ■ 上海——万国建筑博览
- 122 ■ 苏州河岸边的"四行仓库"
- 125 ■ 有这样一幢石库门
- 128 ■ 趣谈中国体育运动的发源地
- 133 ■ 这里是"国歌"唱起的地方
- 136 ■ 有感于三元钱一张电影票
- 140 ■ "血路"
- 143 ■ 有这么一幢老房子
- 146 ■ 向陈毅塑像鞠躬
- 149 ■ 他,也应值得纪念
- 153 ■ 科技先辈——徐光启
- 157 ■ 纺织始祖——黄道婆
- 160 ■ "书上旅游"去徐家汇天主教堂

上海衡山路上的吸引物 ■ 163
从松江元代清真寺说起 ■ 166
从"真如寺"说到"白云观" ■ 168
游览龙华寺 ■ 171
龙华千古仰高风 ■ 176
参观一个不对外开放的单位 ■ 179
赫赫有名的荣氏旧宅 ■ 181
走进老房子 ■ 184
寻访孙中山夫妇俩的故居 ■ 186
走进"爱庐" ■ 189
邬达克先生的几件杰作 ■ 192
从董家旧宅到七十二家房客 ■ 195
闯荡世界的上海人 ■ 197
上海的母亲河 ■ 200
谈谈上海城市历史发展陈列馆 ■ 206
从"南洋公学"到"交通大学" ■ 213
有趣的桂花节 ■ 217
争论湖上大观园 ■ 221
说说上海这个中国话剧的发祥地 ■ 229
听大叔讲那过去的事情 ■ 231
资本家给我们上的一堂课 ■ 234
上海——犹太人的诺亚方舟 ■ 238

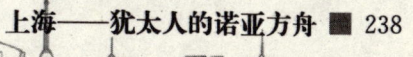

沪游杂谈

# 引 言

　　不知咋地？近来在我脑海中总闪过一些想法和念头，总想把我二十多年来所旅游过的地方，通过一枝笔把感想和心得统统写出来，甚至还有一个不小的写作计划，即把我所知道的我国二十多个属世界级的文化遗产写出来。可是，因为工作太忙，手头上的约稿也太多，所以这些想法和计划一直在脑海中飘来浮去。

　　一天，应上海著名古刹龙华寺的邀请，到华林丈室召开一个座谈会。我知道那个地方，一个不对外开放的地方，一个令善男信女向往的地方，华林丈室上面的藏经楼更是一个神秘的地方。然而，我们几个开座谈会的人是幸运的，在座谈会期间，我仔细观看了四周的环境，丈室前的庭内古树参天、花草遍地，整个丈室仿佛在鲜花丛中。丈室正门悬有"华林丈室"的匾额，为我国著名文学家顾延龙所书写的周鼎文笔迹。这里的"华林"是指佛国中的弥勒菩萨将在华林园龙华树下成佛，因此，龙华寺的方丈室称之为"华林丈室"。

　　丈室内的摆饰古色古香，正中悬有佛祖释迦牟尼的画像，两旁挂满了名人字画。其中有赵朴初的对联一副：纵横十笏谈法地，烂漫千花选佛场。十笏，即一丈之意，其实就是指丈室。

　　座谈会结束后，龙华寺方丈照诚法师请我们去参观藏经楼，哇！我们都高兴得跳了起来。"嘘，佛门之地请安静"，一位僧人及时制止了我们的"违规"行为。

　　龙华寺的藏经楼使我们大开眼界，这里珍藏着各种版本的《大藏经》和佛教经籍以及珍贵文物，其中最为有名的是：明代万历年间的龙边中篆金印、镏金毗卢遮那佛像和上海现存最古老的北宋石

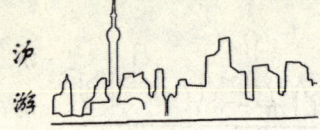

刻《般若波罗蜜多心经》，这些都是龙华寺的镇寺之宝。

值得一提的是：在镏金毗卢遮那佛像前的舍利盒内，摆放着明旸法师的舍利（据说是在颈椎部位的骨头），前面有一放大镜，仔细观看这一舍利，上面出现一张面孔，这竟然和旁边明旸法师照片上的面孔一模一样，真是不可思议，世上哪有这般巧事。大家惊叹着，小声议论着，真可谓是赞叹不已，留连忘返。

晚上，照诚法师在龙华迎宾馆设素宴款待我们，宴间还让我们欣赏由龙华寺梵乐团所表演的声乐和器乐等节目。尽管表演水平很一般。但那"歌呗颂佛道，乃至一音，皆已成佛道"的音乐美感，充分表达了佛教所说"如来梵声"的精神境界，并以此宣传佛教以音声宣理、度人、修行的方便法门。在这种"禅慧圆融、众生欢喜、人们和谐"的氛围中，大家更是畅所欲言，此刻，我也情不自禁地把文章开头的想法和计划向大家透露了一番，得到大家的支持和赞扬也在情理之中。

宴散后，大家纷纷道别，这时，那位劝阻我们"违规"的僧人走到了我面前，双手合十地说："阿弥陀佛。走马观花式的旅游只能算是蜻蜓点水。心静自成佛，倒不如脚踏实地地把对上海的感想和心得写好，老僧建议你写一本《沪游杂谈》，意下如何？阿弥陀佛……""沪游杂谈？"我愣住了，是啊，何必舍近求远。上海是近代和现代中国的钥匙，也是全国的一个缩影，这是人们普遍的共识。上海无论从政治、经济、社会，还是从考古、民俗、宗教等，都蕴涵着丰富的历史文化，上海不仅可以和世界上任何一个著名城市媲美，而且是绝无仅有、个性鲜明。这么大的一个"宝库"不去挖掘、宣传、赞美、歌颂，岂不是……想到这里，我赶紧双手合十，十分虔诚地说："听僧一席话，胜读十年书，阿弥陀佛……""哈哈哈哈！"大家都笑了起来。

走出龙华寺，天已经很晚了，尽管两旁的路灯把马路照得很亮，但我心中的那盏灯比它们更明更亮。

沪游杂谈

## 对话与对景

天上下起了蒙蒙细雨,我沿着外滩那些西洋式建筑旁的道路匆匆地赶往上海大厦,哎!我那两位北京朋友什么宾馆不能住?偏偏要住离我家很远的地方。这不,打电话给我,要与他们碰头、小聚。

"HELLO!"朋友之间见了面,一切不愉快的心情都烟消云散了。我们在宾馆谈了很多、聊了很久。其中一个买商品的话题颇有意思:

"你们上海人真精明。"

"何以见得?"

"前些日子我们北京掀起了买车高潮,而你们却是买房子。如今轿车降价,房价上涨,这不是精明是什么?"

我"扑哧"一声笑了起来,口中的茶水差一点喷在他俩身上。我用面巾纸擦了擦嘴,微笑着说:"不好意思,我失礼了。我认为北京、上海两地的老百姓买了两样不同的大商品。其主要原因不在于精明不精明的问题,而是根据两地的百姓当时的需求和环境所决定的。北京地方大,而且民居基本上是四合院。矛盾突出的是交通问题。而上海地方小、人口多,城市交通拥阻,民居基本上是石库门房子以及简易里弄房等。当时困难户较多,有的几代人住一间房,还有的是什么'七十二家房客'等,因此矛盾突出的是住房问题。北京人买车,上海人买房,这基本上迎合了当时百姓的实际需要,至于两样商品在价格上出现了一升一降的形势,这也是谁都不能预料到的事情,现在房价也跌了,所以说凡是商品总是有涨价下跌的,有许多上海人承受不了,在房价上一亏就是几十万甚至好几百万呢,

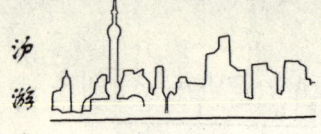

你们说呢?"

"这倒也是!"他们基本上同意了我的观点。

或许是时间坐长了,大家都觉得有些累,于是我们都有到上海大厦顶层去看看外滩美景的意思。这回我自然成了"业余导游",为他们认真地介绍了上海大厦的基本情况:

"上海大厦原名百老汇大厦,因过去在大厦旁边有条百老汇路而得名,建成于1934年,由英商公和洋行设计,新仁纪营造厂承包。大厦高22层76.7米,总面积为2.4万多平方米,这是一座铝钢框架结构,八字形式,中间高,两旁相等,高大宽敞的公寓建筑,属近代摩天大楼形式。另外,大厦底部采用暗红色花岗石贴面,其余大楼均为咖啡色泰山面砖。它南临苏州路,东距黄浦江不远,交通方便,外形及内部装饰较为简单,四翼房间的朝向及光线均较好。大楼两端设有电梯及扶梯,供四翼房客使用,中间2部电梯供中部旅客使用。该大楼以前是外滩的制高点,也是英商业广地产公司的所在地,大厦原是英国商行高级职员居住的公寓。1941年太平洋战争后沦为日本特务机关,抗战胜利后又变成'美军高级顾问团'住地。

现在该楼是一座高级涉外饭店,解放后到现在接待过许多外国贵宾和国家元首,如法国总统戴高乐、乔治蓬皮杜,美国总统尼克松与亨利·基辛格等,他们均在建筑物顶楼平台欣赏过外滩全景。如今该大厦特设中、美、英、法、日以及阿拉伯国家和地区的特色套房,还有各种娱乐设施和购物商场……"

"哈哈哈哈!"还没等我介绍完,他们笑了起来。我不解地望着他们问道:"难道我介绍得不对?""不不不!""那是为什么?"我更是不解了。"哈哈哈哈!"又是一阵笑声。从那笑声中我听出了一点意思,"噢!原来你们住在这里目的是让我当你们的导游。""对对!"他们笑得更厉害了。

"既然如此,好人做到底,送佛到西天,我就再当一回导游吧。"我爽朗地答应了他们经过"精心策划"的邀请。

说实在的，上海大厦顶层我来过多次，这里是欣赏外滩美景的最佳地方，每次到这里都会产生不同的感受。但是，感受最深的是外滩"那组大对景"，一边是西洋式的古典主义建筑，另一边是具有现代主义和海派风格的建筑。它们仿佛是中西合璧的凝固音乐，共同奏响着新时代的乐章。在这时，夜幕降临了，外滩顷刻变成了灯的海洋，柔和的泛光灯给整个外滩披上了姹紫嫣红的丽装，显得分外妖娆多姿。此时此刻，我把目光从那些西洋建筑慢慢移向璀璨的东方明珠，在我的心头突然产生了一种感觉，自己仿佛从鸦片战争的年代走到了当今中国改革开放的最前沿。巡视一瞬间，看到的是长达一个多世纪的历史。啊，回眸凝望，中国发生了翻天覆地的变化，走进新时代，外滩可以自豪地说："滚滚黄浦江与中国改革大潮同行。"今天，在我眼前的是一幅更新更美更迷人的画卷……

外滩，是由于特定历史和环境形成的，她确实是世界上绝无仅有的优秀景区，我到过世界上一些著名城市，也翻阅查找过不少城市介绍资料，但就形式和文化内涵而言，都是无法相提并论的。外滩这组大对景有她独特的魅力和鲜明的个性，征服着无数的中外来宾。

或许会有许多人会同意我的感受和想法。但是，对于上海大厦是欣赏外滩美景最佳之处会有不同的看法，我那两位北京朋友也持这种观点，他们说："东方明珠广播电视塔和金茂大厦，它们的高度远远超过上海大厦，难道就比不上它？"我微笑着说："东方明珠和金茂大厦是观赏整个上海的好去处，但从观赏外滩景区而言，它们比不上上海大厦，前者是横向观赏，后者是直向观赏。举个例子，观赏一条曲径通幽的小路，直向观赏可以看得很远很深，还能产生不少遐想。而横向观赏因角度的原因其效果就受影响。""噢，原来还有那么多的讲究，看来我们没找错人，到上海来旅游，你给我们当导游。""好啊！"我愉快地答应了他们的要求。

走出上海大厦，天上还在下着蒙蒙细雨，我沿着外滩那些西洋式建筑原路返回，雨中的我，感觉真是好极了。

沪游杂谈

# 漫步在外滩

吃过晚饭，我陪着北京两位朋友在外滩观光平台上散步。望着波光粼粼的黄浦江，其中一位朋友问道："上海为啥又称上海滩？"我想了想回答说："据我所知，上海滩这个名称最早源于1840年第一次鸦片战争以后，那时清政府被战败，紧接着西方殖民者、政客、商人等纷至沓来。他们初来乍到，看到上海沿江沿河都是一块块的滩地，因此有人就把上海称作上海滩。"

"噢，原来是这么一回事。""那么，对面的西洋式建筑是否在一个时期建造的，为什么建筑风格都不一样呢？"另外一个朋友又接着问道。对于这个问题，许多中外来宾都会想知道问题的答案。我清清嗓子是这么回答的：

"外滩被公认为是'万国建筑博览'，它的形成不是一蹴而就的，而是经过了三个发展阶段。第一阶段是从上海被迫开埠之初到甲午战争的1895年，这一时期兴建的都是二至三层的砖石结构，形式采用欧洲古典式、西方文艺复兴式或卷柱式即殖民式等，中山东一路33号，原英国领事馆就是这一时期的典型代表建筑。

第二阶段是从1895年到1919年出现了钢筋混凝土结构和五层以上的建筑，基本保持第一阶段的形式，同时也出现了一种向近代建筑形式过渡的折衷式，这一时期的典型代表建筑有中山东一路2号的原上海总会、中山东一路19号的和平饭店南楼以及黄浦路15号的浦江饭店等。

第三阶段是20世纪20年代至30年代。欧美各国的近代建筑开始大量传到中国，结构发展到钢筋混凝土框架和钢架结构，新的近代形式取代了仿古典主义和折衷式，同时也出现了18层到几十层的高层建筑，典型代表有中山东一路12号的原汇丰银行、中山东一路23号的中国银行大厦和你们现在住的上海大厦等。"

"至于这些建筑为什么风格不一？我个人认为，这和该建筑原主人的修养、性格和爱好有关。"说到这儿我举了个例子。"曾记得有位同事请我当他装修新房的参谋，那天，我们俩从底楼开始，挨家挨户地参观房主装修的情况，同样一幢新大楼、同样的结构和朝向，房内的装修却都完全不一样，什么原因？后来想明白了，这完全是根据自己的爱好、修养以及经济状况来选择决定的。""是啊，我母亲前两年买的房子，但现在再去看其他新装修的房子，里面用的装修材料、摆饰和式样都不一样了。""这说明房子和内装修是一个时期、一个年代的象征。"他们高兴地接着我的话题讨论着。我不知道这些观点和想法读者是否认可？我期待着有更好、更完整的答案和观点。

我们慢悠悠地走了很长一段路，他们也饶有兴趣地提出了许多问题，什么外滩是怎么形成的啦？过去外国银行门口为什么要安放铜狮子啦？海关大楼上的钟走时准不准啦？洋泾浜又在哪里啦？等等。我只能尽自己能力，尽可能使他们满意，怎么说呢，谁让我们是朋友呢？

其实，一个半世纪以来，从黄浦江边的滩地一跃成为西方殖民者侵入中国的桥头堡。由外国的洋行、银行、保险公司等金融机构云集在这里，很快成为上海的政治、经济和金融中心。而英国殖民者把外滩译为"The Bund"，其意为河滩。由于近代西方列强在中国开放城市中建立的租界，绝大部分是在江河滩地上。因此，英文"The Bund"也被西方人译为列强在远东建立的殖民地。今天的外滩，除了那些西洋式的建筑面貌照旧如故之外，其余都发生了翻天覆地的变化。

至于外国银行门口为什么要安放铜狮子？其实道理很简单，在外滩的外国银行门口并不是家家都安放狮子的，唯独汇丰银行之外，我的理解是"入乡随俗"。况且那铜狮不是"中国模样"，而是"外

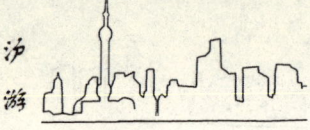

国狮子"。现在汇丰银行门口的铜狮是复制品,真正的铜狮现收藏于上海城市历史发展陈列馆内。

海关大楼上的大钟走时到底准不准呢?准!应该是很准的。由于该钟是机械装置,每周需要上3次发条,每次5人操作1小时,操作工将随时调整走时。

"这条延安东路就是过去的洋泾浜。""是吗?"他们好奇地望着。"洋泾浜原是黄浦江的一条支流。"我指着弯弯曲曲的道路,接着说,"这条浜在中国近代史上占有重要的一席地位,它不仅是过去英法租界的分界线,而且上海有一句俗话也出自这条河浜。""那是为什么?"他们又好奇地问着。"上海建立租界以后,这条河浜两岸的一些居民为了和洋人做生意、交流。法租界一边的人学法语,英租界一边的人学英语,上海人将吐音不准或带有中国话上海腔的外语,统称为洋泾浜法语或洋泾浜英语。以后就干脆把不伦不类的语言和事情都称为洋泾浜了。"

"哈哈哈哈!"他们都大笑起来,从笑声中我看得出他们对我是满意的、对外滩的风景是满意的。然而,紧接着的一番话使我陷入了深思。

"上海的外滩是世界级的旅游风景区,但还存在着许多不尽如人意和设计不合理的地方,比如乞丐、拾荒者不少,散发小广告的也有许多。外滩的绿化带搞得不合理,天热的时候游人被太阳晒得吃不消。观光长廊下的商店数量少,供应的商品单一,没有为旅游者考虑。""是啊,外滩应该把所有的汽车统统赶到地下通道,街面上只有黄包车、三轮车、马车和有轨电车等。另外,在金融广场中的那个巨大LED屏幕到底是坏了还是不开放,到上海有好多天了,就没有看到过它的真容。"

两位外地游客在上海短短的几天里,竟然看出那么多的问题,想必他们是有眼光和水平的。当然,世界上有许多著名景点也存在着类似的问题,但愿那些不和谐的"音符"在外滩越少越好。

## 湖心亭喝茶

一般来说，到上海来观光旅游的"老外"（包括外省市来的旅游者），都希望到豫园去游览一番。虽说现在许多上海人对游览豫园的概念还不太清楚，到底是到豫园去逛街买东西呢，还是进豫园里的"豫园"参观园林古建筑呢？这两者之间谁也说不清楚，甚至有些人还把豫园说成是"城隍庙"。不管怎么说，有外省市朋友到上海来玩，上海人一般都会陪同他们前往豫园观光游览的。

那天说好我们要到豫园里的"豫园"观光游览，谁知我刚想掏钱买门票，却被其中一位朋友拦住了，问其理由，他却说门票贵了点，再说过去来过，倒不如到那个亭（湖心亭）喝茶去。"好，主随客便，我也很长时间没进去喝茶了。"我陪着他俩走过九曲桥，来到了"湖心亭"。

这座湖心亭原是豫园园林中的一部分，它处在整个园林的中心位置，是一幢两层楼古色古香的建筑，原称"凫佚亭"，为清乾隆四十九年（1784年）在旧址上重建的，大约到清咸丰五年（1855年），才正式改为茶楼，取名"也是轩"。以后又有"宛在轩"等名称。据《湖心亭碑记》中记载："八窗洞辟，循桃俯临，然后鱼鸟之出没，烟云竹树之映霭，而茜丽无不尽于四瞩。"由此可见，茶客在亭内品茶，既可环眺四周，观赏景色，又可欣赏荷花池中的游鱼，真是妙不可言。

"几位这边请"，一位中年服务员一边说着，一边把我们领到一张红木八仙方桌前，拿出茶谱说："各位想喝什么茶，要些什么点心？"我一看这位置处在楼梯旁边，不是赏景的最佳之处，于是向他们使了眼色，故意喊道："两位楼上雅座请！"我那两位朋友很会

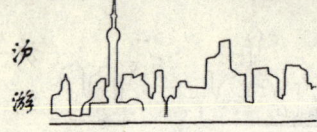

"接令子"（上海方言，领会对方的意思），他们起身向服务员打了个招呼，跟着我上了二楼。

说也巧，刚到二楼正好窗口有几位茶客离座。我赶紧请服务员过来收拾干净桌面，并且要了三杯西湖龙井茶以及几盘城隍庙特色点心。不一会儿我们便聊起了以湖心亭为主的话题，一位朋友说："湖心亭是豫园的象征和代表，我们在许多中外报纸杂志上都看到过。但这一胜景至今未划入豫园园林中实属可惜。"另一位朋友附和着说："豫园园林是4A级景区，也属国宝，湖心亭与国宝无缘，与情与景都说不过去。""是啊。"我喝了一口茶，说，"湖心亭未划入园林内的具体情况我们不清楚。但有一点是理解的，那就是根据当时的大环境、大背景所决定。想当年，许多人把旅游视作是资产阶级的生活方式，党的十一届三中全会以后的一段时期内，还有一些人对旅游持不支持、不反对态度，如今是大力发展旅游事业，并把旅游定位于朝阳产业。而豫园园林大规模修复在1956年至1960年，那时只是把陈旧不堪、奄奄一息的园林恢复起来，给劳动人民有个休息娱乐的场所。因此，拿现在的眼光看过去，是有些不可思议。我们相信有关部门对豫园会有一个美好的规划。"

正说着话，忽然传来一阵悠扬的弹拨乐曲声音。这时，我告诉他们，这叫江南丝竹。在湖心亭喝茶，既可欣赏对面园林内的景色，又可欣赏湖心亭周围的景色，真有一番情趣。

"湖心亭喝茶是个好地方，就是周围欣景的视野太小。""是啊，这里有两道风景线，一道是江南园林式的风景线，另一道是像南京路看人头的风景线。""是啊，江南园林就好比江南人的民居，既小又精致"……两位朋友边喝着茶，边聊着。我没有插嘴，也不想打乱他俩的话题。其实我心里清楚，在湖心亭周围景色原先不是这般模样的。据古人乔钟吴在《西园记》中说："三穗堂（现园林中的一幢建筑）之前分植桧柏，面当大湖，颇具广远之势。湖心有亭，渺然浮水上，东西筑石梁，九曲以达于岸。亭外远近植芙藻万柄，花时望之灿若云锦，凭栏延赏，则飞香喷鼻，鲜色袭衣，虽夏月盛暑，洒然沁人心脾。"由此可见，当年的湖心亭有多么大的气势和景观。就连我国现代大文豪郭沫若先生对湖心亭周围的景色也给予了无比的留恋。他在《湖心亭》一文中说："我想这池水里面，在三五百年前一定植满着美好的荷花，那四周的商场，一定是修整的林树，在那时一定有清脆的好鸟时常飞到林间歌吟，一定有悠然的游鱼在清可鉴底的荷花池中浮泳，荷花开的时候，满地都浮泛清香……"

　　然而，今天我们在湖心亭喝茶，听听江南丝竹，欣赏着荷花池中碧绿而又宁静的水面，使人产生一种开朗、赏心悦目的感觉，那红、黄、白、黑等颜色的游鱼在水中来回漫游，又使人增添无限的遐想。而那座九曲桥是跨越着水面的路，它不仅接通两岸游览路线，丰富周围的水景，增添自然情趣，陪衬楼台亭阁，烘托水中倒影以借景生色。该桥故意曲折，若着眼于功利，虽极不合理，但对周围景色而言，却趣味盎然。步行九曲桥上，视线会得到不断改变，引起景移物换的效果。再加上石栏比例高低适中，外观完美整洁，从而进一步扩大了景观。"潋滟湖光碧印霄，莲池夏气豫园消。一夜波净茎摇绿，夹道穿过九曲桥。"综观眼前景色，以湖心亭为中心，沿荷花池周围建筑屋檐栉比，形成向心、内聚的格局，使人产生在有限空间里，得到美不胜收的感觉，真是另有一番诗情画意……

　　想到这儿，我不由自主地问："这茶喝到这分上是否喝出点味来？"望着若有所思的我，他俩捂着想笑又不好意思笑的脸，异口同声地说："好，好！有味，有味！""哈哈哈哈"我们仨人都笑了起来。

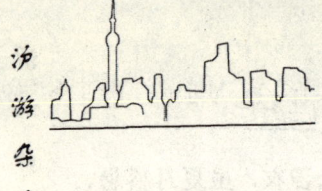

## 参观海上名刹

那两位北京朋友打电话告诉我,说是要参观著名的玉佛,我知道他们所说的就是海上名刹——玉佛寺。

玉佛寺坐落在上海繁华市区的安远路江宁路口,黄粉墙壁,飞檐耸背,古朴幽深,梵宇重楼,门口还有高大的照壁。寺内殿宇宏敞壮丽,佛像庄严完整,以天王殿、大雄宝殿、般若丈室为中轴线的主建筑。东西两旁配以观音堂、铜佛堂、禅堂、文物室、卧佛堂、怀恩堂、乐志堂、水陆内坛、素斋餐厅等。参观游览整座寺院结构,仿佛在欣赏着一幅壮丽秀美的中国画卷,自外而内,逐渐展开的空间变化,又仿佛在欣赏着我国宋代宫殿式的建筑群。

我正想着如何向两位朋友介绍玉佛寺时,只见他们从远处挥动着手中的香炷向我跑来。"你们请香干吗?""不是你说的吗?"他们还喘着气,继续说,"进庙要烧香嘛。"望着他们认真的神情,我笑了,说:"今天正好是农历十五,玉佛寺的门票不但比往常便宜,还敬送一炷香呢。""那没关系,多烧一点香说明我们虔诚嘛。""对对。"我们说着便走进了玉佛寺。

进寺后,我们首先在庭园内烧香拜佛,然后我向他们介绍了这座海上名刹形成的经过和历史。

在清朝光绪八年(1882年)浙江普陀山有位僧人叫慧根,他独自一人沿着唐僧西行取经的路,礼朝天下名山,准备到佛教圣地印度礼佛。慧根僧人先后到五台山、峨眉山,又从四川到西藏,再到印度,回国时改道缅甸,因见缅甸盛产美玉,而且能工巧匠的手艺十分精湛。在征得缅甸国王的允许下,又得到了缅甸华侨陈君普的全力资助,开山取玉,兴工选材,由慧根僧人亲自设计,聘请技师

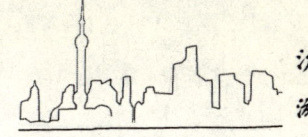

精雕细琢。数年后,请得大小玉佛五尊,并用金银珠宝饰于玉佛上,真是金容满月,七宝庄严。

清光绪二十五年(1899年),慧根僧人奉玉佛回国,途径上海,准备从上海乘船回普陀山。据书上记载:当时航行于上海至普陀山的一艘船名叫"江天轮",该船当时没有这么大的起重设备,无法将高1.95米,宽1.34米,重1吨的举世无双的玉佛起运。这时,清政府的邮传大臣、著名的洋务运动代表盛宣怀的父亲盛旭人和叔父商议后,对慧根僧人请求说:"上海人民也希望瞻仰玉佛的光彩,沐浴玉佛的光辉,请法师开恩留下二尊玉佛。"慧根听了很高兴,立即表示同意将大的一尊玉佛和小的一尊卧佛留了下来,其余三尊玉佛由慧根僧人奉送回普陀山。

以后由盛氏家族出面,召集了一些社会名流人士及在沪的一些僧人,先在上海淞沪铁路旁的张华浜空地上造起一座茅篷,将二尊玉佛安放在里面供来往于淞沪者进香礼拜。这就是玉佛寺的初创阶段。

到第二年(1900年),又在以前的吴淞江湾车站之侧募建伽蓝堂(原是印度对佛寺的称号),同年,僧人慧根圆寂,由本照法师继任住持,曾进京请得《大藏经》全部藏于寺内。至此,佛、法、僧三宝俱足,并命名玉佛寺,这是玉佛寺的早期阶段。

1911年,辛亥革命胜利,寺宇被军队征用。为了保护玉佛,本照法师决定临时将玉佛移置附近的一家公园内,无奈只能任凭风吹雨打,好不令人痛心。不久本照法师圆寂,佛门推举宏法法师为住持,宏法将玉佛移至麦根路(今淮安路鹤守里),赁屋为寺,这是玉佛寺的中期阶段。

1917年,宏法法师圆寂,可成法师奉天宁寺法师冶开和香林寺法师济南二位长老之命,继任玉佛寺第四任住持(可成原为镇江金山寺的首座),可成法师认为赁屋为寺总不是长久之计,决心建造一座永久性的寺庙。于是他四方求助八方化缘,终于募得槟榔路(今

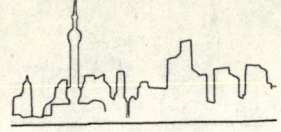

江宁路安远路现址）基地 12 亩，据说，这块地皮是盛宣怀的家庵。

可成法师自 1918 年集资重建寺庙，用了 10 年时间，于 1928 年建成（约有房屋 299 间）。有人说："玉佛寺肇始于慧根，创造于可成。"此话不错，又因可成法师是镇江金山寺为禅宗临济法系第四十六世，故将玉佛寺改称为玉佛禅寺。

"我看过其他一些书籍介绍，说玉佛寺的创建历史有 120 多年，而你刚才说玉佛寺于 1928 年建成，这是不是有些矛盾？"他们有些不解地望着我。"今年是 2011 年，若是按照玉佛寺建成的年代只有 83 年。"我曲着手指继续说，"如今是按照慧根法师起程请佛的那一年算起的，也就是 1882 年，这样算下来就有 129 年的历史了。""噢，原来是这么回事。""今天我们又学到了不少知识。"对于我的解释，看样子他们还觉得满意。

之后，我带他们参观了天王殿、大雄宝殿、铜佛堂等，在大雄宝殿西侧的一座四合院卧佛堂内，他们向我提出了一个有趣而带有普遍性的问题，即怎么拜佛？按照唐僧《大唐西域记》载：致敬之式，其仪九等，一、发言慰问；二、俯首示敬；三、举手高揖；四、合掌平拱；五、屈膝；六、长跪；七、手膝及顶；八、五轮俱屈；九、五体投地。五体亦名"五轮"，二肘、二膝及顶称为五轮。接着，我站在蒲团前，又让他们站在我的身边一侧，边示范边解释说："先是直身站立双手合掌（又俗称合十），佛教寓意为十指连心。拜佛者约离蒲团一脚掌之距，下跪时先将左手按在蒲团中央，同时两腿屈膝跪在蒲团上，双手手心朝下，佛教寓意为'求'，不是有句俗语：'无事不登三宝（即佛教三宝，佛像代表佛宝，佛经代表法宝，僧众代表僧宝）殿'，到了三宝殿就要有所求吗？双腿脚心朝天，佛教寓意为'五体投地'。额头拜到蒲团时把朝下手心翻为手心朝上，佛教寓意为'接收'，就是接收佛和菩萨对拜佛者的"帮助"和"恩赐"。三拜之后，站起身将两手食指尖合拢，中指、无名指、小指卷曲背面相贴，大拇指尖外侧合拢，形成上尖下圆形，呈此状举高于额头，然后双手指分开，用食指顶端摸一下鼻子两旁，寓意拜佛者拜佛完毕，临走前和菩萨打招呼。"

"我来试试！"他们俩都急着先要拜佛，他们拜了一遍又来一遍，不知什么时候我们的身边已经围了许多香客和旅游者，有的还提出了一些问题请我回答，我都一一给予了答复。无意间我忽然发现，我那两位朋友也成了"师父"了，他们正认真地向香客介绍着拜佛的礼仪呢，真是先进三门为师啊。

我们依次上了玉佛楼，那是个令人向往和神秘的地方，在楼的中央靠后一点的大佛龛中供奉着一尊释迦牟尼成道像，这尊玉佛就是举世无双享誉海内外的镇寺之宝，玉佛高1.95米，宽1.34米，重约1吨，由整块白玉雕琢而成。玉佛脸部丰满，犹如满月，高肉髻，眉如新月，双眼半开，向下府视，鼻梁挺直，双唇紧闭，嘴角处微向上翘，带着一种安详、欢欣的微笑。双耳垂肩，肩膀宽阔，身披袈裟，偏袒右肩（据说印度缅甸的佛像都是这种式样，因属热带地区，人们并不讲究衣冠楚楚），右臂戴着臂钏，身上装有翡翠、玛瑙等金银宝石，这些都是善男信女捐赠的。玉佛结跏趺坐，左手横置腿上，掌心向上，作禅定印，表示释迦牟尼在菩提树下静虑入定，最后觉悟成佛。右手下垂，手指触地，称触地印，表示释迦牟尼佛成道前愿为众生牺牲自己，修种种菩萨行，这一切唯有大地能够证明。

玉佛雕琢精致，玉质细腻，玉色莹洁，研磨得圆润光滑，仿佛刚从水中请出似的。据说，玉佛如此光亮是那些虔诚的佛教徒以及善男信女用手心当研磨剂，将玉佛磨得这般模样。另外还有一种说法，玉佛被请来沪后，经中国工匠再次精琢细磨，造型更为美观，整个佛像各部位比例和谐匀称，线条略向前倾，玉佛呈现出一种宁静、飘洒、柔美的神情，堪称佛教艺术中的瑰宝，再加上窗明几净，广漆地板闪闪发光，真有一种一尘不染和心神豁然的感觉。

我没有去打扰他们，让他们静静地瞻仰和沐浴玉佛的光彩吧。

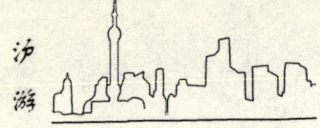

忽然，一位朋友小声地对我说："要是那尊玉佛供奉在楼的中央，让我们与玉佛零距离接触，那该多好啊。"我望着他们笑了，是啊，这个建议很好，我们有理由相信，玉佛寺的僧人们会考虑旅游者的需求的。

走出玉佛寺，我们不断地回首仰望那黄粉墙壁、梵宇重楼的玉佛寺。大家都有这样一种感觉，仿佛听到玉佛的说法声，钟鼓的击撞声，木鱼的敲打声，僧人的念经声，香客的念佛声，这声声又仿佛一曲惊心动魄的交响乐，使佛教徒和善男信女五体投地，又使外来参观者赞叹不已，流连忘返……

## 购物在南京路

再过两天,我那两位朋友要回北京去了,陪他们购物是尽主人的一点义务,好事做到底,送佛到西天嘛。那天,我们说好在南京东路、河南路口(即在江泽民题写的"中华第一街"街碑处)碰头。根据我多年的经验,购物要执行"先远后近"的原则,也就是说先到最远处购物,然后朝着回家的方向再买东西,等到购物差不多了,这时离家也就不远了。不信?你可试试。

我们见面后,首先我请他们乘坐小型观光车从河南路到西藏路,这也是"中华第一街"的全长。观光车上没有导游讲解,这时,我就充当他们的临时讲解员。讲解内容自然是从南京路的变迁说起。

公元1840年,第一次鸦片战争以后,帝国主义殖民者用大炮轰开了上海的大门,殖民者很快踏上这块美丽富饶的土地。他们在上海开辟居留地,建立了"国中之国"的租界。

南京路在1848年之前只是一条通往外滩的羊肠小道。后来殖民者为了扩大租界范围,借口修建跑马场,强占了约80多亩地皮,建成了内是花园,外是跑马场的娱乐之地。那时,沿路两边便有了商业网点,到1865年后,殖民者在扩建该路的同时正式定名为南京路。后来南京路由东向西不断延伸扩展,马路两边的商店也随之不断兴建,商业开始繁荣起来,不久,人们便把南京路称之为"十里洋场"。

新中国诞生以后,南京路上的商店得到彻底的改造,网点也进行了全面调整,原来颇负盛名的四大公司,如今的上海第一百货公司(原大新公司)、上海第一食品商店(原新新公司)、上海时装公司(原先施公司)、永安公司,经过改组、改造,显得更加朝气蓬

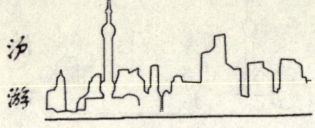

勃、富有特色。党的十一届三中全会以来，那些设施先进、装饰豪华的现代化大型综合购物中心加入到南京路上，如曼克顿广场、置地广场、新世纪商厦、恒隆广场、中信泰富、梅龙镇广场等，它们为南京路增添了不少光彩。目前在这十里长街上鳞次栉比地矗立着600多家经营各种商品的大小商店，其中以南京东路最为密集，商品琳琅满目，应有尽有。

此外，南京路上还有许多著名商店和具有传统特色的百年老店，如闻名海内外的"朋街"、"鸿翔"等女式服装商店。有半个多世纪骄傲的"培罗蒙西服店"，以及"人立"和"亨生"等男式服装商店。还有小花园鞋店、王星记扇庄、冠龙照相材料商店、王开照相馆、邵万生南货店、朵云轩、张小泉刀剪店、吴良材眼镜店、蓝棠皮鞋店等。

其次，南京路上专营进口品牌的店有"堡狮龙"、"摩士达"、"凯瑟林"、"真维斯"等。有专营皮装和貂皮大衣的有"雪豹"、"大集成"、"第一西比利亚"等。有被誉为羊毛衫总汇的"恒源祥"、"开开百货公司"等。

南京路还汇集我国各帮派的特色菜肴以及世界各国的精美餐点。其著名饭店和菜馆约有40多家，其中"新雅"、"扬州"、"燕云楼"、"梅龙镇"、"绿杨邨"、"功德林"等，都保留着自身原汁原味的特色，因而深受广大消费者的喜欢。

俗话说："不到南京路，不算到过大上海。"这条经历了一个多世纪沧桑的大街，现已成为国内外旅游者的必到之地。据有关调查资料介绍，南京路上的行人每天约有2百多万人以上，其中百分之六十五以上为外省市旅游者和外国来宾……

不一会儿，小型观光车已经来到了西藏路。下车后我问他们要买些什么东西？他们是你看我，我看你，伸了伸舌头，两手一摊说："到了南京路才知道不知买啥东西好？""那么我们随便逛逛。"我说着把他们朝来的路上走去。要知道买东西最怕是没有目标，况且他

们是到上海来观光旅游的，买些东西无非是送亲戚朋友。于是我陪他们去了"中百一店"、"新世界商厦"、"食品一店"和"上海时装公司"。谁知几家商店走下来，他们竟没买一件商品，当时我觉得很奇怪，就问："怎么，没有一件商品是称心如意的？""听说上海人买东西要货比三家。""是嘛，我们入乡随俗，不忙，不忙。"说完他俩笑了起来。望着他俩我心里叽咕着：到上海没几天，就把上海人买东西的精明之道学到手了。嗨！主随客便吧。

　　我们边走边聊，大约到了"盛锡福帽店"他们开始掏钱包了，先是各自挑选了一顶羊绒皮帽，后又买了好几顶太阳帽和运动帽。最不可思议是在"小花园鞋店"购物时的情景，他们把店内的牛羊皮软底鞋、绣花鞋、布底鞋等足足买了几十双，乐得服务员帮他们包扎装袋，走出店门时，俩人好像跑单帮的生意人，还不断自言自语道："这鞋好，北京人最喜欢穿布底鞋了。"以后，我在"张小泉刀剪店"买了两把上好等级的剪刀送给他们，谁知他们开玩笑地说："这么多的鞋帽既轻又好带，如果买那么多的刀剪，我们将变成武器走私犯了。""哈哈哈哈！"大家都笑了起来。

　　这时夜幕降临了，突然间南京路变成了灯的世界，五光十色的霓虹灯交织在一起，人们仿佛置身在晶莹剔透的水晶宫殿中。而此时的我们背驮包袱、手提大袋，像似赶集，与周围的环境极不相配，于是我在交叉路口拦了一辆出租车把他们送回宾馆去了。

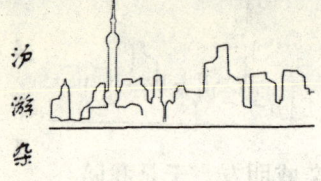

沪游杂谈

## 临行前的旅游

我那两位朋友今天傍晚要乘飞机离开上海了，为了抓紧时间多看一些景点，我一大早乘车赶往静安寺附近的航站大楼，很快地为他们办完了托运行李和登机手续，紧接着我们"打的"来到了"上海植物园"。

也许我们来得早的缘故，园内远处偶尔有些老年人在晨练之外，这里一切都显得很安静，安静得可以听到人的喘气声，走路时裤脚的摩擦声，以及树上鸟儿的切切私语声。眼前，植物园已是满目秋色：松柏凝翠、丹枫初红、菊花铺金、桂花飘香、橘红叶绿，真是五彩缤纷，植物的世界。

这时，我情不自禁地为他俩当起了景点导游：

"上海植物园的历史可追溯到上世纪20年代，那时称'上海县植物园'，仅属苗圃性质。到了1933年，上海又开辟了仅八亩多面积的'市立植物园'，面积虽小，但景致却不错，全园有八个植物园和12个盆景花展区。据说当时每天都开放，而且不收门票。一年的参观人数竟达七万之多，但后因抗日战争全面爆发，该植物园变得荒废了。

"如今的上海植物园是在1954年龙华苗圃的基础上发展而成的，其面积80多公顷，展出的植物品种有4 000多种，园内分盆景区、草药区、植物楼、环境保护植物园以及展览温室等，其中……"

"嗳，老兄，时间关系，你能不能带我们看植物园最精彩的内容。""可以，前面不远处的盆景区最具特色。进入该展览区仿佛置身于盆景世界，数千盆景星罗棋布地展现在眼前，颇为壮观，令人赞叹不已，流连忘返。""是吗，由你说得那么好吗？""不信？咱们

骑驴看唱本——走着瞧。"说完,我大步流星地走着。他俩见我突然加快步伐,也小跑步地跟了上来。我们边跑边说笑,又相互打逗,穿过花径、穿过竹廊、穿过老年人晨练的人群,园内的安静被打破了,树上的鸟儿"扑"地一下腾起,喳喳地叫着飞走了,只掉下几片发黄的树叶。那些摆着打拳姿势的老年人两眼望着我们,心里肯定在想:这些人吃错药了。

跑进盆景园,我们才停止了脚步,大家喘着气,谁都不说一句话,或许是被眼前的景色所吸引,或许是被千姿百态的盆景所迷恋,或许是被世界上最大盆景园之一的所震撼,或许还有更多的或许。此时,植物园又恢复了安静。

盆景园约有2 000多盆精品,具体分为苏州、扬州、上海、四川、岭南五大流派,其中苏州盆景尤为迷人。在我的印象中,有几处盆景是较为有名的,但时间长了,已经记不清它摆放在何处。幸好在园内一位园艺师的指引下,我们来到称之为"黄山悬崖不老松"的树桩盆景旁,那位园艺师热情地为我们介绍说:"黄山松树一般都生长在石隙中和悬崖峭壁上,因此,该松虽呈倒之态,但其主干却顽强挺拔、苍劲有力,该盆景也表现了这方面的神态。"说完他又把我们领到被称之为"龙钟石榴"的盆景前,继续说,"这盆景至今已有200多年了,其树桩有2米多高,看上去木质已枯朽,但每年入夏之时,树上开满红花,到了深秋则是果实累累,再过十天左右,这些石榴就成熟了。""哇!真是太奇特了。"我们在该盆景前看了好一会儿。

然后,我们在那位热心的园艺师带领下,又参观了微型盆景馆。在馆内大家都有一种特别的感觉,怎么只有手指般大小的树干,仔细观赏却有旷野林木之态呢?这时,园艺师告诉我们,说:"这些微小植物是经过精心修剪、截根等措施,同时在技术上采用科学的抑制其发育的方法,数十年后仍然保持原来的面貌,但待到开花季节,树上仍旧花盛叶茂,真是妙不可言。"在这里,我们同时观赏到许多

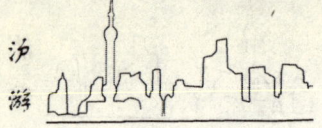

品种的微型盆景,比如海棠、杜鹃、湘妃竹、黄松、六月雪等。忽然,我听到旁边有轻轻的叹气声,我微笑着问:"怎么,植物园给你带来遗憾?""遗憾太多了。"我那朋友又叹了一口气,说,"参观的时间太少,想买一些微型盆景又怕带不了,若是邮局能寄那该多好。""亏你想得出来,哪有邮局寄盆景的?""哈哈哈哈。"连园艺师都笑了起来。

时间不早了,我们告别了那位热心的园艺师后,便匆匆地走出盆景园,准备到上海动物园去。当走到一座粉墙黛瓦、具有中国古典园林风格的庭园时,我们突然闻到一股沁人的花香,这种香味很特别,仿佛全世界最好闻的一种花香。"兰花香",我脱口而出。于是我们加快脚步走进了"兰室"。

整个"兰室"占地约一万多平方米,分几个展示区,是一个大型赏花、养花场所。室内还珍藏着我国已故国家领导人朱德和著名爱国将领张学良,以及许多日本友好人士赠送的一大批名兰。面对300多个品种、近4 000盆兰花,此时、此景、此情,我们谁都不愿离开。

"唉,"我那朋友又轻轻地叹了一口气,"若是邮局能寄那该多好。"我们异口同声地说着,随后又是一阵爽朗的笑声。

为了争取时间,我们"打的"赶到上海动物园。为了抓紧时间,我们在园内买了一些面包、牛奶和茶叶蛋作为午餐。为了多看一些景点,我们选择了电瓶车观光游览,为了多了解一些情况,我又承担起导游的角色:

上海动物园原名"西郊公园",建于1954年,前身是西方冒险家的娱乐场所——"虹桥高尔夫球场"。1981年正式定名为上海动物园。近60年来,上海动物园经过多次扩建,如今占地70多公顷,园内树木葱郁、芳草如茵、河流弯曲、湖面宽广,因此,它实际是以展示动物为主的大型公园。

上海动物园如今展出的动物有600余种,6 000多只(头),其中有不少是来自世界各国的珍禽异兽，如长颈鹿、企鹅、河马、非洲狮、鸵鸟、白熊、海狮等。中国的名贵野生动物有大熊猫、孔雀、大象、金丝猴、华南虎、扬子鳄、白唇鹿、黑颈鹤等。园内动物"住宅"设计新颖、富有特色，全部根据动物生长的自然环境布置，如天鹅湖、象馆、熊猫岭、狮虎山、猩猩馆、猴山等。园内每天上午10点和下午2点左右有驯化动物表演，如大象摇铃吹口琴、海狮顶球、黑猩猩穿针引线等，节目丰富多彩。另外，园内还设有大型娱乐场所、餐厅、小卖部、摄影部、游船等……

我们在"天鹅湖"下了车，在湖边我们三下五除二地解决了午餐。然后，我又向他们介绍了天鹅湖的情况：

天鹅湖处于上海动物园的中心位置，湖面积近3.3公顷，建于1954年，原是由几个天然水塘开挖连成的，现湖上建有一座三孔桥连接南北两岸，湖中还有5个小岛，分别植有柳树、黑松、水杉、桑树、池杉等供游禽栖息和产卵。湖中放养着大批天鹅以及鹈鹕、大雁、野鸭等，还有不少迁徙鸟类，如夜鹭等，它们有的在水面上追逐、鸣叫，有的在空中自由飞翔。或许有人会担心它们飞走，其实，天鹅湖的环境较佳，完全适合这些鸟类的生活需要，还有就是动物园的饲养员对这些水禽都动了手术，切除了它们翅膀上的腕骨，使得它们只能低飞、无法远行，或者在湖中拍翅击浪。最后通过驯化的方法，使这些水禽在此生儿育女，繁殖后代。现在这儿已经成了一个小小的禽类自然保护区……

电瓶游览车又来了，原先我打算让他们参观狮虎山。谁知他们很幽默地说："著名相声演员姜昆曾掉到虎山下，差一点给老虎吃了，那地方危险。"我听了差点笑出声来。

以后，我又陪他们参观熊猫馆、亚洲象馆以及长颈鹿馆等。在孔雀苑发生了一件有趣的事情。当时我说："你们有本领让孔雀开屏吗？""那还不容易！"一位朋友说着脱下身上穿的一件红色外套，使劲地挥动着。可是，那些孔雀是乎不领情，装做没看见。那朋友着急了,赶紧从手提包中取出一条新买的真丝围巾,双手不断地挥动着,嘴中还发出"嗨、嗨、嗨"的声音。过了一会儿,仍不见有动静。这时我们都笑了起来。"算了,咱们走吧,还得赶飞机呢。"另一位朋友劝说着。"不忙,不忙。"看来他有点不达目的誓不罢休的感觉。这时,围观的游客是越来越多。怎么办呢?我灵机一动说:"孔雀有雌、雄之分。一般来说,雄性孔雀的开屏率比雌性孔雀来得高,要不咱们换一只孔雀试试。"说着,我们来到一只离我们最近的蓝孔雀,使劲地挥动着手中的东西,那蓝孔雀突然张开美丽尾屏,并不时地发出"格格"的"笑声"。"哇!"周围的游客都高兴地鼓起掌来。就在这时,我赶紧用相机拍下了他颇为得意的神情和难以忘怀的一刻。

到了虹桥机场,该航班的旅客已经差不多都通过安检口了,我们只能匆匆话别,望着远去的背影,我想,他们这次上海之行是难忘的,而临行前的旅游更加使人难忘。

# 从"万国禁烟会"纪念牌谈起

儿子从国外学成回国,为了替他接风洗尘,我太太在南京东路口的和平饭店预订了两桌酒席,招待那些曾经帮助过他的亲朋好友。开席的那天傍晚,我们三口之家早早来到了和平饭店北楼门口,期待着客人们的到来。

忽然,儿子拉了拉我的手,轻声地说:"老爸,对面墙上的万国禁烟会会址纪念牌是否纪念禁香烟的会议?"扑哧一声,我不禁笑了起来。我在想,这块纪念牌从挂上至今已有10多年的历史,每天经过南京东路的人有无数,进出这家饭店买东西的人也不少,但真正知道这块纪念牌的来历及历史的恐怕为数不多。我笑着对他说:"这里禁烟指的是禁毒,烟,就是鸦片。""噢,原来是这样。"我儿子一面说着,另一面又流露出疑惑的表情。反正在等人,倒不如为刚留学归来的儿子说说旧上海都市社会的流弊。想到这里,我指着纪念牌,说:"在1909年2月,第一届世界反毒品大会在上海召开,刚建成不久的这家饭店被选作主会场。以后,在1996年11月,全世界33个国家、地区和国际组织的禁毒专家和官员汇集这里,出席由联合国禁毒署举办的《上海国际兴奋剂会议》,同时为1909年的《万国禁烟会》会址立纪念牌设置这里……"

亲朋好友陆陆续续到了,饭店门口的那种热闹、兴奋、激动场面发生过了好几次,吸引了不少过路者驻足观望。为了不影响"市容",我太太请他们进饭店入席等候。

宴席间,那些亲朋好友轮番地围在我儿子身边亲切地问长问短,像似有说不完的话题。为了让他们尽兴,我和太太故意来到旁边一桌,可是,湿润的眼睛却不时地飘向谈笑风生、杯盏交错、又喝又

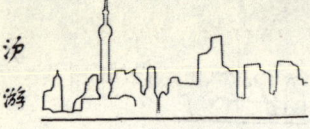

闹的儿子。"怎么样老公,今天的宴席还算圆满吗?"太太含着眼泪轻声地问道,我微笑着点点头,心里却在想:花未全开,月未圆。今后的前程还要靠儿子自己去等待和追求了。

宴散了,我们三口之家与参宴者一一道别。此时的外滩确实很美,那柔和的泛光灯给整个外滩披上了姹紫嫣红的丽装,显得分外妖娆多姿。

"老爸,我们到黄浦江边去玩玩吧。"我知道酒足饭饱的儿子既想游览又想"消化",于是我们穿过南京东路,来到了外滩著名的观光长廊上。望着黄浦江蜿蜒曲折的美丽身躯,此刻,不知怎么搞的?在我的眼帘中,那些豪华游艇和大轮船都不见了,脑海中浮现出的净是18世纪西方殖民者贩运鸦片的船只。是我喝醉了,还是出现了幻觉?我用双手揉擦着自己的面孔。"老爸!我在国外留学时曾看到一则报道,说是洋人把鸦片运到中国,就是走的这条黄浦江。""是的!"我边说边示意大家散散步。"鸦片是西方殖民者用来腐蚀和毒害中国人民的重要手段,也是他们榨取巨额利润的主要途径。在鸦片战争以前,那些殖民者们就将鸦片偷偷地从海上运往中国,鸦片战争以后,殖民者大肆地将鸦片运进中国,贩卖鸦片已成为合法生意,上海也成为鸦片输入中国的窗口和中转站,黄浦江中的鸦片船只要多于粮船。那时,上海的烟馆遍布大街小巷,其数量完全能和号称烟馆甲天下的广州相媲美。"

"那么,哪家鸦片馆最为著名呢?"我儿子开着玩笑地问。"据我所知,上海滩有三大鸦片馆,即青莲阁、眠云阁和南城信。馆内装饰讲究、富丽堂皇,大而一榻,小而一匣,无不刻意讲究,一般无瘾的也乐于卧游。可见鸦片对人们的毒害之深。鸦片馆的服务也是一流,他们把烟客视为上帝,技巧上讲究三绝,称'黄长松',即烟斗上的烟要黄,形要长,质要松,烟客抽起鸦片来才有味。""像真的一样,你好像进去抽过鸦片似的。"我太太开着玩笑说着,紧接着大家又是"哈哈哈哈"的一阵笑声。"听我说下去。"我摇了摇手继

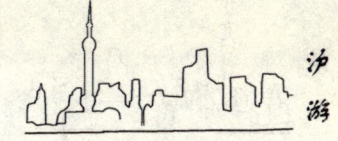

续说:"西方殖民者把鸦片源源不断地运进中国,又将中国的棉花、蚕丝等原材料以及白花花的银元等运出中国,他们自己不食鸦片,也决不允许租界内的侨民抽鸦片。但是,他们却异常热心地鼓励和纵容华人进行吸食鸦片。直至抗日战争爆发,上海成为孤岛后,日寇还在搞什么'等级烟民',并发其执照成为合法烟民,真是荒唐到了极点。"

海关大楼的钟声又响了起来。我太太对了一下手表,突然想起什么似的说:"走!咱们到南京路逛逛,看看有什么合适的东西给儿子买些。"

我们沿着原来的路返了回来,当我来到和平饭店南楼门口时,又有意地看了看那块"万国禁烟会"纪念牌。我想,新中国诞生后,那些毒品被彻底铲除了,但随着改革开放的不断深入发展,那些毒品又沉渣重复了,我们应该远离它,因为一旦染上毒品瘾,不是家破人亡,便是妻离子散,过去是这样,现在也是如此。这是历史的教训,血一般的教训。我希望那块纪念牌永远挂在那里,让世人醒目。

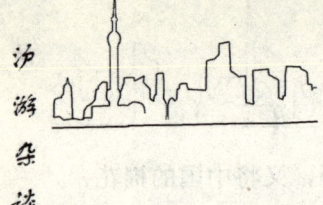

## 从"四马路"到"文化街"

儿子留学回国已经有半个多月了,应该说"时间差"已经倒得差不多了,为了使儿子尽快找到自己合适的工作,双休日我陪他到福州路去买些书以及就业推荐表之类的文化用品。到了福州路,我随口说了声这条马路解放前称四马路。"老爸,福州路为什么称四马路?"儿子怀着好奇说着。我笑着对他说:"提起四马路,一般老上海人都知道它就是现在的文化街——福州路。可是,如今有许多年轻人或者'80后''90后'的恐怕知道这条马路情况的就更少了。"

"你知道吗?福州路是上海被迫开埠后,英国殖民者在其租界内,搬来本国的市政设施和技术,辟建的第一条马路名叫'劳勃渥克路',而上海人则称它为'四马路'。因为南京路称大马路,九江路称二马路,汉口路称三马路,福州路称四马路,广东路称五马路。在这条马路上如今有上海最大的书店,称'上海书城'。还有经营至今约有300多年历史的周虎臣笔墨庄,生产的狼毫水笔远销日本、香港和东南亚地区。狼毫水笔选用上等狼毫,掺以蒸熟的洁白麻丝,精工细作,精美耐用。该笔墨庄还生产制作羊毫笔、胎发笔、羊须笔、马毛笔、猫毛笔、鸡毛笔等共有几百种,并经营各种名墨,另外,杨振华、李鼎和笔庄均享誉海内外。

福州路上有上海最大的古籍书店,供应着各种木刻本、排印本、石印本古籍,以及各种新印古籍书,艺术复制品,有关研究古代历史文化的著作,古典文学及普及读物等。

还有上海最大的外文书店,发行我国出版的英、日、法、德、俄等多种外国文字的图书、期刊、明信片。同时承办美国、日本、英国、法国、德国等国家的报刊、图书、文献资料的发行工作等。总之,现在的福州路两边卖的都是文化用品,成为名副其实的文化特色街,也成为上海市民,大、中、小学生,各类学者、文人雅士的必到之处。上海人为有这条特色街而感到自豪和骄傲。"

"然而,"我又接着话题继续说,"在旧上海的'四马路'确是一条流弊丛生、充满肮脏黑暗的马路,其最大的特色是妓院集中、娼妓众多。娼妓是近代上海的畸形产物。旧上海的娼妓其数量可称得上'世界之冠'了。""老爸!这条马路过去是红灯区?""是啊,是妓女最为集中的红灯区。上世纪20年代前夕,一个叫甘博尔的英国社会学家曾对世界八大城市进行统计调查,其结果显示:上海市人口数和娼妓数的比例为137比1,大大超过了伦敦和巴黎这两个著名的城市,有人在1935年又作过一次调查,发现上海的娼妓,包括暗娼,大约有10万多人,这个数字令人咋舌。""乖乖!这么厉害。""是啊,"我接着又说,"旧上海的娼妓与妓院相对集中在这条马路的会乐里一带,什么'长三堂子'、'向导社'、'咸肉庄'等妓院多如牛毛、乌烟瘴气。另外,在东新桥街(现西藏路、寿宁路口)是专接外国水手的'咸水妹',还有日本、白俄等女子操业的外国堂子等。"

"那么,这么多的娼妓是怎么来的呢?"儿子又怀着好奇问着。我接着说:"旧上海的娼妓如此之多,原因种种,一是近代上海经济繁荣,成为西方殖民者和冒险家以及华人中那些大户大肆淫欲之地,二是移民城市带来的比例失调,三是旧上海那些黑帮会为榨取暴利所开设的妓女院,四是上海周边地区贫苦落后以及逃荒女青年和妇女,为谋生被迫沦为娼妓。

作为近代上海畸形的娼妓,她们生活在社会最底层,其命运也是够惨的,被辱欢笑卖淫所得血泪钱大部分给妓院老板夺走,接不到嫖客还得受罚挨打和挨饿。此外,妓院还引诱她们吸毒、赌博和放高利贷,其用意想迫使妓女继续为娼,大部分妓女操此业不久便染上性病，过早地离开了人世。

　　新中国诞生后，上海市人民政府一举摧毁了所有妓院，拘留妓院主，收容妓女。同时，对妓女进行了改造工作，其主要内容有思想改造、疾病医治以及组织学习生产技能等。通过人民政府的努力，绝大部分妓女最终凭借自己的努力获得了新生，重新确立了自己在社会中的位置。以后，不少外国的专家学者以及政府官员都来上海实地研究考察这一成功的做法，他们纷纷称赞上海为世界提供了宝贵的经验和树立了榜样，其中美国哈佛大学一位著名学者在他的著作中写道：上海解决娼妓问题最大成功在于改造娼妓彻底和后继工作扎实，这在全世界未有先例……"

　　是啊，从旧上海的"四马路"到如今的"文化街"，这是一个多么大的历史变迁，在这个变迁中我们可以清楚地看到，它集中地反映了近代上海的娼妓业与城市的繁华，娼妓业的兴衰是上海城市发展史上黑暗的一页，也是近代上海畸形的产物。新中国的诞生，尤其是改革开放以来的发展，我们的国家发生了翻天覆地的变化，福州路也在阳光的沐浴下，变得更加年轻、美丽，富有朝气。

　　"老爸！快别说了，咱们进店买书吧。"说完儿子拉着我的手臂走进了上海书城……

## 露香园的故事

一天,好友送来二张《露香女》戏票,我知道该戏和过去上海的"露香园"有关,不巧,太太临时要出差,无奈只得邀请从不喜欢看戏的儿子出席,经过好说歹说,好不容易才算勉强同意,这也许是给他老爸一个"面子"吧。

演出还没开始,我俩早早进入剧场。为了让他对《露香女》的剧情有个大概的了解,我从另一个侧面向他讲述了"露香园"的故事。

据史料记载:在明朝嘉靖三十八年(1559年),上海有一位"退休"的朝廷官员,姓顾,名名世(据说他在朝廷专管皇室的玉玺、符牌、印章等),虽说此人官位不大,但地位却较为显赫。以后,他在上海城西北隅其兄长私宅万竹山居附近建造起一座私家园林,在建造期间无意间发现一块刻有"露香池"三字的石头,经请专家鉴定原是元代著名书画家赵子昂的墨迹。顾名世大喜,就取"露香园"为园名。露香园建成后,占地约数十亩,其主要景点有露香池、阜春山馆、分鸥亭、积翠冈、青莲座、碧漪堂、独莞轩、露香阁、大士庵等。顾名世也常在园中招待客人,并且以顾氏家族中的刺绣作为礼物馈赠亲朋好友。其中顾名世长子之妾缪氏的刺绣最为上乘,她绣的佛像和人物形象逼真,栩栩如生,因而有"露香园顾绣"之称。

露香园顾绣的得名主要归功于园主顾名世,另据不少史料记载:"名世性好文艺"、"见多识广"、"艺术修养较高"等,在园主的影响和熏陶下,顾氏家族的成员都十分酷爱艺术,尤其是那些女眷们善于丹青书法,擅长刺绣。这些女子从事刺绣的目的不是为经营赚钱,而是作为顾氏家族女子的修养和高层次的艺术追求。

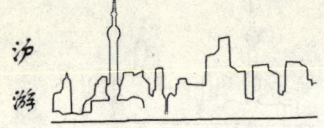

　　顾氏刺绣传到顾名世孙子寿潜、孙媳韩希孟时，技艺达到了顶峰，他们继承和发展了刺绣的传统绣法。他们又擅长绘画，故把画与刺技融为一体，所绣的人物山水花鸟，色彩斑斓，气韵生动，被世人称为"画绣"。

　　顾绣常以宋元著名文人的书画作为摹本，针刺细如毫，丝绒细过发，绣法精致细腻，配色精妙，绣绘结合，自然浑成，毫无针痕线迹。其作品清秀典雅，装裱之后与原作品放在一起，完全可以乱真。明代松江画派代表人物董其昌对顾绣极为赞赏，称它"精工夺巧"，"人巧极天工，错奇矣"。韩希孟所绣宋元名迹八幅遗作，现今珍藏在北京故宫博物院内，每幅绣品的一侧都有董其昌的题咏，因而显得异常珍贵。

　　顾氏家族衰落后，那些妻儿婢女便以刺绣为生，顾绣技艺也从露香园走向市场，由观赏品转为实用品，并且出现了"顾绣庄"之类的商店。顾名世的后代为了生活也广收学徒，传授技艺，这时，顾绣的名声更加响亮了。据说，一幅小小的顾绣要卖数两银子。但是，由于顾绣技艺相当复杂，弄不好还要赔本，再加上无人重视和扶植，解放前夕已经近于绝迹。解放以后，上海市人民政府极其重视，并且找到了顾绣的老艺人，使得顾绣重放异彩，如今产品不但供应国内市场，还远销欧美各国。2006年5月，顾绣经国务院批准被列入第一批国家级非物质文化遗产名录，顾绣传人戴明教（女）也于2007年6月，被国家文化部确定为该文化遗产项目代表性传承人。

　　除此之外，露香园内的"顾振海墨"也十分著名，该"墨"的发明者是顾名世的次子顾斗英（字仲韩，号振海），顾斗英既精通诗、书、棋、画，又擅长鉴别古玩、图书等，确实是个有才之人。据说他自制的墨是用油脂、松烟、珍珠、金箔、紫草、鱼胞等混合，后捣两万杵合成。成型后，在每一锭上印有"顾振海墨"四个金字。另外，还有一种说法，顾斗英对日本墨进行改制，成型后的墨呈圆柱形且无款，表面为松皮纹，此墨比前一种墨更为美妙，只可惜这两种制墨方法现已都失传了。

其次，露香园内的水蜜桃在当时也堪称一绝，据说顾名世在建造露香园时，就从我国北方引进优良桃树种，该桃以后还成为上海红极一时的名产。"水蜜桃推雷震红，闻雷见一晕红工。露香园种今难觅，都向黄泥墙掷铜。"这是著名的三林书院创始人秦荣光在《上海县竹枝词》中的描写。意思是说露香园水蜜桃，每过一次雷雨天，桃上便会生出小红晕一点，成熟后皮薄甘甜，入口即化，其味绝妙无比。故而得名"雷震红"。以后，随着露香园的消失，这种水蜜桃也随之消失，而"黄泥墙"一带的水蜜桃不久也绝种了。

值得一提的是露香园的"顾菜"，秦荣光在《上海县竹枝词》中也有描写："银丝芥种邑中专，岁首辛盘供客筵。顾氏露香园制美，芥菹一味可经年。"顾菜其实是一种蔬菜，亦称"银丝芥"或"佛手芥"。当地人一般把它制作成酸菜，并且作为招待客人的佳肴。而露香园顾家却有自己一套独特的秘制方法，制成后的酸菜不仅味道鲜美，食后难忘，而且可以存放一年而不变质。因而得名为"顾菜"，以后，顾家的制作方法被当地人仿效，故而也变得不珍贵了。

到了明朝末年，顾氏后裔无力修缮露香园，不久园内变得"台榭渐倾，园林亦废"。尽管有识之士动员财主绅士出资重修，但终恢复不了原貌。清朝道光年间，朝廷为了加强上海的海防力量而设立火药局，其火药仓库就放在露香园内。据史料记载：清道光二十二年三月初八，火药仓库突然起火爆炸，露香园以及附近地区全被夷为平地，露香园从此消失。如今人民路附近的露香园路、青莲街、阜春街等，均由露香园内景点名称而来，仅作为一种纪念了。

"露香池石子昂书，万竹山居东凿渠。名士风流多巧技，绣精墨雅芥成蔬。"短短一段竹枝词，却讲述着露香园美丽动听的故事。

"当、当、当"，剧场内响起了优雅的钟声，照明灯光也随之暗了下来，演出开始了，在此期间，我无意中发现，这孩子看戏蛮投入的。

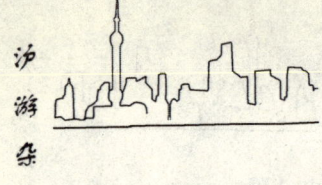

沪游杂谈

## 上海的马路

随着我国旅游事业的不断发展,世界各国的旅游者以及境外旅行团像潮水般地涌向中国,旅游项目五花八门,多姿多彩。比如有观光游览的,专业考察的,探亲访友的,会务旅游的,等等。但是,有一种考察团的活动项目很特别、很特殊,我从来没听说过,是专门考察城市马路的。这个考察团全是女性欧洲人,讲得是斯拉夫语,在中国已经考察了几个大城市,最后一站是上海。为此,我称她们为"马路天使"。

由于我的好奇,因此也和她们有了些缘分。记得一家旅行社老总邀请我当陪同时,我说:"我不懂斯拉夫语,在初中学了三年的俄语,现早已还给老师了。"谁知话还没讲完,那位老总插话说:"我们可以配一位翻译。""那也不行!"当时我的态度比较坚决。"这样吧,"老总用商量的语气继续说,"你就在座谈会上介绍一下上海马路的情况,以后就由我们来接待,怎么样?""好!一言为定。"说完我赶紧到图书馆整理资料。

在欢迎马路天使考察团的座谈会上,我讲一段话,翻译就翻译一段话,此时,我觉得自己像新闻发布会上的"高官",周围那些高鼻子、蓝眼睛、白皮肤的洋小姐们听得可认真呢。

"尊敬的女士们、小姐们:

上海是我国最大的城市,也是闻名遐迩的国际大都市。同时,她亦是我国重要的交通枢纽之一。上海现有约5 000多条马路以及差不多数量的各种桥梁,10多条黄浦江越江隧道,20多个浦江客轮渡,近10座浦江大桥,10多条轨道交通以及东海大桥等,组成了上海浩浩荡荡的马路系统。

"目前,上海某些区域的道路还比较复杂,道路狭窄而且短,不少地段还经常发生堵车的现象。"

"嘻嘻。"周围发出一阵轻微的笑声,我想继续说下去,一位女士却站了起来,从她说话的表情来看好像是在提问。经翻译告诉我,她是在问我,上海的马路是怎样形成的?

"'世界上本没有路,走的人多了便也成了路。'马路在我国明朝时称"巷",清代道路通名为"弄"、"街"、"里"、"湾"、"场"、"地",至今犹存的就有吴家巷、菜市街、忻康里、五角场、三角地等。过去这些道路有的采用清水砖铺路,有的采用石块,更多的则是自然形成的泥地。

"大约到了19世纪中期,上海开始称这些'巷'、'街'之类的为'路'了。第一次鸦片战争以后,1843年上海被迫开埠,那些殖民者纷纷来到上海开辟居留地,并妄图建立永久性的租界。1850年,英国殖民者在现在的河南中路以东建造了一所跑马场,他们认为骑马是一种高尚的运动,所以把这跑马场修建得很考究,还在场子中央设置了一个球场,上海人称之为'老花园'或者'抛球场'。那些殖民者每逢周末都要骑着马从外滩经过现在的南京路,来到跑马场,时间久了也就踏出了一条小道,当时人们称这条小道为'花园弄'或者'派克弄'。从某种意义上说,上海的马路是名副其实的,现在的南京路就是给马踏出来的。"

又有一位小姐站了起来,说着我一点儿也听不懂的斯拉夫语,经翻译介绍,她想知道上海马路命名的情况。这时我才感到座谈会变成了真正的"新闻发布会"了。

"殖民者踏上上海这块古老的土地后,他们立刻划分租界,并且搬来本国的市政建筑设施,在租界内填浜筑路,修建通道,于是一条条由东向西、从南到北的道路出现了,其中就有上海滩最早被称作马路的劳勃喔克路,即今福州路。

"马路逐渐增多了,殖民者之间的矛盾也随之加深。开始时殖民

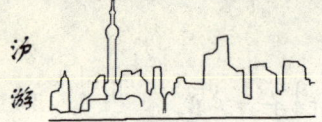

者给马路命名是按自己习惯随意取的,大都采用名人的姓名。因当时公共租界为英美两国共同管辖,取何等名人姓名为路名,势必显示该国的地位和影响,经过一番讨价还价,最后两国达成妥协,规定除原有的路名外,如西华德路、百老汇路等,新开辟的马路,一般均以中国的地名命名。南北走向的马路改为中国的省名命名,如西藏路、云南路、福建路等,东西走向的马路改为中国主要城市命名,如北京路、南京路、九江路等,其方位和我国地图上的地理位置大体一致。但法租界内基本上采用法国的名人来命名,如霞飞是法国第一次世界大战中的一员出色将军,所以现在的淮海路当时被命名为霞飞路。日本殖民者则采用了我国东北省和华北省内的地名来取代上海的路名。"

"先生请问,"又一位女士站了起来,她操着不太流利的中国话继续说,"过去的国民党政府是否对上海的马路改造有所作为。"我一听有些惊讶,该问题太大、太政治化,不是由我们这些搞旅游工作的人员来回答的,这该怎么办?为了争取一些时间考虑,我故意装着没听清楚的样子,请她重复一遍刚才的提问。这时,我无意中望了那位旅行社老总一眼,看得出他在为我担心呢。

"这个问题嘛……早在上世纪30年代,伟大的中国民主革命先驱者孙中山先生曾经制定一个'大上海计划',该计划中有一个重要部分,即国民党政府想把江湾五角场改作上海市的中心,其附近的道路基本上都与'国'、'民'、'政'、'府'四字有关,如国权路、民约路、政通路、府前右路等,据查当时有十七个'国'与十八个'政'字之多呢。路名的变化,也反映出上海百年沧桑变迁的历史。"

"先生!""先生!"周围有好几位举着手,说着中国话。好家伙!我想,有那么多的人懂得中文,研究中国的马路这个独特的专业,也就显得不足为奇了。

"先生您好!"一位小姐抢先发言了,"请您谈谈现在上海马路命名的情况。"这时我笑了,大家也都笑了。

"上海的马路众多，路名复杂。最长的多达六个汉字，如乌鲁木齐中路、东体育会支路等，最短的仅两个汉字，如东街、新路等。

"解放以后上海市人民政府经过多次合理更改，并采用同一命名方式为准则，使得路名渐趋完善，成为上海道路建设的一个显著特点。如今上海的路名大致可分以下几类：

一、以我国的省名和地名来命名，如：西藏路、四川路、南京路等。

二、以山川、河流、峡谷、要隘等来命名，如：华山路、黄河路、三门峡路、平型关路等。

三、以车站、码头、工厂、桥梁、居民点来命名，如：车站路、竹行码头街、王家宅路等。

四、以市内地区地名来命名，如：普陀路、南翔路等。另外，不少公路取两地地名的第一个字的合并，如沪闵路、龙漕路等。

五、以具有纪念意义的地名和历史地名来命名，如：延安路、瑞金路、望云路、灵济街等。

六、以名胜古迹来命名，如：豫园路、文庙路、沉香阁路等。

七、以古代姓氏及历代名人伟人之名来命名，如：谈家弄、中山路、晋元路等。

八、以集市、作坊来命名，如：咸瓜街、篾竹街等。

九、以同乡、褒美和政治意义的名称来命名，如：国顺路、复兴路、建国路、人民路等。

"同时，在具体使用中，常有在路名中加上方位词'东'、'南'、'西'、'北'、'中'及数量词、修饰词，如：西藏中路、南苏州路、瑞金二路、虹桥老街、天目支路等。

"随着改革开放的深入发展，在上海市人民政府领导下的'地名办公室'对新辟的道路命名以及新区路名都按规律作了相应的调整。浦东新区的路名主要以我国山东省的地名来命名。宝山宝钢地区、闵行地区、漕河泾地区分别以我国黑龙江省、云南省、广西壮族自

治区的地名来命名。

"需提醒的是上海的马路在一定程度上还存在极易混淆的路名。一是同音不同字,二是一字之差,如平武路——平湖路、毛家路——毛家弄。对初来上海游览或考察的你们来说,打听地址,最好是同时说出相近的路,说××路××路为好,如:华山路平武路,就不致南辕北辙了。"

"先生!""先生!"周围又是一阵提问声,这时,我小声地对翻译说:"最后一个提问吧。"此刻,我心里清楚,该谈的情况已经差不多了。

"先生请问,上海是一个新、老城市相融合的体系,那么,其道路有哪几种基本的路形?"

我松了口气,该问题我是有所准备的。

"综观上海的马路,按照道路结构大致可以分为五种类型:即棋盘形、环形、放射形、自由形和混合形。

一、棋盘形

又称方格形,是指马路与马路之间筑有纵横轴心,周围马路的修建与轴心相平行,从而使马路之间纵横交错,井然有序,从整体上看宛如一张棋盘。历史上曾把汉口路、江西路、福州路、四川路等一带作为棋盘街的总称。如今的北京路、淮海路、西藏路、中山东路等就是典型的大棋盘形道路。

二、环形

指不穿越市中心和繁华地区以及在市区外围的交通干道,从整体上看宛如一个环,如今上海市内主要环形马路有中华路—人民路环路,该路原为上海的老城墙,公元1912年以后拆除老城墙而筑路、中山环路以及内环线高架、外环线高架等。

三、放射形

是指使闹市市中心与相邻地区之间有方便联系的马路,从整体上看宛如宝石发光的形象,江湾五角场地区就是一个的典型例子,除此之外,还有上海的人民广场地区等。

四、自由形

一般是指根据本地区的地理位置以及地形地貌的特点选线而成的,从而达到经济、合理、自然的要求,该形在上海地区最大的特色为沿江、沿河、沿铁路而筑。

五、混合形

一般是指因地制宜改善原有交通的状况以及较为合理有效地缓和交通紧张的马路,大部分旧城市向现代化城市发展阶段中均采用混合形的方式。"

"先生给我最后一个机会吧。"望着她那可笑的样子,我只好点点头说:"好!最后一个问题。"这时大家又笑了。

"先生请问,上海马路两侧为什么一般都种植梧桐树?"

"梧桐树又称悬铃木或二球悬铃木,过去上海人称该树为法国梧桐树。其实这种树原出产于中国的云南,为此又俗称云南梧桐树。

因法国殖民者很早就进入我国内地，得知这种树有三大好处：①生长期快，病虫害少寿命长，无需人特殊照顾；②夏天长满了叶子，到了冬天树叶秃落，人们在树下行走真是冬暖夏凉；③该树的最大经济价值是用来制作扬琴等乐器的表面发音板。于是法国殖民者将此树带回本国引种。1843年上海被迫开放后，法国在上海建立租界，他们把该树从法国运到租界内栽种。许多上海人不知真情，称该树为法国梧桐树，这种称呼应予以纠正。现在上海滩最高大，也是华东地区最高大的一棵悬铃木在中山公园内，树干周身达4.3米，高31米。若是有机会你们不妨去参观一下。

"好！谢谢！"她们又说着中国话。

……

"新闻发布会"结束了，然而此时我头脑中有一种想法却开始了。如今海内外有那么多的人在研究中国、研究上海，而其课题之广、之深、深钻细索的勤奋精神足以令人赞叹不已。但同时也说明了中国正在崛起，中华民族正在复兴，这才是引起人们广泛关注和重视的真正原因。相反，若是一个国家，一个民族毫无朝气可言，那么有谁会对之产生浓厚的兴趣和广泛的重视呢？

## 美食家的赞叹

在我的记忆中,上海是一座海派美食城,有众多土生土长的美食家,但很少有人敢夸口说:"我已尝遍了海派什锦大拼盘。"何况那些"老外"(外国人、外地人)初入美食城,真不知从何下箸呢?

但想不到是,境外来了一个自称是美食家旅行团,他们一行九人,说是要吃遍上海滩,真是好大的口气啊。据说那家旅行社为了接待好这批客人,已经先后撤换了两名导游。直接原因是这批客人难弄,导游在对海派美食城的由来以及历史的文化内涵上比较缺乏,其次是对各帮名菜知之甚少。这也难怪,这些导游在家连菜都不会烧,让他们来接待美食家旅行团实在是委屈了他们。

说真的我也不太会烧制菜肴,可我了解海派美食城的历史和各帮各菜的出典。我想会会这批美食家,至少从他们身上可以学到一些有益的知识和文化。最后,我接受这家旅行社的邀请,拿着接待计划书,匆匆地赶往他们正在用餐的饭店——杏花楼酒家。

说也巧,当我赶到那里时他们正好出来,七男二女全都是外籍华人,从他们体态上而言并不是个个大腹便便,身体都很结实,但有些发胖。当我说明来意后他们都很热情,在送他们回宾馆的路上,我便开始了我的解说词:

"女士们、先生们,大家晚上好。上海被誉为海派美食城,其荣誉从诞生到至今已有一个多世纪的历史,但真正闻名于海内外则是上世纪30年代以后的事。从那时起,上海的餐饮业不仅和全国融汇,而且也和世界各大都市接轨。名特佳肴荟萃,中西饮食聚合,高手如林,汇集了全国著名的八大菜系和十六个帮别的菜肴,如鲁、川、粤、淮、浙、闽、湘、徽、京、沪、苏、锡、潮、豫、清真、素菜等。

"其实,海派美食城是上海的一大骄傲,但就其发展来看确也有一段炉火渐旺的过程。

"上海在被迫对外通商时,人口约有50万,那时的上海虽然在国内占有重要的地位,但在饮食方面除有少数几家家乡风味馆,其中多数为小店、饮食摊、点心铺,其余一般都以上海菜为主,浓油赤酱、红烧生煸的传统特色,一时也吸引了不少食客,成为沪上一枝独秀。

"随着西方殖民者对华侵略的深入,上海的人口大增,独秀一枝,实在难以招架突如其来的需求,尽管以后一再增设饭馆,扩大营业场地,还是远远满足不了需要。

"与此同时,那些涌进上海滩的人群中,不乏名厨名师,他们瞄准了上海饮食业的市场,见同乡人数与日俱增,自己又有烹调手艺,于是纷纷开起了不同风格和风味的饭店(集中在西藏路、南京路、九江路、福州路一带)。随着时间的流逝,上海的人越来越多,饭店酒楼也越建越多,美食城就这样滚雪球般地建成了。

"文人汇集上海为以后的海派美食文化的创立建立了功勋。他们利用手中的笔,为上海的饮食业摇旗呐喊。上海各帮饭店也不断地改良、创新,既保持本帮传统特色,又适应来自四面八方的顾客。例如川菜名店四川饭店、成都饭店和梅龙镇酒家,他们原先为正宗的川味菜馆,其辣味使上海人难以领教,因而其服务对象局限于四川同乡或喜欢吃辣的顾客,服务面受到约束。为了生存和发展,他们先后进行创新,将其川味的辣,调到上海人能接受的地步,这样既保持了自己的特色风味,又扩大了服务面,生意便也十分红火。又如著名的无锡饭店和老正兴菜馆均以无锡菜为其特色,他们在甜上大做文章,使其甜到上海人喜欢的程度,从而创造'海派锡菜'。

"至于那些'洋'厨师也不甘落后,他们吸收了中国菜品种丰富、选料讲究、实惠等特点,改进了半生不熟的制作方法,创造出'西餐中吃'的特色。

"以后,上海的饮食业又相互依存发展了60多年。新中国诞生以后,上海的饮食业得到了空前的飞跃,但好景不长,'文革'期间被列为重灾领域,而受到批判,饭店酒楼纷纷改行。仅存的菜馆也千篇一律以'大众菜'面市,帮别佳肴也名存实亡。

"粉碎'四人帮'以后,上海的饮食业焕发了青春,特别是几家百年老店率先恢复传统特色,如上海老饭店(建于1867年,属本帮)、德兴馆(建于1890年,属本帮)、杏花楼(建于1857年,属粤帮)、大富贵菜馆(建于光绪年间,属徽帮)等,他们为了吸引顾客,不但在培养接班人上下苦功,在内外装饰、布置格局上也创造了令人神往、典雅精致的环境。

"随着改革开放的深入发展,上海30多年中建造了许多现代化豪华型的星级大宾馆、大饭店。这些中外合资的酒楼饭店面向世界各国的投资商和游客,烹调着各国正宗的菜肴。据说五星级的华亭宾馆,高薪聘请法国名厨掌勺,所需原料和烹饪方法均属'原装货',因而名声大噪。

"前些日子,广州的'海鲜风'在上海盛极一时,各式各样的海鲜楼雨后春笋般地建立起来,上海人以及四方游客纷纷前往一品为快。近年,内蒙古的小肥羊因价格实惠、味道好,也深受市民的喜欢,羊肉也水涨船高,身价百倍。

"如今上海的饮食业有天上的禽类、山上的野味、陆上的珍味、水中的鲜味,组成了菜肴的大千世界,鲁、川、粤、淮、京、湘、苏、沪等帮别名菜以及各式西菜、点心等,仿佛一支交响乐团,在大千世界中演出最新最美最丰富的乐章。"

我的解说词讲完了,车厢内一点声音都没有。过了一会儿,一位女士操着夹有广东语的普通话对我说:"先生,你的解说我们很满

意,能不能把刚才的杏花楼酒店情况跟我们说说?""好的。"我正想回答,谁知车停住了,驾驶员伸了伸腰对我说他们住的宾馆到了。"先生!""先生!"他们异口同声地说,"讲完我们再回宾馆。"

这时,我有一种预感,我的介绍有了一些效果,不然他们怎么会对"事后诸葛亮"感兴趣呢?

"杏花楼酒家原名杏华楼,建于1857年,现位于福州路343号,属粤帮菜肴。杏花楼取名据说典出唐代诗人杜牧的'清明时节雨纷纷,路上行人欲断魂,借问酒家何处有,牧童遥指杏花村'一诗。该酒家经多次修建,现座位八百多个。另外,还兼营广式糕点、茶点和腊味等。每逢八月中秋,杏花楼门前人山人海,杏花楼广式月饼深受上海人的喜欢。

"杏花楼作为一家百年老店,特别擅长烹制蛇羹,蛇、鸡和狸等制成的各式菜肴清淡爽口、美味无比,什么金鸡炖全蛇、腰果炒蛇丁、蛇肉烧卖等,另有蛇胆酒,既明目祛风,又去湿御寒,使人见了垂涎三尺。

"该店菜肴品种繁多,选料讲究,每天供应100多个品种。西施虾仁是杏花楼的名牌产品,它用虾仁、鸡蛋清、鲜奶、龙虾片、火腿末等,另加猪油、精盐、黄酒、麻油、胡椒等调料精制而成,此菜色泽奶白,口感鲜嫩,奶香浓郁,爽滑适口,因用鲜奶喻为西施,故称西施虾仁。此外,双鹊渡金桥、香露葱油鸡、酥炸冰淇淋、蚝油牛肉、咕老肉、龙虎斗等具有羊城风味的菜肴,许多中外游客品尝后,无不交口称绝。

"另外,位于南京东路的新雅粤菜馆也是上海滩一流的广东风味馆,著名菜肴有鲜滑大虾仁、脆皮桂鱼、烤乳猪、烟鲳鱼等。每天接待许多顾客,深受中外游客的喜欢。"

讲完后,我带领他们下车回宾馆,一路上他们三三两两地在小声议论着,我不知道他们在谈些什么。到了宾馆大堂,谁知他们提出明天早餐要吃上海的风味小吃。当时,我向他们提供三处地方,

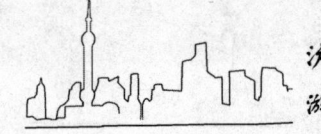

即小绍兴鸡粥店、鲜得来排骨年糕店和南翔小笼馒头店。经他们商量，决定去小绍兴鸡粥店，并且约定好出发的时间。

　　第二天一早我就赶到了宾馆，谁知他们比我还要早在大厅等候。见了我就向我提出要改地方，说是要去正宗的南翔小笼馒头店，而不是豫园商场中的那家"分店"。怎么办呢？主随客便嘛，记得旅行社老总说过，只要是在上海，他们在哪里吃都行，费用的事不用我管，想到这里，我一挥手，并说了声："走！"

　　在旅游车上，我还是按照昨天晚上的解说方法，为他们介绍上海风味小吃的大概情况。

　　"女士们、先生们。上海美食城中的另一大特点就是各式小吃、名点琳琅满目，多达近千种，并且形成许多小吃街和小吃群等，比较著名的品种有：花色两面黄、生煎馒头、大饼、油条、豆浆、阳春面、糕团、粽子、擂沙圆、元宵、炒肉馅团、鲜肉烧卖、粢饭、猪油赤豆糕、桂花糖藕、糟田螺、鸽蛋圆子、鲜肉大包、八宝饭、酒酿圆子、重油酥饼、鸡鸭血汤、桂花糖粥、梅花糕、豆腐花、汤团、面筋百叶、豆沙条头糕、菜肉馄饨、牛肉汤、白切羊肉、油豆腐细粉汤、小笼馒头、排骨年糕、鸡粥等。介绍这么多的风味小吃，在上海的美食城中还只不过是小菜一碟……"

　　我一口气把它说完，紧接着喘了几口气。"哈哈哈哈。"车厢里响起笑声和鼓掌声。"先生，你在说绕口令吧。""你慢慢说，我们喜欢听你讲。""请你把昨晚向我们推荐的三处风味小吃情况，给我们介绍一下。"大家七嘴八舌地说着。

　　我喝了口矿泉水，清了清嗓子，逐一为他们解说着。

　　"位于嘉定区南翔镇的南翔小笼馒头店，是上海滩最著名的风味小吃店之一。

　　南翔小笼馒头又称南翔小笼包，它创始于清同治年间，至今约有130多年的历史。相传，过去南翔镇有个叫黄明贤的人，他常在南翔镇八字桥一带专卖鲜肉大包和糕团。因他制作的肉包质好形美、

味鲜汁多,所以生意十分兴隆。那些同行见了竞相仿制。黄明贤的生意一时也清淡了许多。这时,黄明贤施出'我有你无'的绝招,他将鲜肉大包改制成小笼包,并且规定每只小笼包必须在5克面粉左右,肉馅须上等精肉,蒸熟后的小笼包内卤汁不得少于一小碟,达不到这些标准的小笼包,可以白吃不付钱。

"由于黄明贤制作的小笼馒头工艺讲究,外形美观,呈半透明状,伴以香醋、姜丝,入口一包汤,味美无比。以后,南翔小笼馒头远近闻名。不久,黄明贤的儿子到上海老城隍庙开了一家点心店,名称'长兴楼',即现在的'南翔小笼馒头店',专门供应南翔小笼馒头,成为老城隍庙特色风味之一。

"如今南翔小笼馒头不但远销日本、新加坡和香港地区出口创汇。而且市场上还有卖经速冻的小笼馒头,既可保存一段时间,又可随蒸随吃,十分方便,因而深受上海市民的喜欢。"

"我们出来吃美食,就应该先听介绍,然后再吃,这样才有味道。""是啊！今天我们选择吃小笼馒头，看来是没选错。"他们又在私下议论着。

"至于小绍兴鸡粥店，它位于上海市区的云南南路上，建于1940年，是上海滩最为著名的一家鸡粥店，该店烹制的白斩鸡，肥嫩鲜美，皮黄肉白，形状美观，被誉为'食鸡之冠'。又因该店鸡粥口味异常鲜美，而且价廉物美，深受上海人民的欢迎。

"小绍兴鸡粥店是土生土长的颇有上海风味的特色店，据说过去在浙江绍兴有位叫章润牛的小贩，常在云南南路一带地区拎篮叫卖鸡头鸡脚鸡内脏。以后，他又摆了摊头，经营白斩鸡、鸡粥、鸡鸭血汤等，生意十分兴隆。到了1940年，章润牛就在此地开了一家鸡粥店，由于当时店名一时想不出，所以人们将章润牛的籍贯取名，称它为'小绍兴'，章润牛听了也十分满意，不久就挂出了'小绍兴鸡粥店'的招牌。

"解放以后，小绍兴鸡粥店经多次扩建整修，如今可容纳好几百人用餐，还开设了分店，生意越做越红火。

"小绍兴鸡粥店成功的秘诀主要有两条：一、适应大众化需求；二、烹制方法与众不同。该店选鸡严格，采用上海郊区良种'三黄鸡'，个头必须在2公斤以上散养的隔年母鸡和当年公鸡。再加上厨师们的高超手艺，精细操作的方法，使得白斩鸡色呈金黄，皮脆肉嫩，滋味异常鲜美，因而'鸡'名远扬。"

"哟！这小绍兴鸡粥店倒也不错嘛。""说得我有点流口水了。"他们又在底下小声议论着。

"位于西藏中路的鲜得来排骨年糕店，至今约有60多年的历史了。半个多世纪以来，它以本身特有的风采牢牢地扎根在大上海，并享有不到'鲜得来'不算美食家的美誉。

"鲜得来排骨年糕店原为弄堂口的小吃摊，如今已是占地好几百平方米的华丽餐厅。每天总有上千名顾客慕名前来，品尝美味可口的排骨年糕。该店选料严格，排骨是上等瘦肉型猪肉，年糕

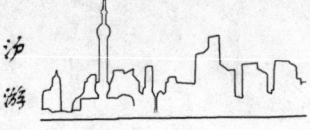

是选用江苏太仓优质粳米'早单白',两者均为当天加工(整个工艺也是人工操作),当天销售,因此,始终保持新鲜原汁原味的特色。

"鲜得来生意十分红火,这和该店不断开拓进取、花色品种不断翻新有关,目前,除供应传统的排骨年糕外,还有虾仁炒年糕、鸽子汤年糕、年糕水果羹、雪菜笋丝炒年糕以及各种野味炒年糕等。近来,该店又隆重推出药膳系列,如人参乳鸽、枸杞炖乳鸽、五香狗肉煲、罗汉扒野鸭等,这些食品既有滋补功效,又鲜味纯正,足以让人们品尝一番。踏入海派美食城,你们不仅可品尝到海派的风味,而且也能体会到上海民风的优雅纯朴,令你们长久回味。我的介绍讲完了,谢谢大家。"

话音刚落,车厢里像烧开的水沸腾起来,有的说蛮好到小绍兴去吃鸡粥,也有的说要去吃鲜得来排骨年糕,更有的说去看看那两家店也好……让他们去争论吧,我也该休息一下了。此时我想,如今上海的风味小吃实在是太多了,三天三夜也讲不完,若是每天都吃风味小吃,恐怕要留住他们在上海吃上好几年呢,"吃遍上海滩",这句话不是可轻易而说的……

看得出那些小笼馒头给他们留下了深刻的印象,他们不但吃得津津有味,而且不时竖起大拇指连连称赞。

在旅游车上,我问他们午餐想吃什么?想不到他们异口同声地说要吃素食,也许这几天他们肚子里的油水太足。于是,我先带领他们参观游览南翔古漪园,然后驱车赶往市区,在路上,我为他们介绍了上海素食的情况。

"各位美食家们,大家好。"话音刚落,大家都笑了起来。

"位于南京西路上的功德林素菜馆,建于1922年,是上海滩最著名的一家素菜馆。该馆馆名据说取自佛经上的"功德"之意,而故名为"功德林",它素以经营各种各样的精美素菜佳点而闻名于海内外。

"素食在我国众多著名菜系中占有重要一席,其大致可分为三个流派,即宫廷素食、寺院素食和民间素食。素食经过漫长年代的发展和改进,现已形成一整套的规范,其烹饪技术和加工水平堪称一绝,那雅致的素宴、繁多的花色品种、精湛的素食小吃,让人眼花缭乱,垂涎三尺。目前,功德林素菜馆味兼三派,并承办高级素宴、寿宴和谢年酒席等,深受各方人士的赞扬,一些国外侨胞和港澳台同胞,来沪时都喜欢到该店品尝素食。

"美食家有句俗话:'无肉骨的汤不肥,无鸡的汤不鲜。'然而,素食与荤无缘,其难度可想象,功德林素菜馆之所以深受广大顾客厚爱,其秘诀有三条:一、选料精细,坚持选用四季时令蔬菜做菜肴,如一只很好的冬笋,制作时仅用五分之一最好部分的嫩头,选用的冬菇也是拣个头适中的上等品,所用的豆腐、粉皮、烤夫、素鸡、素鸭、素火腿都经自己精加工而成,从不在市场进货取而代之;二、厨师烹饪经验丰富、技术精湛,个个身怀绝技,因而能根据各种蔬菜、豆制品、竹笋和木耳制作出状如山珍海味、家禽、鱼肉类等300多种素菜,而且色泽鲜艳,美味爽口;三、功德林的素菜博众之长,不断改进,形成了口味多样、清淡适口、鲜嫩软熟等独特风格。如今著名素菜有五香烤夫、罗汉全斋、茄汁芦笋、三鲜鱼肚等。赵朴初先生曾在该馆用餐后,十分高兴地写下了'功德林蔬食处'六个大字。

"春风松月楼、玉佛寺素斋、龙华寺'染香楼'等,它们的素食也十分有名气,是中外游客、吃斋念佛者的好去处……"

到了功德林素菜馆后,我才知道他们是如何品尝的,并不是我们想象中的那种大吃大喝,也不是一般性的食用,其方法很特别,比如送上一道菜,他们每人只食用一丁点,然后讲出色、香、味、形等特点。又比如送上一碗汤时,大家只喝一点汤,汤内的食物基本不吃。等到全部菜上完之后,这才各取所需。这是我生平第一次看到的食用方法,很浪费、很看不惯,这或许是这些美食家不发胖的缘故吧。

在以后几天的旅途中，他们又分别品尝了本帮菜上海老饭店的八宝鸭、红烧鮰鱼、虾子大乌参、糟钵头等；川菜梅龙镇酒家的梅龙镇鸡、茉莉鸡丝汤、龙园豆腐等；淮扬菜扬州饭店的鸡火干丝、清炖蟹粉狮子头、镇江肴肉等；苏锡菜大鸿运酒楼的掌上明珠、枯木逢春、龙图宫燕等；京菜燕云楼的三不粘、挂炉烤鸭、九转肥肠等；浙菜甬江状元楼的黄鱼羹、目鱼大烤、红烧冰糖甲鱼等；福建菜闽江饭店的佛跳墙、七星鱼丸汤、红糟鸡等；徽菜大富贵酒楼的沙地马蹄鳖、葡萄鱼、金银蹄鸡等；湘菜岳阳楼的东安子鸡、红白肚尖、狗肉火锅等；清真菜洪长兴羊肉馆的涮羊肉、串烤羊肉、醋椒鱼等；西菜红房子西菜馆的烙蛤蜊、芥末牛排、法式洋葱汤等……每当他们走出不同的饭店，都不时地点头和竖起大拇指，并津津乐道地回味着。

在送这些美食家出境时，旅行社送给他们每人一本《中国厨艺大典》，当时那位女士告诉我说境外流传着一个笑话，即在吃自助餐时要"摸着墙进去（形容食客肚子饿得实在不行了），摸着墙出来（形容食客吃得太饱实在走不动了）"。我一听扑哧一声笑了，开着玩笑说："你们这次来到上海，也是摸着墙进来，摸着墙出去。""对对对，哈哈哈哈。"候机大厅内响起一阵欢乐的笑声。

## 体验"界路"

**我**在公交车上突然收到一条短信,说是我那朋友临时有急事不能前来。哎!有啥办法?谁让我"鲜格格"(上海话,自找没趣之意),真是活该!此时,我觉得无事可干,一脸无奈。

公交车到了泥城桥我下了车,原本打算逛逛商店买些便宜货回家,但又想起我那朋友要到外滩上海档案馆查找过去"租界道路变迁"资料时,不由引起我体验"界路"的念头。据我所知,上海被迫开埠的第二年(1845年),上海道台颁布的第一次土地章程,内有英租界东、北、南三边界之规定,清政府同意划黄浦江以西,界路(今河南中路)以东,洋泾浜(今延安东路)以北,李家庄(今北京东路)以南的830亩地给英国人,租金为每年每亩1 500文。过了三年(1848年)英国又强迫清政府将租界面积扩大到2 820亩,即北抵苏州路,西至泥城桥(现西藏中路)……我看了看手表和自己所处的位置(即下午1:12分,新闸路、西藏路口),打算沿着西藏路—延安东路—外滩—外白渡桥(苏州路)—西藏路,这条逆时针方向的路线就是1848年英租界的"界路"。

我边走边想着,无意去欣赏繁华热闹的街市,只是想体验一下"界路"的滋味。

其实,按照1840年第一次鸦片战争后的《南京条约》规定,清政府要赔巨款,割香港,开上海等五地为通商口岸。另外还允许外侨向原业主商租居留地,而"居留地"英文翻译为"Settlement"。但英国殖民者在1876年的《烟台条约》中十分阴险地把居留地改为"Concession"即"租界",解释为"土地整块租给外国政府任其处置"。显然,居留地与租界这两者之间存在着质的区别。

继英国殖民者之后,各国列强纷纷效仿,尤其是美、法两国殖民者,他们通过一系列不平等条约,获得了与英国殖民者相同的特权。如今的虹口一带划给了美国人,即西从泥城浜与苏州路的交汇处起,向东沿苏州路及黄浦江到杨树浦,顺着杨树浦向北三里之点朝西划一直线,又回到泥城浜与苏州河交汇处,这样美租界的面积就达到3 040亩。

法租界主要是在英租界的南侧,即洋泾浜(今延安东路)以南,至县城北门外城河(近人民路),黄浦江以西关帝庙褚家桥(今西藏路附近),其面积为986亩。

这样,上海被迫开埠不到六年的时间就有了三大块土地的外国租界,而清政府一直以为基本满足了洋人的居留地问题,况且,他们索要的租界一般都建立在荒郊野外,再说"华洋分居"也有利于防范。但殊不知"千里之堤,溃于蚁穴"。殖民者的欲望哪有满足之时,他们不断向清政府发难,提出极不合理的要求,并且得寸进尺。若稍不满意就威胁讹诈,动不动就以武力解决问题。尽管清朝政府一让再让,什么问题都同意解决。最后,殖民者终于撕破脸皮,在其租界内建立非法的统治机构和殖民统治制度。1854年,英、美、法三国殖民者擅自成立租界行政组织,这个组织英文缩写是S. M. C,译为上海市政委员会,但为了欺骗中国人民,故意叫做"工部局"。8年后,法国退出,单独成立法租界公董局(今黄浦公安分局就是原法租界公董局新楼,建于1862年,老楼在今淮海路比乐中学)。而英美租界合为公共租界设工部局(工部局新厦建于1919年,今为劳动局、民政局大楼)。工部局就像独立政府,"五脏"俱全。有纳税西人会议和租地人会议等立法机关,下辖工务、财务、警务、卫生、学务等委员会,以及相应各方面的组织。租界还非法拥有武装(外华义勇队、万国商团)、巡捕、法庭(领事法庭和会审公廨)、监狱(华德路监狱,现提篮桥监狱;马思路监狱,现思南路看守所)。到1899年,任何中国军队、警察等非经租界当局许可,不得进入租界。清朝政府在租界最后一点象征性主权也荡然无存。租界成为"国中之国"。那些殖民者还可以建兵营、驻军队、停军舰，并以武力威胁清朝政府，或干涉、镇压中国革命……

当我回到原来的起始点，一看手表正好是下午的4:30分。走了三个多小时觉得很累，真是筋疲力尽。此时，我扪心自问，体验"界路"是否太傻？我想，此举虽然有些傻，也有些不可思议，但给我的感受是颇为深刻的。从这条"界路"上使我看明白了许多事理。租界的建立确实使得"西学"在中国得到传播，展示了西方近代工业、商业及城市公用事业等，促使了上海成为国际化大都市。然而，殖民者所鼓吹的"法制和民主"只是相对于封建的清朝政府而言，租界也提供给中国的革命者和先进分子某些庇护。但从本质上而言，租界是西方列强侵略中国的特殊领地，也是对中国进行殖民化的基地。它的产生是中华民族耻辱的标志，也是一部中国人民的血泪辛酸史，更是一部反抗外来侵略的斗争史。

体验"界路"的做法不傻、不累，我觉得值！

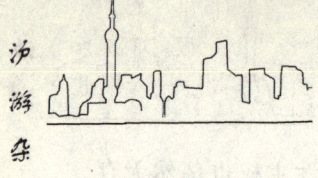

## 看戏聊起"青洪帮"

应几位朋友的邀请,星期天的晚上到天蟾逸夫舞台看演出,为了使自己不迟到,于是早早就出了家门,谁知路上交通很畅,反而过早地来到剧场。

"老兄!"剧场内传来了熟悉的叫喊声,我扭头一看,"啊",他们来得比我还要早。怎么办呢?离开场时间还早,于是我们找了个座位坐了下来。不一会儿,一位朋友说:"这剧场真气派,听说是旧上海流氓头子黄金荣开设的。""你搞错了,黄金荣开设的是共舞台,天蟾舞台是另一个帮会头目顾竹轩开设的,现在称天蟾逸夫舞台。""顾竹轩?"他们都愣住了,"不会吧,这个人没听说过。""怎么他也是旧上海的帮会头目?""是青帮,还是洪帮?"一连串的问题像机关枪似的朝我射来。怎么向他们解释呢?我想了想,反正有的是时间,还是慢慢地先向他们介绍旧上海的青洪帮吧。

旧中国的帮会组织遍地皆是,它是一种社会下层自我保护和自我发展的不公开或半公开的结社性质的组织。"青帮"又称"安清帮"、"清门"等,相传是由一个明朝人叫金碧峰发起成立的。

清朝早期,社会上存在着反清复明的思潮,那些反清志士秘密结社,试图抢夺皇粮,破坏清廷运粮计划。雍正年间,有清门子弟潘清等三人揭招贤榜,名为朝廷治理漕粮,实为从事反清复明活动。潘清等人把江淮一带船民组织起来,编成128帮半,并取名"安清帮"。后该帮负责将各省的漕粮运往北京之事。

鸦片战争后,李鸿章成立招商局,漕粮一律由大轮船经海路运输,安清帮船民全部失业,有许多人流落上海,继续以帮会形式组织活动。到了民国初期,青帮头目黄金荣已有门徒2万多人了。他们一方面以绑票、凶杀、赌博、拐骗等活动维持生存，另一方面又以开办赌场、舞厅、戏院等合法经营站稳脚跟，既为当局政府服务，又为自己谋利，扩充自己的势力范围。

抗战开始后，青帮变得四分五裂，有人逃往重庆、香港，有人投靠日寇、汪伪，也有人继续从事为非作歹之事。抗战结束后，他们又重新纠集在一起为所欲为。然而，新中国的诞生，最终使得青帮土崩瓦解，寿终正寝。

洪帮，又名汉流，即汉族之流，统称洪门。明末清初起源于闽粤的一些反清复明团体。最早发起者是那些明末的遗老，他们痛恨满人入主中国、蹂躏华夏，于是暗中组织那些反清志士，其目的是要推翻清朝统治，这些人为了表明自己是明朝的忠诚勇士，故取明太祖朱元璋（朱洪武）的"洪"字为组织命名，称"洪门"。

洪门帮会早在上海辟为商埠前就随贸易商船进入上海，当时在码头搬运业和鸦片生意中占有优势，据说上海的小刀会起义在一定的程度上和洪帮有着密切的关系，为反帝、反封建也作出过一定的贡献。

孙中山先生领导辛亥革命时，曾经也吸收过不少洪帮成员参加革命，如同盟会元老徐朗西，总统府卫队长汪禹丞等，这些人都成了民国功臣。清朝政府被推翻以后，洪帮的最终目的已达到，为此，绝大部分洪帮组织自行解散，但是也有相当一部分组织及帮会人员不甘心消亡，他们又重新纠集在一起，结果被少数别有用心的败类所利用，最后蜕变成地痞流氓性质的帮会，走向与人民为敌的道路。直到全国解放以后，洪帮势力才被彻底消灭。

"你说了那么多的情况，怎么没谈到顾竹轩这个人呢？""是啊，我们知道旧上海帮会大亨只有黄金荣和杜月笙，难道还有其他几个大亨吗？"他们又以连珠炮似的发问着。我望了他们一眼，然后把我所掌握的知识和了解到的情况告诉了他们。

其实，在旧上海，尤其是在上世纪20至40年代，帮会中产生

了四个大亨,即黄金荣、杜月笙、张啸林和顾竹轩,他们各霸一方。但近代上海社会适应时代潮流,朝着健全法律和法制的方向发展,当局也出台一些限制和打击帮会的措施,使得那些绑票、拐骗、贩毒、赌博、凶杀、逼良为娼、贩卖人口等非法活动得到制止。同时,上海的经济得到了畸形的发展,各种发财和致富的机会日渐繁盛,在这种形势下,帮会也采取了应变和灵活的措施,他们由非法勾当变成合法的买卖。摇身一变个个成了合法的生意人,比如黄金荣开办了共舞台、赌场、大戏院和洗澡堂。杜月笙用贩卖鸦片得来的钱开办中汇银行以及投资面粉厂、棉纺厂、航运业、文化出版业等。张啸林购田买房子开办饭店。顾竹轩不仅开办了天蟾舞台,而且生意也涉及各行各业。

"照你这么说,他们由强盗变成菩萨啰。""你的这种观点,我们还是第一次听说。""是嘛,别乱说了。"他们又把矛头针对着我,"干吗这么着急?听我慢慢解释嘛。"说完我又解释说,"杜月笙曾经

有一段讲话,真的可以说是他的心里话,他说,我原来是强盗扮的书生,现在是曲蟮(蚯蚓)修成了龙。"

"噢,原来是这样的。""难怪有人说,旧上海的帮会是畸形社会的产物。""这些人门槛真精,懂得适应社会变化。"我发现他们不把矛头针对我了,于是又顺便介绍些其他情况。

当日本鬼子占领上海后,黄金荣长期装病不出家门半步。杜月笙逃到香港避难。而张啸林见独霸一方的时机已成熟,公开跳出来为日寇服务,无耻地充当了汉奸。他在上海首先建立了"新亚和平促进会",然后为侵略军采购大批军需物资,比如大米、煤炭、棉花等,从中大发国难财。以后张啸林企图充当伪浙江省省长,结果被国民党特务主子戴笠和杜月笙派来的刺客将张暗中处死……

说到这里,我举手装做射击的样子,嘴中发出"砰"的一声,把他们吓了一跳。

"你这家伙真坏。""你这是在报复我们?""来!咱们一块揍他。""别!别别!君子动口不动手。""哈哈哈哈!"……

剧场里幽雅的铃声响了,我们该进场了,此时我想,旧上海的帮会毕竟是寄生社会的腐朽物,遭到灭亡也是符合社会的发展。今天与几位老朋友在此看戏,随便聊起"青洪帮",确实也是一件有趣的事情。

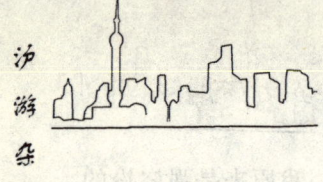

沪游杂谈

# 闲谈海上风情

今年十月是我母亲80岁寿辰,为了尽小辈们的孝心,我们商量好决定为老人家"做寿"(上海方言,即庆寿之意),做寿帖子一经传出,乡下和外地来了一大帮亲戚好友,有些人是认识的,也有些人从未见过,他们提前好几天抵达上海,既是前来参加庆寿,又是到上海玩几天,顺便买些东西,真可谓是一举数得。

陪同他们在上海游玩购物的"任务"就落在我的身上。这天,我到宾馆接他们去游玩,一开门我就说:"走!阿拉去荡马路。""荡马路?"几位外地亲戚愣了一下,拎着手提包站在那里,显得有些尴尬,其中一个小女孩拉着我的手不安地说:"大舅舅,什么是荡马路啊?不是说好咱们出去玩吗?"我笑了,我为自己的"失言"向他们赔礼道歉:"对不起,荡马路是上海方言,意思是逛商场、逛街或散步。""噢!原来是这样。"大家都松了口气,表情也由多云转晴了,"走,阿拉去荡马路吧。"他们说着不标准的上海话,"哈哈哈哈!"我们边走边笑地走出了宾馆。

为了增加游玩时的话题,为了使他们了解上海风情,在游玩中,我首先向他们介绍了"荡马路"上海人的这一习俗。

"上海人的这一习俗源于何时,专著论述极少,这一习俗的产生,也许是近代中西文化的冲撞和融合的结果。荡马路,首先应是马路出现后才可以'荡',而马路的出现也是在1843年上海被迫开埠后才逐渐有的。西方殖民者在上海建立租界后,大兴土木,造楼建商场,当时上海的老百姓穷者居多,他们利用空闲时间逛逛街,看看洋人橱窗中的商品摆饰,无疑是满足好奇心的一种方法。社会的发展、商业的繁荣带来了上海人这一习俗的产生。

"当然，时代不同，荡马路的含义也有所不同。解放以后，那时的人们，特别是刚进纺织厂的女工，早班放工，总是先买点零食，然后三五成群边说边荡马路、兜商店。天不黑不回家。另外，一些读书的学生也是如此，放学回家后书包一放，人马上出去荡马路了。逢年过节，荡马路的人就更多了。

"随着改革开放的日益深入，人们的生活节奏随之加快，如今上海人荡马路，目的只是调节精神、购买所需物品，或者仅为了散步而已了。"

"你们上海人说的'荡'和我们当地人说的'逛'是一个意思。""不过，'荡'还荡出那么多的文化内涵，我们可没有。"他们正说着，在路过一家照相馆门口时，差点和走出照相馆的一位抱着婴儿的妇女碰撞。我赶紧向那位妇女打招呼，她没说什么，只是微笑了一下，重新抱了抱婴儿走了。这时，小女孩轻轻地问我说："大舅舅，那个婴儿怎么穿着那么漂亮的黄衣服？""这个你就不懂了，等会儿我告诉你。"我低声地说着。"不嘛！不，你现在就告诉我。"她拉着我的手摇晃着。"瞧你这丫头，怎么可以这样对待你大舅舅？"我赶紧说："没关系，那婴儿穿的黄衣服，也是上海人为婴儿做周岁的一种习俗。""是嘛！你怎么知道？"我笑了笑，于是把上海人做"满月和周岁"的习俗，向他们介绍了一番。

"上海人把出生后满一个月的称'满月'，一般都要设宴庆贺，称'做满月'。届时，丈夫或双老要请理发师到家中，为婴儿剃除胎毛（俗称剃满月头），并拍照留念。宴席前，长辈将婴儿抱出，让大家一睹风采，宴席最后一道点心往往是奶油大蛋糕，如果有人因故不想吃，那主人也得让其把切片蛋糕带回去。

孩子满周岁，年轻的父母又要设宴庆贺，这一天，他们将孩子打扮一番，有的给孩子穿一身黄衣服（象征是龙的传人，寓意将来有出息），有的给孩子穿上绣有葱、菱、蒜等图案的鞋子（寓意孩子将来聪明、伶俐、能算），然后再摄影留念。宴庆场面一般不大，但分发寿面数量却很大,邻里乡亲每家一碗,面上交头不是大排就是大鱼虾。"

"噢,那妇女抱着婴儿是到这里拍周岁留念照的。""难怪那婴儿穿着漂亮的黄衣服。""小丫头,现在你明白了吗?"我们边走边聊着,大家都显得很高兴。

在路过上海时装公司时,该公司门前12座大型玻璃橱窗内各种款式的服装吸引住了他们,看得出他们想进去购物,于是我们说好在门口集中,不见不散。

我坐在门口石凳上等他们,不一会儿那小女孩拉着她父亲出来了,说是里面人太多、太闷受不了,还是喜欢听我聊天。说实在的,"入乡随俗",亲戚朋友到上海来游玩,多少了解一些上海人的民俗风情,是饶有情趣的……想到这里,我把今年新的法定假日,即清明、端午、中秋三大传统节日的民俗风情向他们介绍。我说:"如今有许多年轻人只知道清明就是扫墓,端午吃粽子,中秋吃月饼。至于三大传统节日更深的一些文化内涵就不太清楚了。""是啊,我们那里的年轻人也是这样的。""爸!你不要说了,还是听大舅舅说。"我笑了笑,说:"虽说这三大传统节日是中国人的共同节日,但各地方在具体的习惯上又存在着差异,比如上海过去是一个以农业、纺织手工业、航运业和海盐业等为主的产业结构,加上又是五方杂处的社会,风俗礼节不仅和自身习惯有关,而且与本身所从事的产业也有关。就拿农历三月清明来说,人们在那天要祭拜祖先,但在2至3天后,上海的航运渔业要举行供奉保佑海船和渔民的女神——'天妃'活动。届时,热闹非凡,该行业会馆不仅要设天妃神龛举行供奉活动,而且还要设宴演戏。渔民个个前来烧香,祈求出海平安。这些活动或许在我国很多地方是没有的。当然,各地方都有自己独特的风俗习惯。从而形成了内容丰富、多姿多彩的中华民俗风情。"

农历五月初五是端午节,该节不仅仅是吃粽子,纪念伟大爱国诗人屈原。届时,不少家庭驱毒虫、插菖蒲、煨苍术、饮雄黄酒。过去上海地区还有赛龙舟活动,但后因苏州河和黄浦江水不干净,所以很长时间没举行赛龙舟了,近几年这两条河得到了较好的根治,赛龙舟活动才在节日中出现。然而,在上海市郊的罗店地区每年都要举办该项活动,龙舟用木制成,有龙头、龙尾,舟两侧绘有龙纹,舟上插有旗伞。比赛时划手有八名分坐两侧,舟首有骑龙头者,舟尾有撑舵者,舟中间有吹箫弄笛以及吹唢呐铙钹者。龙舟在河上行驶时,吹吹打打好不热闹。今后赛龙舟活动会搞得更加热闹。

农历八月十五是中秋节,该节中国人认为是团圆的日子。"但愿人长久,千里共婵娟。"人们要吃月饼赏月。不过在上海地区过去也有许多宁波籍人,他们把八月十六作为中秋节,这并不是"十五的月亮十六圆"的缘故,这是有出典的。据说,在一次农民起义中,有一部队的小首领将密信藏在月饼中,准备送到宁波大本营中,谁知,在半道上被敌军抓获,该小首领谎称自己是厨师,恰巧敌军头

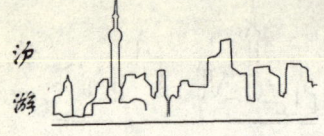

目抢来民女硬要成亲，于是押他前来帮厨，他竟然烧出一手好菜，其中芋艿炖鸭子受到了众人的好评。第二天深夜，他乘机逃出了魔掌，找到宁波起义军大本营，送上藏密信的月饼，大家按密信中的计划行事，这时，已是八月十六日了。为此，不少宁波人有八月十六过中秋的习惯，并且喜欢吃芋艿炖鸭子一菜。

另外，在上海市郊奉贤地区还有一种有趣的习俗，即年轻夫妇婚后不育，到了中秋节之夜，丈夫到田地里偷来南瓜一只藏在被窝里，让其妻抱瓜而睡，这叫"留籽"。一般来说，种瓜主人装做没看见偷瓜者，有的亲戚邻居还故意将南瓜送到没有子女的夫妇被窝中，此举称"送子孙"。

"唵！不好意思。"我说着赶紧站了起来，原来他们早已站在我的身后，并且买了许多东西。这可怎么办呢？乘坐公交车是不行了，于是通过手机我要了一辆出租公司的面包车，不一会儿工夫把他们送到了宾馆。到了宾馆，他们说什么也不让我走，说是要共进晚餐，还有的说要我告诉他们一个重要的习俗。当时我还不明白是什么意思，等到酒过三杯，他们才告诉我想知道上海人做寿的规矩。啊！我当时真不知道该怎么办才好。我刚才所讲的一切分明是在"豁聆子"（上海方言，暗示之意），怎么会搞成这个结果？

也许他们猜出了我的心事，赶紧补充说："你千万不要误会，我们没那个意思。""是嘛！你母亲80岁生日，我们想了解这方面的规矩，坏了规矩可不好。""兄弟！咱们是一家人，一家人不说两家话，来！说说吧。"

望着他们真心诚意的样子，我说话分外小心，生怕有什么误导，但我还是尽可能地把做寿习俗原汁原味地讲清楚。

"敬老爱幼是上海人的优良传统，为老人做寿也是小辈们的孝心。在上海地区，老人做寿一般是在60岁以上，逢十进行，并且做虚不做实（做虚岁，不做周岁）。比如做70岁大寿时，一般安排在69岁。做寿一般在老人生日那天，当然也有种种原因放在过

年过节时庆贺的。做寿当天,祝寿者的贺礼大多为寿面、寿桃、寿糕等,但不能是单数,必须成双,如12斤、16斤寿面等。做寿那天,往往在房间中央贴有用金纸或红纸剪成的大寿字。拜寿正式开始,小辈们向寿星或寿婆鞠躬,寿星或寿婆给孩子们分发红包,称喜钱。

开宴时,也有向邻里乡亲发寿面的,寿面都以大排、熏鱼、黑木耳等作盖交。宴席最后一道菜必须是长寿面。宴散客人告辞时,寿星或寿婆要将小辈们送来的寿桃、寿糕之类的礼物,送还他们,称回礼。如今上海人做寿场面一般不大,祝寿者也均是亲戚子女。"

"噢!上海人做寿就这么简单。""你不要骗我们,出现问题我们可不管。""那我们就按规矩办。""我只要向寿婆鞠躬,就可拿到喜钱啦。""哈哈哈哈。"……

走出宾馆,时间已经不早了,一路上我在想,上海是一个五方杂处的城市,来自五湖四海、会聚于黄浦江畔的"上海人",从各个方面反映着各自的民俗风情,它既非十分完美无缺,也不全是愚昧陋俗。随着时代的变迁,人们的生活节奏越来越快,上海的民俗风情也在不断变化,并创造出新风俗来。翻开历史的长卷,海上风情无一不烙着中国民族风情的痕迹。像岁时节日中的春节、元宵、立夏、重阳、冬至、除夕等等。然而,海上风情又各有特色,把上海人的生活点缀得丰富多彩。

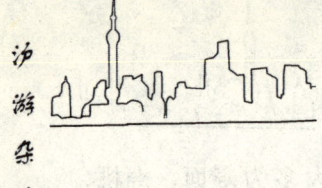

沪游杂谈

## 参观街头宣传画

每年的6月26日是"国际禁毒日",这是一个常识问题。可是有些人就是记不住,更有极个别人还与毒品沾上边、染上瘾,最终到了不可救药的地步,害人害己,早早地离开了人世间。

今年6月26日的那天,我恰好有事路过外滩,看到陈毅广场上围绕着许多人在观看禁毒宣传画,于是我不由自主地上前"凑热闹",不过当时我在想该项活动为啥放在外滩?

在参观过程中,我无意发现在宣传画上有几张外滩早期建筑的旧照片,其中照片下的几行解释词引起了我的注意:1843年,上海被迫开埠不久,西方殖民者在浦江地段筹建洋行楼房,第二年,上海先后建立起11家洋行,到了1854年,外国的洋行猛增到120家,其中包括臭名招著的怡和洋行、沙逊洋行、颠地洋行、旗昌洋行等,所有的洋行无一不同鸦片走私贸易密切有关。

"唷!这么厉害。"我不由得吸了口冷气,此时使我想起前两天刚看过的老片子《林则徐》,据我所知:怡和洋行的老板查顿和马地臣是鸦片战争以前就在广州一带活动的大鸦片贩子(有人当时称鸦片三大王:怡和、宝顺、旗昌),早在1835年查顿和马地臣就定制一艘"沙勒号"轮船,航行在澳门和珠江口一带,专营鸦片走私勾当。1839年林则徐在广东禁烟,当时烧毁的两万多箱的鸦片中,怡和洋行要占总数的三分之一。上海被迫开埠后,怡和洋行把总部从广州搬迁到上海,并且在外滩盖起一幢两层楼高的洋房。1870年怡和洋行又创办了一个实力雄厚的轮船公司,称"怡和轮船公司"。到1894年,该公司由于获利极厚,资本积累很快,从原来9艘船发展到22艘,航线遍及我国沿海、长江、日本、东南亚和印度各地。直

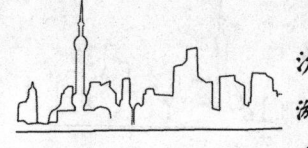

到1920年左右，怡和洋行将老建筑拆除，重新建造起一幢属英国文艺复兴式的五层楼房，即现在的中山东一路27号……想到此时，我不由回头望了那幢建筑一眼。

旗昌洋行是美国人墨尔·罗塞尔在广州创办的，该行早期也是在我国沿海几个城镇从事肮脏的鸦片交易，第一次鸦片战争后，墨尔·罗塞尔决定将"总部"迁往上海，他凭借与清政府和当时上海城的上层关系，旗昌洋行的

业务发展非常迅速，他们不但疯狂地走私倾销鸦片，而且还成立什么"上海轮船公司"，到了1867年，旗昌洋行已经垄断了整个中国的长江航运事业。

那时，有许多西方殖民者执行的是"商人领事制"，比如葡萄牙驻沪领事就是由颠地洋行的老板比尔就兼任，其领事馆也设在颠地洋行内。又比如美国驻沪领事是由旗昌洋行股东克宁汉兼任，领事馆就设在旗昌洋行内。再比如荷兰和普鲁士驻沪领事馆，也分别设立在其他洋行内。正因为如此，那些"商人领事"曾恬不知耻地说："只有两条路可走——实行走私（指鸦片），否则，你就根本不必做

生意。"

不一会儿，观看禁毒宣传画的人是越来越多，此时我觉得有点不舒服，于是挤出人群，慢慢地来到黄浦江边，望着滚滚而来的黄浦江水，我仿佛看到了当年发生在吴淞口的那一幕。这里停泊着许多外国洋行的鸦片趸船，那些殖民者手持鞭子，强迫劳工将鸦片箱子分装到走私运输的小船上，然后装运到上海及沿江各地……这时，我又仿佛看到西方一位专栏作家，他手摸着良心，明确承认地写道："沪埠进口之洋货，实以鸦片首屈一指。""吴淞——上海，已经成为英国对华鸦片走私的集散基地，它的重要性已胜过其他各站。"

我不忍心再继续看下去，于是转身靠在防汛墙上。此时，在我的眼帘中，那些坐西朝东的西洋式建筑个个像乌眼鸡似的，恨不得把中国人民一口吞下。我又想，那些西方殖民者不仅用鸦片来毒害中国人民，而且凭借手中的特权把大片土地变成了冒险家的乐园，同时也把花花世界中的赌场（跑马厅）带了进来，中国人民在这种"双毒"的迫害下变得更加痛苦和凄惨。

除此之外，西方的工业品也随着鸦片贸易源源不断地涌进上海，殖民者用鸦片和棉制品换取我国的廉价蚕丝、茶叶以及银元，这种贸易说白了是殖民者对殖民地和半殖民地国家的一种掠夺，那些西洋式的建筑就是掠夺中国人民财富的基地和窗口。

海关大楼上的钟声响了，那洪亮的《东方红》乐曲把我的思绪拉了回来，"唷！时间不早了，该走了。"我走下观光平台，望着那街头的宣传画，望着那么多的参观人群，我突然想起鲁迅先生的一句话——"读史，就可以觉悟中国改革之不可缓了。"此时，我方才明白主办方为啥把宣传画放在这里的道理了。

## 移居上海的"老外"

记得在儿时,若是街头看到一个外国人,周围肯定有许多小孩围观,自己也会上前凑热闹,有时还会尾随追逐嬉戏。那情景时常会在脑海中浮现。在我心目中,那时的"老外"在上海的数量极少,他们成为难得一见的珍贵群体。时间一晃几十年过去了,如今的街头上老外是越来越多,我觉得一天见不到老外反而觉得有些奇怪,这或许跟我们搞旅游工作的有关系。更使我想不到的是,在欢送一位提前退休老导游的会议上(因他曾在有毒有害的岗位上干过八年工作,可按有关政策提前五年退休),我才知道他是个"老外",是一个生在上海,长在上海的老外,是一个既懂外国话,又会说上海话和普通话的老外。为了表达我的惜别之情,特意邀请他到东方明珠旋转餐厅吃自助餐。

这里的景色是美的,说它美不如说上海的景色是美的。我们在用餐时,话题自然转到"移居上海的老外"上。他告诉我,他是朝鲜人,听其祖父说,1895年甲午战争后,朝鲜沦为日本军国主义的殖民地,数以千计的朝鲜难民迁入上海,并作为避难地。为了解救祖国和打击日寇侵略者,许多爱国志士在上海秘密建立"大韩民国临时政府"(现马当路),以便有组织、有计划地采取行动,在1932年"一·二八"抗战中,他们与上海人民一起积极地援助十九路军共同抗日。以后,他们又乘日寇在当时的虹口公园集会阅军之际,一举成功地炸塌了主席台,炸死炸伤敌人无数。再后来,这些朝鲜人与上海市民建立了深厚的友谊,直至新中国诞生之后,许多人还是愿意留在上海。说到这里,他深有感触地说:"我在上海已经生活了半个多世纪,也算是老上海了,可我的祖辈应该是老老上海人了。""哈哈哈哈!"我们都笑了起来。"要说老、老、老上海人,也就是第一个移居上海的老外,你知道是谁吗?"我刚想接着再说,可他却抢先一步说:"第一个移居上海的老外我可不知道,但从不少文献资料记载中得知,明代徐光启在1608年,请意大利传教士郭居静来上海传教,这可能是最最早的老、老、老上海人了。"说完,他起身又去拿自己喜欢吃的菜肴了。我边吃边望着窗外,那美丽的景色在我眼帘中以极慢的速度变化着,那种慢几乎使人感觉不到,但它却实实在在地在变化着。是的,传教士郭居静是徐光启请来的客人,况且郭在上海居住时间不长,其影响面仅限于宗教方面。但在第一次鸦片战争后,上海被迫开埠,那时一大批老外涌进了上海,在这批特殊的人群中有西方殖民者、冒险家、商人等,他们拎着空皮箱到上海淘金,也有流离自己祖国靠一技之长来沪谋生的普通侨民,更有的是帮助中国人民独立解放的共产国际革命家和进步人士,他们的到来使得上海变成了一个极其复杂的侨民社会。

但是,从老外移居上海的某种情况来看,最早移居的应是上海首任驻沪领事巴富尔,他原是英国派驻印度马特拉斯的炮兵上尉,后提升为英国陆军参谋。1843年8月1日,巴富尔率领约25人的老外团抵达上海。当天便进城递交照会,第二天会晤上海道台宫慕久,要求租房设立领事,随即以每年400元的租金租得外滩一幢52间房间的大房子,作为住宅和领事馆,同年11月17日,巴富尔和上海道台宣布上海开埠,允许英商租地居留。仅过了一年时间,上海就出现了10多家外国银行,紧接着法国人和美国人等都相继开辟了租界。此时,上海除了有英、美、法老外外,还有西班牙人、德国人、意大利人、荷兰人、葡萄牙人等。他们成为了最早移居上海的侨民群体。

近代上海之所以成为"冒险家的乐园",其根本原因在于那些强加在中国人民头上的不平等条约,那时的上海是世界上惟一可以不需护照也可居住的城市,世界各国不同肤色的人可以自由进入上海。

据有关资料统计，上世纪40年代初，大约有40多个国家，居住人数最多已达15万外侨居住上海。

西方殖民者以及租地居留的商人，他们最大目标就是经济掠夺，不择手段获取财富。一位外国学者曾用精彩的笔法描写他们一伙利欲熏心的丑恶嘴脸："前一世纪的40年代末50年代初，已经变成了无法无天的外国人的一个真正的黄金国（指上海），其中许多人都是属于这样一种类型，只要有利可图，什么走私和犯禁，一切都不顾忌，就是行凶杀人，也在所不惜。"那些西方殖民者以及冒险家也曾毫不掩饰地说："我们所关心的只是如何不失丝毫时机发财致富，其他什么都是不重要的。"他们还直截了当地表示，"我希望最迟在二三年内发财而去。所以，以后上海给水淹没或给火烧掉，与我会有什么关系呢？"上述这些，或许是他们真正喜欢旧上海的原因吧。

"你在想什么？我为你拿了点好吃的海鲜。"说完他把装满各种海鲜的盘子递给了我。此时，我才发现，餐厅中多了许多客人，其中不少是老外，以后，我们边吃边聊，话题又自然地转到老外身上。他告诉我，他虽属朝鲜籍，但对侨居在上海的日本人有较深的了解，他说："在明治维新前，日本确实有一大批留学、经商以及有识之士等前来上海居住。但到明治维新后，日本逐渐变得强盛起来，国内掌握实权的少数人其扩张侵略野心也随之膨胀起来。以后，他们不断派人暗中收集中国的各种情报，有的还披着合法的外衣在上海建立商会、民间组织和棉纺织厂等，直到日本军国主义大举侵略中国之前，其侨居的人数已达10万人左右，这些数目还不包括驻沪日军，大大超过了各国在沪侨民的总数。他们从政界官吏，到工商界老板，从民间浪人、妓女、罪犯到各种自由职业者，真可谓是鱼龙混杂、无奇不有。抗日战争胜利后，战败的军队和不少侨民被遣送回国，只留下了少数的技术人员。"

"是啊，除日本侨民之外，上海还有一个庞大而又特殊的侨民群体。""犹太人。"我们俩异口同声地说着，随之而来的是一阵爽朗的笑声（因后有文章介绍，故不再重复）。

我们继续着关于老外的话题：自从意大利传教士郭居静来沪传教之后，西方许多传教士纷纷来到上海，其人数也迅速猛长。同时，天主教和基督教也都把上海作为中国东南地区的传播中心。为此，各教会在上海纷纷开设教堂、医院、孤儿院、学校等慈善事业，在这些传教士中间，有些和殖民者、掠夺者狼狈为奸、干尽坏事。但也有许多人为传播西方文化、科技、教育以及医药卫生等起到了积极的作用。

当然，在上海当时还聚集了一批同情和支持中国进步事业的老外，比如美国人格兰尼奇夫妇，美国记者斯诺和作家史沫特，美籍犹太人伊罗生，新西兰人路易·艾黎等，他们都为中国人民的解放事业作出了很大的贡献。

我们俩人越谈越有劲，越谈越高兴，直到餐厅服务员在收拾碗筷时，我们才发现用餐客人差不多走完了。

走出东方明珠大门，望着许多到这儿来参观游览的老外，我心里想，如果说上海有那么多的外国人是因为上海辟为商埠后造成的，是被迫开放的，那么在改革开放的今天，上海充满热情、张开双手，热烈地欢迎世界各国有识之士到上海来投资和参与上海的经济建设，上海也将"筑巢引凤"，为外国人移居上海提供更大的便利，这也是社会发展的必然趋势，是时代的需要……

## 观赏"人头"话"人源"

"要想观赏上海的'人头',请您到南京路、西藏路口。"这段话是我对两位台湾艺人说的。记得有一年春节过后,我陪他们夫妇俩在上海参观游览,那位太太跟我说:"在台湾听许多人讲,在上海的南京路看人头,真可谓是一大奇观。"我知道她说的地方是在南京路第一百货商店一侧的人行天桥上,可惜那座天桥已经拆除了,"人头奇观"是观赏不到了。为了不失他们的雅兴,我决定带他们去观赏上海人流最多的地方。

南京路人山人海、热闹非凡,站在那里,他们东张西望,仿佛在寻找观赏"人头"最佳处,我从包中拿出一张报纸放在石凳上,其目的是让他们站在石凳上可以观赏到黑压压的一片人头。谁知他们摇摇手,说:"我们从不站在或坐在有字的纸上。""噢,原来是这样。"我当时显得有些尴尬,想不到他们是如此尊重中国的汉字。怎么办呢?正感为难之时,忽然,迎面走过来几个摄影师,他们带了很多摄影器材和一架扶梯,此时我眼睛觉得一亮,于是与他们商量是否可借扶梯一用,一位摄影师先是朝我们望了望。然后不太情愿地说:"注意安全,出了问题我们可不管。""谢谢!"我马上架好扶梯,先让那位先生爬上扶梯,然后又小心翼翼地把那位太太扶了上去。这时,只听到他们在上面异口同声地说:"啊!好大一片人头。"我双手扶着扶梯,好长一会儿不见下来,要不是摄影师要扶梯派用场了,他俩或许还要观赏一番呢。

"唷!这里的人头真多。""是啊,上海怎么有那么多人啊?"他俩边擦着手边说着。"据我所知,在这条路上购物的人,一半以上是外来旅游者。"说完便建议他们逛逛南京路,不一会儿,我们也成了

"人头"中的一份子了。

走在南京路上,我们不由谈起"上海怎么有那么多人"的话题。其实,据上海市政府有关部门统计,2010年第一季度上海常住人口为二千二百万,其中六百万是流动人口。公元1291年上海建县,当时的人口仅三十余万,短短的七百多年时间,人口猛增了二千一百多万,这在世界城市人口增长速度史上是从未有过的,也是人口增长速度最快的一个城市。

据相关文献资料记载,上海县刚建立的时候,虽然在当时生育不少,但婴幼儿死亡率以及人均寿命不长等因素,出生与死亡相抵,人口自然增长率几乎成正比。以后到了元末明初,由于战争及朝廷更换等原因,遭受到战乱的人们纷纷逃到上海县城境内避难。此时人口曾猛增到五十多万人。另据"明弘治《上海志》"记载,从洪武年间到弘治年间大约百余年之间,由于朝廷加强封建统治,农民受不了高税负担,纷纷弃田外逃,人口也减少到二十五万左右。清康熙执政后便解除了"海禁",加上雍正年间重视农业、减轻了农民许多负担。此时,上海的海内外贸易和农业生产得到了进一步的发展,其人口也随着发展而增加到四十余万人。

上海人口的大增特增主要发生在第一次鸦片战争以后,当时上海在1843年被迫开埠时,其人口约在五十多万,十年后的小刀会起义以及太平军与清兵在苏、浙、皖地区鏖战,据说当时有十多万难民涌入租界避乱。小刀会起义失败后,一部分涌入租界的人们纷纷返乡,但相当多的人却留在了上海,他们办起了作坊、开起了店铺,有的则出卖劳动力为生。与此同时,我国黄河决口,苏北地区遭到了水灾,一时无家可归者又大量地涌入上海,他们已经家破人亡,只能流落街头充当苦力以及做些"三把刀"式的服务性工作(即剃头刀、切菜刀、扦脚刀)。大约到了1860年左右,洋务运动的主流派李鸿章在上海建立"江南制造局",因一时找不到合适的管理者和技术人员,只能到广东、福建以及香港寻找人员来沪,以后,这些

人员便在上海落脚谋生了。

上述这些人员在不同时间、不同地方进入上海,此时的上海基本上形成了一个五方杂处的城市,"移民"社会也由此产生。

"在南京路逛街真累。""是啊,我们三人行的队伍经常被打乱。"从那夫妇俩说话声中我听出了其中的意思,"那咱们找个地方休息一下。"我们在路旁的石凳上坐了下来,不一会儿又继续着原先的话题。

据相关文献资料来看,上海被迫开埠后的四十多年里,其人口已经猛增到八十三万五千人,但在1927年统计,上海人口已有二百六十四万,这种增长速度在国内名列前茅,在国际上也属罕见。四面八方来上海的移民,他们初来乍到时主要依靠的是老乡、亲戚以及在上海的同乡会组织,于是,在上海的各地方人都发挥着各自的优势,其行业也被这些同乡人所占领。比如江苏无锡人在上海做棉纺业、面粉制造业等的居多,又比如印染业、丝织业等以杭州人、常州人等为主,再比如航运业,是以宁波人、广东人以及天津人最多,这些外来移民为上海各行各业的发展作出了很大的贡献。

在抗日战争八年的时间里,尽管上海处在水深火热之中,但各沦陷区的人们还是大量涌入上海,至抗战胜利后,上海的人口已达三百三十万左右。以后的三年解放战争中,上海又涌入二百十万左右人口。此时,上海在新中国诞生之初已达五百万左右了。

"上海从1291年建城,人口只有三十万,到1949年却增加到五百万。""在短短的六百五十八年中增加四百七十万,现在新中国迎来六十多华诞之后,人口却有二千二百万,在六十多年中增加了这么多人又是从哪里来得呢?"他们在屈着手指计算着。同时又在惊叹着,我微微一笑,继续向他们解释着。

那时新中国刚诞生,上海也处在百业复兴的时代,据说当时一下子就引进了各种技术人才达一百多万,加上新上海生活稳定、安全,人们安居乐业,大约到了1958年,上海新生儿童就达到了近三百万。尽管以后有二次迁出户籍运动,一次是1958年以后的"支内"运动,大批人员及工厂迁入内地,另一次是"十年动乱"期间上海知识青年上山下乡,但十年动乱结束后大批知识青年返沪,上海的人口又暴涨了许多。改革开放以来,大约有好几波人潮涌入上海,一波是农民工进城打工,另一波是各种人才到上海创业谋发展,其中包括不少"老外"和"港澳台"的人士。再加上如今生活质量不断提高,"生得多,死得少",故而形成了今天上海二千二百万人的地域群体。

"你看看上海人口今后是否还是这么猛涨?""是否会变成世界上人口最多的城市?"他们怀着好奇的目光在问我,"完全是有可能的,不信?你们等着瞧!"我开着玩笑地回答着。"照你这么说,你是人口增长的预言家啰?""不是预言家而是让人等着家。""哈哈哈哈!"我们大家都乐了。

时间不早了,我们一起乘着电瓶观光车又重新回到了第一百货商店门口,在与他们分手时,我发现他们还不时地踮着脚伸长脖子在看南京路上的人头,或许是留恋这块神奇而又充满活力的地方,又或许是想再体验一下爬上扶梯时的感觉,再或许是……

## 有感街头上的上海话

星期天我陪着太太上街买东西,走到淮海路"百盛"商场门口,看到许多人拿着东西在议论着什么,我们没去凑热闹,耳边只听到"阿拉"、"阿拉"的上海话,这声音既温和柔美,又实在有趣。我想她们或是社区的邻居,约好了到这里买东西。

太太在衣柜旁挑选衣服,我站在一旁,透过大玻璃望着门口的那些上海人,她们在说些什么我完全听不到,但对说话人的动作手势,基本上还是判断得出其意思的,这位的手势肯定是在说:"侬晓得哦?"(你知道吗)那位的动作仿佛在说:"侬勿要瞎三话四!"(你不要瞎说、乱说)后来她们的语速加快,脸上出现了不愉快。这时,站立在一旁的人插在她们中间,摇摇头并用双手推开她们,他肯定在说:"大家出来白相,有啥吵头。"(大家出来游玩,没必要争吵)此刻,俩人虽然没说什么,只是朝他翻了一下白眼,嘴里在嘀咕着,我判断她们肯定是在说:"像煞有介事。"(煞有介事之意)"扑哧"一声,我乐了,我想真是有点自作多情,像个"寿头"(痴呆之意)。这时,太太没选中合适的衣服从里面走了出来,见我这般模样便随口说了声:"一介头做啥?扛噱噱。"(一个人在干什么?傻乎乎的)我笑了笑,便把刚才的事情告诉了她,想不到她对我说:"侬真有空噢。"我无话可说,说真的,刚才的那一幕我实在是太"有空"了。

也许是逛商店走累了,我们选择了一家咖啡店歇歇脚。凑巧在店里面遇到了一对新婚不久的夫妇,他们是新上海人,也是住在同一幢楼里的邻居。我们边喝着咖啡,边闲聊着大家所关心的话题。

不一会儿,那位新娘子捧着咖啡杯好奇地对我说:"四楼叔叔!(因我住在四楼,所以她这么称呼我)我在上海工作已经好几年了,我越来越感到说上海话的人少了,而说普通话的人是越来越多了,有时一天也没听到几个上海人在说话,是不是上海人改变了说上海话的习惯?""是嘛!"我微笑着又说,"一般来说,上海人之间的交流还是使用上海方言,但如果发现对方说的是普通话,那么他(她)马上会使用普通话,就连老头老太说得不标准、不怎样的普通话,他们还是会和你交流下去,上海人的心还是很善良的,他主要生怕你听不懂。你看,我们之间的交流,不是都使用普通话吗?""唷!你这么一说使我想起来了,我和上海人交流,很少有人用上海方言和我交流的。"新娘子蛮认真地说着。"是啊,上海是一个五方杂处的城市,那些老上海人的祖籍不一定是上海原籍,如今他们的上海话是经过较长的一段时间学会的。""上海话难学吗?"她又问着,"比较难学,"我接着又说,"至少要比广东话难学。""是哦,不至于吧。"望着她那般模样,我忍不住笑了。

　　太太手提包中的手机响了,不一会儿我们起身告辞。坐在公交车上,望着街头上漫步的人们,我不由在想,如今有许多人想学上海方言,但有多少人想知道上海方言的渊源和发展呢?其实,追溯上海方言的源头,过去有不少人认为它与宁波话和苏州话有关,且不说宁波人和苏州人在数量上占据上海之首。据说"阿拉"一词原来自于宁波话,它取代了上海话中的第一人称"吾"(即"我"的意思),这说明了宁波人在上海的影响力"阿是……"(即是……哦?)则是苏州方言。而在上海市民中亦有许多人认为,上海方言来自于今日的浦东,其理由是:上海的地方剧种——沪剧,在较大程度上便是使用"浦东话"的。

　　但是,根据许多语言方面的专家学者研究鉴定,上海的方言源头是在今日的"松江",属吴方言,这是科学地用上海人如今使用的语言与其发音的声调、声母和韵母相结合而得出的结论。

　　上海的方言形成有一个较长的历史过程,公元1843年上海被迫开埠后,西方殖民者纷纷来到上海,各地方人由于战乱等多种原因

也来到上海落脚谋生,他们操着家乡的口音,给生活、做工或经商带来许多不便,环境需要这些移民学讲上海话。同时,上海也是适应性很强的城市,她不断吸收各地方言来充实本地语言,如刚才所述过的"阿拉"(我们)最早是宁波方言,"汏浴"(洗澡)、"勿情愿"(不愿意)等,则是苏州方言。而且上海方言又采纳了不少外来语,如"巧克力"(chocolate)、"沙发"(sofa)、"开司米"(cashmere)、"冰淇淋"(ice cream)、"维他命"(vitamins)等,上海俗语切口中也烙上了许多"外"印,如"老克拉"(泛指涉外颇深者,克拉是英文 Glass 的音译)、"老狄克"(泛指精于算计者,狄克是英文 Stick 的音译)等,还有"拿摩温"(No one)、"榻榻米"(日语发音)、"水门汀"(水泥)、"味之素"(味精)等等。

除了吸收全国各地的语言及外来语言,更重要的是上海的方言又处于不断发展之中。这也许是现代生活快节奏所至,人们只需说一至二字,就能表达清楚事情的内涵,如"拎勿清"、"毛毛雨"、"码子"、"扎台型"、"通路子"、"烧香"等,以后又有如"扒分"、"斩"、"不要太……",这些上海方言既生动,又丰富,体现了上海人的生活一角。

不仅如此,上海方言对普通话的丰富多彩也作出过很多贡献,比如"尴尬"一词,它属于正宗的上海方言,具体解释为"处境困难",在普通话中原先没有这个词语。又比如"像煞有介事"一句,也是上海方言,现在普通话中解释为"煞有介事"。再比如"寻开心"(戏弄他人而引以自乐之意)、"摆噱头"(有三层含义,一、卖关子;二、故弄玄虚;三、欺骗行为)、"螺蛳壳里做道场"(指在非常狭窄的地方办事情)等等,这些上海方言词语都先后进入普通话中,成为大众都能接受的词语。

随着我国改革开放的不断深入,如今上海有许多外来人口,在这些人员中有不少是"新上海人",他们都想学会上海话,但时代不同了,上海的生活、工作环境等并不迫使他们要学会上海话,况且,

他们生活得都挺好,交流没有障碍。这些足以说明上海是一个移民城市,一个五方杂处的城市,她以宽广的胸怀包纳着来自四面八方、五湖四海的人们。作为上海方言,它是一种本地区的传统文化,你传承它可以,不说它也无妨,这就是当今时代的特征……

想到这儿我伸了伸腰,脸上露出了一丝笑容。"侬做啥?"太太用手肘轻轻地推了我一下,接着又说,"今朝侬已经第二次傻笑了。""是哦?"我微笑着又把目光转向窗外,望着街头上的人们,喃喃自言说,"两次傻笑,对!可笑出了一篇关于上海话的文章。"……

看了文章后,不知你喜欢否?

## 崇明人的骄傲——沙船

**如**今每个城市都有一个"市标",上海市市标是在1990年经上海市人民代表大会常务委员会审议通过,市标图案是由螺旋桨、沙船和白玉兰花三种图案合成为三角形状。经上海市政府新闻发言人解释:该市标是经过广泛征求意见设计而成的。白玉兰花代表着上海市花,螺旋桨喻意着上海是一座乘风破浪、不断前进的城市,图案正中央是一条扬帆远航的沙船,它象征着上海是一个历史悠久的港口城市,又象征着向着胜利勇敢地前进。

记得前两年我随旅游团到北京去参观游览,当我们走进首都人民大会堂上海厅的时候,眼前一条船的模型立刻射入我的眼帘,我十分好奇地问带队导游这是什么船的模型?操着一口流利国语的北京导游笑了笑说:"怎么!您这位上海朋友不知道?这是一条沙船。""沙船!"此时我既惊奇又惭愧,同时,我也似乎悟出了一点道理,它作为上海市的市标之一,又摆放在首都人民大会堂上海厅内,肯定有它的特殊地位和历史价值,为了要了解沙船的历史,为了想知道它与上海这个城市有啥关系?我特意从网上寻找有关沙船的信息,最终查到位于上海崇明县博物馆内有一个"船史"陈列室。于是,我决定利用双休日的时间去崇明岛,去看看那神秘而又奇特的沙船。

崇明县博物馆位于崇明学宫内(城桥镇鳌山路696号),占地有23亩,据说崇明学宫内的建筑均为明清两代建筑,什么大牌坊、棂星门、登云桥、名宦祠、乡贤祠、大成殿等,这些我都无心欣赏,唯独那沙船是我最感兴趣的。

走进"崇明岛史与古船"陈列室。一艘古老的沙船立刻出现在我的眼前,它虽残缺、伤痕累累,但却以"主人"的身份,向参观游览者讲述着昔日的辉煌。

原来,沙船是我国古代一种大型的航海交通工具,其形状为平底、方头、多桅杆。这种船特别适合在我国沿海以及长江内河中航行。沙船具有吃水浅、航运性能好以及能平搁在沙滩上的特点。其次,船上设有多桅杆和披水板,即便航行时不顺风,也可通过桅杆的转动照样行船。同时,沙船结构牢固,航行平稳,装载货物安全可靠。再加上船舱设有夹板,船的两旁还特制水槽和水眼。每当海上刮风下雨时,海水就会涌向船上,正因为有了这种"特制",涌上来的海水便会在水槽和水眼中流出,船舱内基本上不会受到"水淹"。在明末清初时,大型的沙船其载重量大约在500吨左右,而小型的沙船也有200吨载重量。

据文献资料《崇明县志》记载:"沙船以出崇明沙而得名。"但沙船的出现要早于明清两代,现有几种说法:一是唐贞观年间,朝廷为了征服辽东,所需军用物资从海上供给,唐代大诗人杜甫也有诗曰:"云帆转辽海,粳稻来东吴。"这种运输的交通工具就是沙船,其理由是:"来往上海至辽东的航道,沿途是吃水浅、沙碛多、礁石硬,非采用沙船不可,其他无用。"二是说沙船属平底,在海滩上可行可泊,退潮时船搁在沙面上,此时装、卸货物,涨潮时满载起航,即便是空载,船工就地取材装沙压舱,故而以沙得船名。三是说在元朝至元十六年(1282年),当时朝廷就下令以沙船作为南北漕粮的运输工具,并派遣上海崇明人朱清和嘉定人张瑄建造沙船60余艘,运送大量漕粮从上海至天津。从那时起,沙船一直成为运输漕粮的重要交通工具。同时也成为从上海至南北航线上以及沿海运输的主要船种。不过,那时的沙船业主要控制在封建统治者手中,在民间只是极少数人拥有。

随着时代的变迁,尤其是清朝康熙年间重开"海禁"以后,上海的沙船业得到进一步的发展,加上当时上海的棉纺织业正在快速发展,农民种棉多而种粮少,也需从外地调入粮食,这就使得沙船有了用武之地，那些商人把收购到的土布大量地运往全国各地，又把全国各地的粮食以及各种土特产与商品源源不断地运往上海。再由上海转口至内地。在那时，上海沙船业又出现了一个新名词，即"船商"，这些船商拥有自己的沙船和经营渠道，他们雇用水手进行长途贩运，所得高额利润后将极少一部分作为"工资"发给船工，从其性质而言，这些船商为早期的运输资本家。

又据一些文献资料记载："沙船之集上海，实缘布市"，"沙船之乡"等。上海沙船业的快速发展，反过来又极大地促进了上海城市的兴起与发展，到了明末清初年间，上海已经成为重要的商业重镇，并有"小苏州"的雅号。那时的上海到处是铺户商号，商业兴旺，一派热闹非凡的景象。

以后，第一次鸦片战争爆发以及上海的被迫开埠，西方殖民者纷纷涌入上海，他们又带来本国的先进科学和技术，加上我国的民族资本家正在崛起，那些蒸汽轮逐步取代沙船。直至新中国诞生后，沙船的数量仅存无几，到了上世纪70年代初期，船民的交通工具得到"小机上船"的技术改造，沙船这才彻底地走出历史舞台，成为人们永远的回忆和怀念……

走出"船史"陈列室，我感叹颇多，偶尔回头想再看一眼，那沙船上的桅杆仿佛向我挥手告别，它是那么的深情和留念。我也不由停住脚伸出手向它挥手示意。我想，沙船是崇明人的骄傲，也是上海人的骄傲，更是上海这座历史悠久港口城市的骄傲。沙船虽然没有神话般的美好传说，但它却告诉我们，崇明人曾为上海这座城市的兴起和发展作出过重大贡献。我又想，如今崇明人是否可以把博物馆内的"沙船"请出来，将它重新打造，安装上现代化的设备，带着岛上的绿色产品和土特产，让沙船满载着中国人民和上海人民的友谊，使它驶出国门，驶向世界，再创沙船的新辉煌。

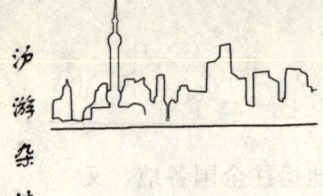

沪游杂谈

## 从"跑马厅"到"人民广场"

或许我为上海市国际艺术节组委会做过一点点有益的事情,在第十届上海市国际艺术节开幕之际,该组委会邀请我到大剧院参加开幕式暨观看演出活动。简短隆重的开幕式在8楼宴会厅举行,结束后又有招待酒会。这时,我拿着一杯橙汁,站在阳台边观赏着人民广场的夜景。此刻,我显得有些激动,眼前的景色确实很美。夜幕下的人民广场是一片灿烂辉煌,水晶宫般的大剧院、雄伟庄严的人民大厦、古色古香的上海博物馆以及晶莹剔透的上海城市规划展示馆,这四座标志性建筑与周围几十幢华贵而具个性的建筑共同形成了令人难忘的印象。再加上广场中的地坪灯、草坪灯,星星点点,又呈现出一种乡情宜人的田野风光。

应该说,人民广场对上海市民来说是太熟悉不过了,因为大家都去观光游览过,但要说出人民广场的历史沿革,恐怕知道的人就不多了。或许有人会说:"我知道,人民广场就是过去的跑马厅。"这种模糊的说法完全是可以理解的,因为赫赫有名的跑马厅早在1942年已经关闭,毕竟退出历史舞台已有半个多世纪的历史了。

曾记得在儿时看到过一篇文章,说是上海图书馆(现改为上海美术馆)是过去跑马厅的看台。为了满足好奇心,自己也专门去了一次"跑马厅看台"。那时,只觉得人民广场很雄伟、气派,周围有人民公园、上海美术馆分部、体育馆等。后来,自己成了一名旅游工作者,由于工作的需要,才从各种史料和文献中学到不少知识以及了解到许多真实的故事。

1850年,英国麟瑞洋行大班霍格等5人组成"跑马总会",与此同时在今天的南京东路、河南中路购买了约80亩土地,建造了上海滩第一个跑马场。该跑马场外围种植了许多花草树木，跑马道中间的空地设有抛球场，当时上海人称之为"抛球场"或"老公园"。1853年上海爆发了小刀会起义，租界内的人口顿时拥挤起来，地价猛涨。见到有利可图，霍格等人立即将第一跑马场售出，同时又以低价将今天的西藏中路、浙江路处一块170亩的土地买下，建造了第二个跑马场，人称"新公园"。八年以后（1862年）跑马总会又将原场地卖出。据说当时有个跑马总会的董事，骑着一匹赛马，从今天的西藏路、人民大道处，经过黄陂北路，到南京西路，再回到原来的起点。跟在马后的建筑工人根据马蹄印，打起木桩，用绳子圈起，大约有460多亩土地，以后便成了第三个跑马场，上海人称之为"跑马厅"。

以前，第一跑马场和第二跑马场是不准中国人进去的，许多人只是在场外看"闹猛"。跑马厅建成后，洋人同意向中国人开放。这时，有许多人为了"博一记"，而弄得倾家荡产、家破人亡，那些洋人却大发横财，成为百万富翁。

其实，赌博是都市社会的流弊，也是西方殖民者用来骗取中国人血汗的另一重要手段。应该说赌博是带有全球性的，中国处于封建社会萌芽状态中就有赌了，以后又出现了牌九、麻将之类的赌具。上海开埠后，西方殖民者当然不愿放弃发财致富的机会，赌博活动花样百出，令人眼花缭乱。特别是跑马赌博，这是一项欺骗性极大而又富有刺激性的赌博，输赢全掌握在洋人手中，跑马时，参赌者人山人海，场面极为热闹壮观。那些赌徒赢了还想赢，输了想翻本，没钱赌就去偷、去抢、去杀人放火，从而走上犯罪道路，成为社会的罪人。据说在上世纪20年代的时候，上海曾经发生过一起与跑马赌博有关的重大命案。1920年，洋行职员阎瑞生，他热衷参与买跑马票，刚开始是赢了一些钱，到后来赌注越下越大，结果输得干干净净。为了翻本，他便到妓院骗取妓女的钱财再去买跑马票，又是输得身无分文。最后，他铤而走险，将颇有名气的妓女王莲英骗到郊外，并且将她勒死，夺走钻戒首饰狼狈出逃，结果没几天就被抓获，不久被枪决。当时，阎瑞生一案轰动了整个上海滩，许多艺人还把该案编成不同戏剧，让人们得以警示。

抗日战争时期，跑马厅被日本侵略者作为军营，解放战争期间又成为美国军队的娱乐场所。直至1949年5月，上海解放了，跑马厅终于回到了人民的怀抱。

1950年6月，上海市人民政府对跑马厅进行了彻底的改造，以后人们便称它为"人民广场"。该广场中间有一条长约570米的马路，称人民大道，北面还辟建成一家公园，"人民公园"几个大字是由陈毅同志书写的。以后，每年的重大节庆活动都在这里举行。到了上世纪90年代后，市政府决定对人民广场进行大规模的改造和调整，其改造的目标是：协调交通、增添景观以及扩建绿化。人民广场经过改造后，现已成为上海城市的一大新景观。

如今的人民广场呈现出许多与众不同的特色。其一，她是上海的政治中心，广场中心位置有人民大厦，该大厦内设有上海地方最高领导机构，即市委、市人大和市府三套班子的所在地。其次，在人民大厦周围还有许多政府机关的办公场所；其二，人民广场是上海的文化艺术中心。在广场内及周边地区有上海博物馆、上海大剧院、上海美术馆、上海城市规划展示馆、上海音乐厅、上海市工人文化宫、大光明电影院以及福州路文化街等；其三，人民广场是上海的城市交通中心。广场的不远处有延安路高架和南北高架，地面上有46、112、123、145路等数十条公交线路，连接浦东、青浦、虹口、虹桥机场以及火车站等四面八方，广场底下有轨道交通一号线、二号线和八号线，交通十分方便；其四，人民广场是上海的游憩中心，广场及周围许多文化艺术场所每天都吸引着无数的中外游客，加上广场绿色空间向人们提供了休闲、娱乐、散步、健身的好去处，尤其是广场鸽和音乐喷泉等特别深受孩子们的喜欢。

值得一提的是人民广场的地下城。该城是我国目前最大的地下

商业中心,占地面积3万多平方米,由商业街和地下商场两大部分组成。商业街通道不仅与地下商场连接,而且也和地面的商店相连,形成立体的商业网络。地下商场摆设气派,均采用玻璃幕墙,高档大理石铺地。在这些商店中境外的商店要占整个铺面的80%(香港名店占有较大比例),为此,上海人亲切地称之为"香港名店街"。其次,商业街中还设有西式快餐店、美食广场以及娱乐场所等,是集购物、休闲、旅游于一体的活动场所。

其次,人民广场地下城是亚洲地区最大的地下停车库,占地面积5万多平方米,分7个区域,车位有600多个,整个停车系统和管理系统具有国际一流水平。

还有,人民广场地下变电站是举世瞩目的大型变电站之一,也是我国第一座超高压、大容量的地下城市变电站,占地面积9 400平方米,其主要设备是从美国、德国、法国等国家引进,技术上为我国目前一流水平……

唷,时间不早了,宴会厅内都没人了,我也该去看演出了,平心而论我真的不想走,我想:从跑马厅到人民广场,这不仅仅是几个字的变化,它是一个时代的变化,是中国的变化,确确实实是一个翻天覆地的变化。

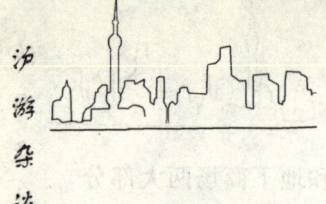

## 点春堂的故事

由于工作的关系,我每年都要到豫园去好几次,这座私家园林具有明清两代的建筑艺术特色,它布局合理、设计精巧、清雅秀丽、玲珑剔透、小中见大,是江南古典园林中的佼佼者,因而深受无数海内外旅游者的喜爱。

数年来,我在豫园听导游讲解已是不计其数,那精彩的故事,美丽的传说,典雅的建筑。那花草树木、砖雕泥塑、龙墙假山、古玩字画、楹联诗文……豫园就有这般魅力,总能让你赞叹不已、流连忘返。

然而,使我感到十分遗憾的是,这么好的一个"国家级"的景点,一个4A级的景区,竟然是老外和外省市旅游者的乐园,上海本地人及那些新上海人却去得很少很少。原因何在?使我百思不得其解。

其实,在我心目中,豫园地处人烟稠密、繁华又喧嚣的大都市中。她是难得的一片城市山林,一块清幽之地。豫园内有许多说不完道不尽的传说和故事,但在众多的故事中,最为精彩、最真实、最完整、最感人的要属点春堂了,尽管该建筑为清同治年间重建,但仍保持着昔日的风采。

点春堂面阔五间,高敞轩昂、画栋雕梁。堂上之匾,金底墨字,点春堂三字为苏淞太兵备道沈秉成的字迹。堂正中悬挂巨幅国画《观剑图》,作者是我国清末著名画家任伯年。该图绘了三个古人,拔剑出鞘,寓意着古人常以观剑来抒发英雄抱负。两旁对联为沈尹默所书:胆量包空廓,心源留粹精。意思为小刀会勇士们的胆色和量气无限扩大,人心的本源(本质)完美无缺。另外,点春堂内还

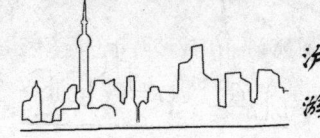

陈列着小刀会将士使用过的武器、日月钱以及告示等复制品。

听导游介绍说,点春两字是出于苏东坡词:翠点春妍。可我认为,温庭筠的诗:"经飘弱柳平桥晚,雪点寒梅小院春。"比"翠点春妍"更为确切些。点,即点缀衬托。残雪点缀着寒梅,小院春色不就在眼前吗?当然,这仅仅是我个人的看法,不能算数。

说起点春堂,我们还得追溯一段心酸的历史。自1840年第一次鸦片战争后,中国人民遭受到了前所未有的灾难和痛苦,西方殖民者的鸦片贸易以及割地赔款导致大量的银元外流,清政府国库亏空。为了维持封建统治,加重赋税,搜刮民脂民膏便成了清廷的唯一做法。再加上那年头灾荒不断、破产的商人、农民以及失业的工人纷纷涌向上海。西方殖民者的侵略和清政府的暴政,使得民族矛盾和阶级矛盾不断激化,上海及周边地区经常发生抗粮、拒差和殴官等武装反抗。在上海被迫开埠的十年后,终于爆发了刘丽川和陈阿林为首的小刀会起义。

小刀会原是民间反清复明的一个秘密组织,属天地会的一支力量,其组织内还包括了双刀会、百龙党、罗汉党以及塘桥帮、庙帮等,主要成员为农民、城市劳动者、手工业者和部分工商业主等。其标志是每人身藏一把小刀。

1853年3月,太平军攻克南京。小刀会得知消息立即着手准备,并于同年9月5日发动了起义。

起义军首先攻占了嘉定县城,活捉了苏松太道吴健彰,处死了知县袁祖德。当天就成立了"大明国"政权,自任"大明国统理政教招讨大元帅",并在豫园点春堂、文庙明伦堂和敬业书院等地设立指挥部。

小刀会起义不到10天,就迅速占领了南汇、川沙、青浦、宝山以及江苏太仓等。起义部队所到之处便没收官署银库,救济百姓,打开牢门释放囚犯,并且自制流通货币"太平通宝"。由于小刀会将士纪律严明,秋毫无犯,因此,深受老百姓的欢迎。

小刀会的起义震动了清朝政府和租界内的西方殖民者。1854年12月，它们狼狈为奸、相互勾结，联合起来共同镇压小刀会起义。中外反动派的血腥镇压并没有使得起义军将士屈服，相反，他们越战越勇，多次击退冲入城内的敌人。清军和殖民者无奈，只得将上海城重重包围，小刀会弹尽粮绝，于1855年2月分两路突围出城，刘丽川率一路冲出城后在虹桥遭遇清军主力，激战中不幸壮烈牺牲，另一路也大部分战死，只有少数人冲出，到苏州投奔太平军继续战斗。小刀会起义长达一年零五个月，在上海的历史上留下可歌可泣的壮丽一页，而点春堂也和小刀会一样，将永远载入史册。

　　小刀会起义虽然被中外反动派用灭绝人性的大屠杀淹没在血泊中，但统治者也付出了沉重的代价，动摇了清政府的统治基础。翻开中国的历史，章章节节都在讴歌着中华民族不屈不挠的斗争精神，充分证明上海不愧是一个具有光荣革命传统的城市、一个英雄的城市、一个举世瞩目的城市。

> 小刀会址忆陈刘，一片红巾起海陬。
> 日月金钱昭日月，风流人物领风流。
> 玲珑玉垒千钧重，曲折楼台万姓游。
> 坐使湖山增彩色，豫园有史足千秋。

　　这是郭沫若先生游览豫园时曾留下的一首七律。
　　还是去听听点春堂的述说吧。

# 那是一个了不起的地方

每次到青浦出差或游览，我总要到青浦几处著名的景点去转转，尤其要到朱家角的城隍庙，那是一个了不起的地方。

到那里烧香求神，还是那里有特别的灵感？或许在那里有说不清道不明的恩恩怨怨……这些对我而言都不是。站在朱家角城隍庙前，我总喜欢四处远眺，浮想联翩。那水乡古镇的风韵，仿佛一幅淡雅的图画、一篇清丽的散文、一首动人的诗歌。集镇上曲折的小巷、石板铺的街道、两旁粉墙黛瓦、前街后河的住宅，这一切都显得那么的古朴、清幽和典雅，水乡泽国，让人其味隽永、其趣蕴蓄。再加上城隍庙内香客熙熙攘攘，香火鼎盛，很是热闹，一派国泰民安的景象。

然而，这一切并不具有"了不起"的价值，在我国江南地区，大凡有水乡集镇之地，一般都有如此古韵，况且这些古韵是对现代城市人而言，是对旅游者而言。但是，青浦的百姓把这个地方视作骄傲之地，一个了不起的地方、一个神圣的地方、一个被誉为"反洋教斗争的先声"之地。如此高的评价，那是怎么回事呢？原来，中国近代史上著名的"青浦教案"就发生在这里，还是让我慢慢地向您道来吧：

第一次鸦片战争以后，西方殖民者在中国获得了种种特权，那些传教士们得到了可在通商口岸建教堂、传洋教的自由。但是，根据以后签订的《虎文条约》规定，洋人不可到乡间任意游行。上海道署也向洋人作出了不得在外过夜的规定。这些规定对于列强们的传教士而言是极为不满的，他们想方设法要达到进一步扩大传教的目的。

一年春季，3名英国传教士不顾禁令规定，擅自雇船来到青浦进行非法传教活动。当他们在城隍庙门口散发传教传单时，与在当地看守漕船的清军水兵发生口角，恼羞成怒的洋教士竟用手杖殴打清军水兵。这种恶劣野蛮的行为引起了当地老百姓的公愤，大家纷纷打抱不平，差点不能生还，后经青浦县令派军保护才算解危。按理说清政府应对这起违反禁令伤人、咎由自取的案件加以追究和处理，想不到那些殖民者竟恶人先告状，由此引发出一场重大的中外交涉案。

首先充当急先锋的是英国驻沪领事阿礼国，他正愁没法寻觅获得更大利益的机会，青浦教案的发生，正是他求之不得的事情。阿礼国先是闯入上海道署，破口大骂并侮辱道台咸龄。同时命令炮舰封锁吴淞口，企图不让朝廷的漕船出航。此时，其他列强的驻沪领事也纷纷支持阿礼国。在重重压力下，咸龄只得无奈交出十名清兵"首犯"，并押送到租界示众。青浦教案的最终结局是上海道台咸龄被革职查办，十名清兵被判"充军"，新任道台赴传教士寓所赔礼道歉，并赔偿每人一百两白银。这样，阿礼国才算收手罢休。

青浦教案结束后，租界内的洋人纷纷举行宴会感谢阿礼国，各国列强领事也称赞他，英国外交大臣更是建议政府要提升他。然而，此时的清廷上下却默默无闻。谁都不敢得罪洋人，惟恐惹是生非，遭来战事。因此，为了息事宁人都采取屈从了事的态度。尽管以后"教案"不断，但均以青浦教案为例，清廷官吏一概按例处事。

青浦教案虽然以惨痛的结局而告终，但从中折射出中国人民蕴藏着极大的反抗力量，青浦人民和水兵参加的这次反洋教的斗争，其实质是反对外来侵略的斗争，它是中国近代历史上反洋教的先声。所以，如今青浦人民以此为豪是当之无愧的。

水乡古镇还是那么的清秀美丽，在我眼中，它不仅像一幅图画、一篇散文、一首诗歌，更象征着一种精神、一种灵魂、一种教益。

它确实是一个了不起的地方。

# 走在"城墙"上

从老西门一家单位办完事出来,一抬手看了一下表,觉得时间还早(因晚上有一饭局),于是,我决定以步代车慢慢地在人民路上走着。忽然,我发现一位"老外"拿着一本书在东张西望,一会儿又在书上寻找着什么,仿佛要从书中挖出宝贝似的。他见我迎面走来,操着很不标准的普通话说:"先生,请问到仪凤门怎么走?""仪凤门?"我愣住了,平心而论,我对上海的熟悉程度应该说是可以的,虽然比不上"差头"司机,但从来没听说过上海有个仪凤门。那老外或许看出了我的心意,于是拿着书本指着上面画着的两个圆圈说:"这不是你们过去的上海城吗?这里有六扇门,在城的西面就叫仪凤门,我要到那里去看。"望着那本变黄的旧书,上面是画着两个圆圈,在圆圈中间画着六扇门,这分明是上海当年防倭寇而筑的圆形城墙。噢!我突然想起了这座颇为有名的上海城墙。因为这座城墙对我的印象太深刻了。按照中国古代人们对天体的认识是"天圆地方",所以,中国的古城墙一般都是四方形,而上海这座城墙却是圆形的,很有特色。据说,当时是以县衙和文庙为中心,整座城墙设有六扇门,分别称为朝宗门(大东门)、跨龙门(大南门)、仪凤门(老西门)、晏海门(老北门)、宝带门(小东门)、朝阳门(小南门)。另外还有三座水门。城墙外设有壕沟和吊桥等。后来,倭寇之乱被镇压后,上海的城墙失去了应有的防卫作用。随着社会经济的发展,城墙反而变成交通的阻碍,制约着城乡交流和经济发展,直到1912年上海人民才决定拆墙筑路,现在的人民环路——中华路,就是当年的"城基"。如今城墙是拆除了,而小北门大境关帝殿却保存了一段古城墙,成了人们怀古的景点……

想到这里,我对那位老外说:"过去的仪凤门就是现在老西门的所在地,不过,老西门是指一个地区的概念,而不是一扇门的大小。你往前走不远就到了。""噢,这我懂,我懂,谢谢。"那老外把书放好,双手作揖地说着。望着他那般模样,我没有笑意,反而惊讶起来。一个老外,对中国的习俗、对上海的历史是如此的熟悉和感兴趣是难能可贵的,或许如今不少的上海人(包括新上海人)还真的不知道上海过去有一座圆形的城墙,不知道城墙上有六扇门。难怪听说有人在问:"大东门、小南门、老西门,这些地方哪来的门呢?"

我继续走在"城墙"上,脑子里浮想联翩,我仿佛看到了那座奇特的圆墙,又仿佛听到了造城拆城的历史故事。

上海在元朝至元二十八年(1291年)八月十九日正式建县,当时其范围东西长80公里,南北宽45公里,人口仅30万。由于资金的原因,上海县城与田野之间没有城界,因而也未筑城墙,到了元朝末年,日本的封建诸侯纠集武士、海盗等,暗中勾结中国沿海的海盗、恶霸,对中国沿海地区大肆烧杀抢夺,无恶不作。众多的老百姓深受其害,苦不堪言。

屡遭倭患后,上海的吏民便决心捍卫自己的家园,这时,出任松江知府的万廉决定开筑城垣,他的建议很快得到朝廷和当地百姓的支持,大家有钱出钱,有力出力。不久,一座高2丈4尺,长4.5公里的城墙就建好了。另外,城墙外还设有宽6丈,深1丈7尺的水濠,看上去完全像古代城市堡垒。以后,倭寇不断向上海地区大规模地进攻,但是有了这座城墙,再加上上海的官兵和老百姓一起英勇顽强地抵抗,才免遭灾难。其中最为激烈的一次战斗发生在嘉靖三十五年(1556年)的五月,倭寇乘坐50余艘战舰,从吴淞突袭上海。当时守兵出城剿倭,城内空虚,形势十分紧张。这时,全城绅士商定出资2 000两银子为赏银,招集勇士守城。倭寇日夜攻城不得手,于是乘深夜绕道偷袭,幸好被当地百姓发觉,此时,天上雷声大作、雨水倾盆,城墙上杀声震耳、枪林弹雨,倭寇纷纷掉入水

濠,死伤无数。余寇见势不妙赶紧逃往海边,这时,正好被赶来的守兵一举歼灭,这是上海军民在抗倭斗争中的一次大胜利,到了嘉靖三十八年(1559年),上海境内基本上消灭了倭患,这座圆形城墙为赢得胜利立下了汗马功劳,是上海人民首次反抗外来侵略斗争的历史见证……

如今这座城墙已被拆除,但当年的路基还在,上海人民将会永远记住这座城墙,记住它给我们留下的一种民族精神。

我沿着这条马路,继续在"城墙"上走着。

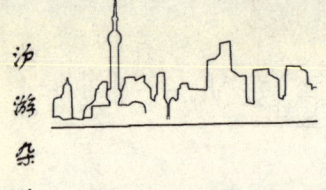

# 上海旅游名胜趣谈

由于是搞旅游工作的原因,我有时听到一些游客说:"上海没啥玩头,只不过是看看人头,买买东西而已。"又由于是本地人的原因,我偶尔也听到一些老伯伯、老阿婆说:"上海的山低水黄,园林比不上苏杭,寺庙比不上'五岳',古迹比不上西安……"其实,上海和其他地方一样,各有各的历史和文化,各有各的特色。上海不但是一座历史名城,也是一座现代化的工业城,更是一座具有众多旅游名胜的都市。为此,我想借几张薄纸,来谈谈上海名胜的来历以及它的发展情况,想必您看完之后,或许会改变自己的看法。

公元1291年上海建城,从那时起,上海人民便开始注意开发本地的人文景观和自然景观了。旅游名胜也曾声名远扬,出现过"门庭车水马龙,堂上嘉宾如云"的盛况。

古往今来,众多的学者专家都把上海地区最早的风景区定为"华亭谷",亦称谷水(今松江区南面,周围约300里处),以后又有"三泖九峰"之说(三泖指今青浦区的泖湖分成三片的总称,九峰是指今松江区内的九座山峰——佘山、天马山、横云山、凤凰山、厍公山、薛山、辰山、机山、小昆山),景区的确立,使不少文人墨客和各路名士慕名而来,据说在九峰上至今还能找到那些雅士名流的足迹呢。

6世纪左右,上海取名为赵店,唐天宝十年(公元751)改称华亭。著名的青龙镇(今青浦区)当时已成为我国主要的通商港口,"万商云集"。据有关资料介绍,青龙镇"梵宇亭台极其壮丽,龙舟嬉水冠松江南,论者比之杭州",并设有三亭、七塔、十三寺、二十二座桥、三十六坊等组成名胜景区。

佛教的传入，又给上海增添了绚丽的光彩，那雄伟壮观的寺院、神秘迷人的宝塔、络绎不绝的香客、紫烟缭绕的鼎炉，叫人流连忘返。如今上海地区保存在地面上的最古老的佛教象征——陀罗尼经幢，在松江镇中山小学内，唐大中十三年（公元859年）建，现存11级，高9.3米。这些是上海地区主要的旅游名胜。

道教是我国土生土长的宗教，在漫长的发展过程中，上海地区的道教建筑最早的为皋阳庙，相传建于唐代的以城西南侧（现已毁），以后相继出现许多道教建筑，如仙鹤观、大境关帝庙等等。如今的"白云观"是上海对外开放的一座全真道观。

伊斯兰教是外来文化，相传元代时传入上海地区。伊斯兰教俗称回教（严格地说，两者不能混为一谈。伊斯兰教诞生于公元7世纪的阿拉伯半岛，由穆罕默德所创立）。上海地区最早的清真寺为南寺，建于清同治八年（公元1869年），上海郊区的松江清真寺，是目前国内保存较完整的伊斯兰古建筑之一。另外，还有一座具有西欧伊斯兰建筑特色的"小桃园清真寺"位于现在的黄浦区小桃园街52号，寺内珍藏着各种版本的《古兰经》以及珍贵文物等。

另外，还有嘉定的孔庙始建于南宋嘉定年间（公元1219年），为我国江南地区规模较大的一座古建筑，最近经过大规模修整，显得更加巍峨壮观，典雅古朴。

天主教在上海传播，起始于明万历三十六年（1608年）。而基督教（新教）则于1869年在上海落成最早的"圣三一堂"。东正教在1931年也建起了具有俄罗斯风格的东正教堂。如今上海有较为著名的国际礼拜堂、佘山天主堂、徐家汇天主堂、慕尔堂、怀恩堂，等等。

明清时期，上海的旅游名胜得到了空前的发展，造园之风盛极一时。如豫园、古漪园、秋霞圃、醉白池、曲水园等名园至今仍是人们十分向往的去处。在这些名园中，一些文人雅士的杰作依旧发

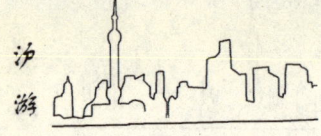

出昔日的光彩，其中不乏耐人寻味之作。此外，上海地区也曾有不少游览名胜以及游记记载，如十景为亭林、寒穴、吴王猎场等，百景为小隐园、月榭、白龙潭、泳波亭等等。在众多的景色中，"沪城八景"最为有名，它们分别名为海天旭日、黄浦秋涛、龙华晚钟、吴淞烟雨、石梁夜月、野渡蒹葭、凤楼远眺、江皋霁雪。

近代的上海地区由于西方殖民者的侵略和渗透，大片的土地变成了冒险家的乐园，加上清政府的腐败和国民政府的无能，大量的游览名胜变得荒芜不堪，有的遭到毁灭性的打击。相反，赌场、烟馆和妓院大量涌现，灯红酒绿的花花世界替代了古老的文明。但是，时至上世纪20～30年代，上海经济有所发展，各种名人、专家、学者纷纷云集上海，形成"海派"文化。与此同时，各种各样的近代西洋建筑也是相继涌现，这些属西方文艺复兴式建筑风格的"洋房"，既富有个性，又独树一帜，上海成了世界万国建筑博览的"试验田"。

上海不仅有众多游览名胜，而且也是一座具有光荣革命传统的城市，"红色之源"是上海红色旅游的最大亮点，她在中国近代历史上有着十分重要的地位。许多历史名人伟人都曾在上海从事他们的事业，并留下了令人追忆的足迹，如毛泽东旧居、孙中山故居、宋庆龄故居、陈云故居、张闻天故居和鲁迅故居等，这些都是我国历史文化的重要组成部分，也是进行革命传统教育的好去处。

新中国诞生以后，人民政府十分重视弘扬和发展我国的传统文化，采取种种措施修复和开发旅游资源，抢救了一大批园林和文物，在这方面江南著名园林豫园就是一个典型的例子。如今上海地区有全国重点文物保护单位，比如：中国共产党第一次全国代表大会会址、孙中山故居、中国社会主义青年团中央机关旧址、宋庆龄陵园、鲁迅墓、豫园、徐启光墓、龙华烈士墓、松江唐经幢等。上海市文物保护单位有：蔡元培故居、周公馆、松江区兴圣教寺塔、护珠塔、嘉定孔庙和秋霞圃等。上海市古文化遗址保护地点有：上海郊区的

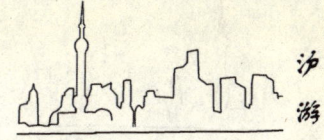

马桥、青浦区的菘泽村以及金山区的亭林等。上海市级纪念地有："五四"运动爱国群众流血地点和黄道婆墓等。值得一提的是，上海这几年城市基础设施建设中的一些重点项目也将成为取之不尽的旅游资源，如南浦大桥、杨浦大桥、东方明珠等等。

　　改革开放后的上海，其旅游资源和内容有着自己的特色与发展目标。"都市风光、都市商业以及都市文化"是上海"都市型"旅游的鲜明反映，上海还将进一步大力发展都市产业旅游（比如工业旅游、农业旅游、科技旅游等），都市水上旅游（如黄浦江、苏州河旅游等）、都市会展旅游、迪士尼乐园、都市休闲度假旅游、都市主题公园旅游以及与浙江、江苏两省联动形成长江三角洲旅游等。如今上海有星级宾馆500多家，国际旅行社60多家，国内旅行社800多家，旅游从业人员30多万。另外，还有国际饭店管理公司约30家，40多家海外旅游企业等。与此同时，上海各区县都建立了旅游咨询服务中心，以后又创办了规模较大的旅游集散中心（地点在八万人体育场5号门），为游客咨询、旅游提供了便利。

　　总之，如今的上海不是没啥玩头，也不是看看人头、买买东西而已，更不是那些老伯伯、老阿婆所说的"比不上"人家。"上海旅游，精彩每一天"。上海的观光旅游定能给您留下一个美好的回忆。

沪游杂谈

## "座谈"旧上海的娱乐业

有一年的元宵节刚过,我接到一位国际旅行社老总的电话,说是请我接待一个境外研究旧上海的专业考察团,其对象是即将毕业的大学生,重点放在探讨旧上海的娱乐业专题上。当时我就婉言谢绝了,原因很简单,我是"刘姥姥想住大观园——根本不够格"。谁知过了几天,那位老总又非常着急地打电话给我,说是无论如何帮帮忙,原先请的一位专家突然生病住院。嗨!怎么办呢?救团如救火,我这回是"丑媳妇总得见公婆——不去也不行了"。为了不出洋相,我放下手头的一切工作,心急如焚地赶到上海档案馆查资料。可是,浩如烟海的内容哪能一下子找得完整,于是只能靠平时积累的知识,匆匆地整理了一个讨论提纲,心里却在担心着,弄不好救团变"砸团"了。

座谈会安排在一所大学的教室内,我准时到达了那里,刚推开门进去,立刻迎来一阵掌声,当时我一愣,天啊!这场面哪有座谈会的气氛,分明是讲座的形式,阶梯教室,讲台上投影设备开着,银幕上打着欢迎我讲座的字样。底下坐着的学生,有的拿着笔记本和笔,有的打开着电脑,特别是中间一排坐着几位老先生,想必他们是老师、教授、学者……哎!该死的那个旅行社老总,这回真的让我吃"药"了。

简单地介绍完毕之后,该轮到我"正题"讲座了,我拿出文稿纸,清了清嗓子说:"尊敬的各位先生们、同学们,大家好……"

台下响起一阵热烈的掌声。我鼓着勇气接着往下说:"上海的娱乐业闻名中外,早在上世纪的20年代就有'夜上海'、'不夜城'等美称了。那时,每当夜幕降临,星罗棋布的霓虹

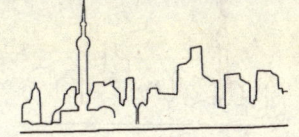

灯五彩斑斓地闪烁着,各种娱乐场所各施特色,歌声四起,人头攒动,热闹非凡。百乐门舞厅笙歌曼舞,欧式夜总会灯红酒绿,大光明、美琪电影院场场爆满,天蟾、大舞台戏迷踊跃,各式公园游人如梭,露天电影凉风习习。还有舞厅、咖啡厅、酒吧间、弹子房……"

台下又是一阵热烈的掌声,眼前的一幕使我有些得意、陶醉,良好的开头是成功的一半嘛。当前排有位学生举手向我示意时,我开始紧张起来,我知道真正的"战斗"即将开始了。

"老师,请您为我们介绍一下上海最早的娱乐场所。"

"好。"我答应着并示意请他坐下,心里在想,亏得我事先想到这个话题,要不然怎么对得起他们的掌声呢?

"说起上海的娱乐场,人们自然会想起大名鼎鼎的'大世界',它不但集各种娱乐、吃喝等功能于一身,而且反映20世纪初上海经济繁荣的一个侧面。大世界内设有令人发笑的'哈哈镜'以及许多小型舞台,表演着不同风格的戏曲、舞蹈、歌曲、曲艺、电影等,另外还有零食、点心、餐馆。当时人们只需购买几角钱一张的门票,就可以从上午9:00一直玩到晚上22:00,价格既便宜,又能满足多种需要。

"其实,据上海的有关专家、学者介绍,上海滩最早的娱乐场所并非'大世界',而是'楼外楼'。那时,上海的经济出现了畸形的繁荣,市民的消费热情也得到刺激,一些见多识广的生意人,认为这是发财致富的难得机会,于是有两个叫黄楚九和经润三的人合伙集资于1912年创办了上海第一家游乐场所——楼外楼。"

"噢,上海最早的娱乐场所称楼外楼。"那位举手提问的同学轻声地说着。

"是的。"我接着又讲了起来,"当初的楼外楼游乐场只不过是在一家戏院的顶层搭建了一个玻璃棚,入口处装有几面哈哈镜,棚内有喝茶、听书、看戏、打弹子,玩够了还可以观赏四周的夜景。为

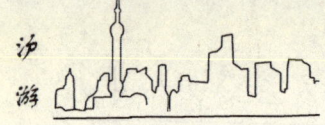

了招徕生意,黄、经俩人还特意安装了一部小型电梯,既可以代步,又能满足好奇心。为了适应多种层次的娱乐需要并增加收入,这里经常举办花会,如兰花会、菊花山、梅花集等之类的展览,楼外楼成了上海人娱乐的好去处。

"楼外楼的成功创办,使得黄、经俩人欣喜若狂,他们再度合作,于1915年在今南京西路、西藏路口(原跑马厅一侧)建造起一座三层楼的娱乐场,名称'新世界'。场内设有各种戏曲、电影、弹子房、溜冰场、跑驴场、茶室、餐厅等,不定期地举办花展、书展和画展,活动内容比楼外楼更加丰富多彩。另外,据说当时为了解决新世界中间那条马路给人们带来的不便,于是,黄、经俩人特地挖通了一条底下隧道,以便游客往来,隧道内也很讲究,用白瓷砖贴面,成为轰动上海滩的一大新闻,新世界内每天挤满了人群。

"经润三死后,因黄与其遗孀分利不均,最终分道扬镳。黄楚九独自在法租界买了一块地皮,于1917年建造了一个规模设施以及内容比以往更大的游乐场——'大世界',这就是我们今天所见的那幢建筑。

"大世界建筑面积约15 000平方米,它以'新'、'奇'、'特'压倒了所有竞争者。以后,上海青洪帮头目黄金荣依仗权势并吞了大世界,如今有许多不知真相的人还以为大世界是黄金荣创办的呢。"

这时,教室内发出了"嘻嘻"的笑声和交头接耳的说话声。看此场景,我感到我的发言有了一定的效果,但同时我也有点紧张,不知道接下来是什么问题,真是说到曹操、曹操就到。你看,后排的一位男生起身提问了:"请问老师,过去上海被视为冒险家的乐园,那么,那些西方殖民者和冒险家有没有在上海建立他们的乐园呢?"

"有的,上海近代娱乐业的发展令那些旅居上海的'冒险家们'垂涎三尺,他们自然不肯轻易放弃发财的机会,于是,他们便纷纷从本国搬来娱乐设施和技术,在租界里办起了电影院、跑马场、夜

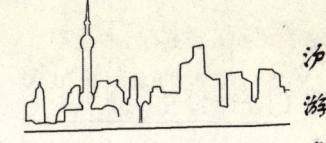

总会、公园等。清光绪二十九年（1903年），有个叫雷玛斯的西班牙人，在劳勃渥克路（现今福州路）的'升平茶楼'放映外国无声短片，这对看惯中国传统戏曲的上海市民来说无疑是一个很大的轰动，场场爆满。其他'洋老板'看了眼红，也都纷纷仿效，建造电影院，彼此竞争，到了上世纪30年代初，上海的电影院已有数十家之多。

"夜总会是西方的'土特产'，它伴随着冒险家一起进入中国，每逢周末或节假日，他们总要去狂欢一番，最有刺激性的就是跳舞。不过，当初跳舞对中国世俗观念极不吻合，只是在洋人和极少数上等华人阶层中流行。以后，由于西方文化不断冲击，有些买办为了满足达官贵人和中产阶级精神上的需要，开始试办'交际茶舞'，跳舞之风才慢慢地在上海流行开来，一些营业性的舞场也相继出现，以伴舞为职业的舞女也由之而产生，其中'百乐门舞厅'是最为著名的舞厅之一，有'远东第一府'的美称。"

"百乐门舞厅在静安寺对面？""对，昨夜我们路过的地方。""现在也称百乐门舞厅。"底下发出了轻轻的交流声。

"老师，听说过去有一家公园门口还挂着华人与狗不得入内的牌子，这到底是怎么回事？"一位同学迫不及待地起身说着。

"关于这个问题，我可以慢慢回答你。"我看了一下文稿纸，接着又说，"上海如今的公园约有一百多家，除少数几处由私家园林改造成公园外，其他基本上属欧式公园。在众多的公园中，上海的'黄浦公园'要算最有名气的。该公园虽然不大，但却是上海滩第一家公园，还有着一段耐人寻味的历史。黄浦公园原是英国驻沪领馆前面一块涨滩。1862年，有人建议把涨滩变成公园。按照有关土地章程规定，这块地皮应属中国管地，当时造公园的银两也是中国人的。但到1868年公园建好以后，公园门口却挂出了一块'华人与狗不得入内'的牌子。这就激起了民愤，经过长期的斗争，特别是在中国共产党领导下的'五卅运动'后，那些殖民者才偷偷地将牌子摘了下来。如今该公园已落成一座人民英雄纪念碑，这对后人的爱国主义教育起着十分积极的意义。"

"老师!""老师!"教室里一下子站起了许多学生,他们争着要提问。这时我还是很紧张,也不知他们想要提些怎么样的问题,肚子里的"货"快用完了。"还是你来提问吧。"我指着一位瘦小的戴着眼镜的女孩。

"请问老师,旧上海的戏剧大舞台是怎样的状况?上海著名的地方剧种以前为什么称申曲?新中国诞生后,这些娱乐业又变得怎样?"她一口气提出了三个问题,话音刚落,教室里响起一阵欢笑声,紧接着又是一阵鼓掌声。

我也笑了,竖起大拇指向她示意,我想夸她,但又说不出,脸上露出一丝的无奈。"哈哈哈哈。"教室里又响起一阵爽朗的笑声。

"那我一个个地回答你,"我喝了口茶接着说,"上海是中国文化重要的发源地。19世纪60年代,上海出现了一个由洋人创办的ADC剧团(演员均为旅沪侨民),该团一年要在'茶园'(清咸丰年间上海的戏院都称茶园)演出多次,尽管上海人对剧中人物和剧情从感情上有很大差距,但也引起了注意。

"上海旧式戏台为方形,前后台中间隔有一块长长的板壁,台前左右有两根粗大圆柱,观众看戏不舒服。进步人士集资去日本参观学习,回国后便设计新型舞台,上演新剧和文明戏。经过宣传,卖座之盛,前所未有。最著名的戏院有:新舞台、天蟾舞台、大舞台、新新舞台等。

"上海正宗的地方剧种——沪剧,起源于200多年前的上海郊县以及江、浙一带的'田头山歌'。后来受到凤阳花鼓戏和苏州滩簧的影响,逐渐改称'滩簧',俗称'本滩'。那时艺人们的表演形式较为简单,脚色也不分男女,均为男扮。节目内容大多反映男女之情和平民百姓的艰苦生活,如'阿必大回娘家'、'卖红菱'、'借黄糠'等。

"以后,由于在农村演出难以糊口、鸦片战争爆发等原因,滩簧开始进入城区和租界，起先只能露天演唱，后来逐步占领茶楼酒肆和游艺场。由于沪剧擅长反映现实生活，也富于抒发感情，加上曲调优美，表演细腻，而且不断吸收其他剧种的曲调和特点，因而受到广大观众的喜欢，滩簧约在上世纪20年代得名为'申曲'。

"抗日战争胜利后，申曲得到了进一步的发展。整个剧种出现了编导、化装、布景灯光、专职演员等一系列正规剧场艺术，至此，该剧种正式定名为沪剧。

"以后，沪剧事业飞速发展，形成了多流派多唱腔的人物，如丁是娥、石筱英、杨飞飞、解洪元、邵滨孙、王盘声等，他（她）们经过长期的艺术实践，逐渐形成各自的流派，广为群众所喜爱。

"新中国诞生后，上海市人民政府取缔了跑马厅等一些带有赌博性质的场所，将原有的娱乐场所进行改造，成了人们休息、娱乐的好去处。'文革'期间，上海的娱乐场所又成为'资产阶级生活方式'而遭到批判，这些地方纷纷改行，有的成为仓库，娱乐业十分萧条冷清。

"1976年以后，上海不仅恢复而且兴办了许多满足不同层次需要的消遣娱乐场所。如今的上海娱乐业想必大家都亲眼所见，我就在此不重复了，谢谢各位。"

教室里又响起一阵热烈的掌声，我也拍着手，心想今天的"讲座"大概差不多了，我显得有些得意。忽然，中间那排站起了一位老先生，举着手想说些什么，但又没说。此时，教室里变得鸦雀无声。我真的紧张起来，不知他会提些什么问题，我能不能回答？会不会尴尬？万一难倒我该怎么办？我怎么收场……脑子里像飞快的机器转动着。

"先生你好，我想提最后一个问题，请你为我们介绍一下研究上海史的情况。"

我所担心的事情终于发生了，这个题目太大太深，不知从何谈起。况且，自己又是个"门外汉"，这方面的知识对我而言是个"盲区"。幸亏那位老先生在坐下以后又补充了一句:"中外的情况都可以。"这才给了我一根救命稻草。

"情况是这样的。"我清了清嗓子接着说,"关于对上海史的研究,可以这么说,研究队伍不断壮大,研究著作不断增长,研究氛围不断升温,研究热点不断深化。为了适应形势的发展,上海市政府在前几年还专门建立了上海档案馆(新馆),其目的是为了给更多的学者专家提供方便。除此之外,上海市区内的图书馆、博物馆以及修志部门等,也具备了实力很强的研究上海史的人员。

"其次,在我国的台湾地区和香港地区也都有研究上海史的专门机构。在国外,研究上海史的人就更多了,比如日本就有上海史研究会,法国学者对上海的早期工运史颇有研究和成就,澳大利亚学者对上海青洪帮的研究引人注意,尤其是在美国,他们筹集财力之雄厚、收集资料之广泛、研究问题之深入,是其他国家所无法相比的。这些外国人为什么把上海史作为自己毕生研究的工作呢?原因很简单,上海,在中国是一个最具魅力的城市,也是独一无二的城市,它在中国近代历史上曾经被誉为经济中心、工业中心、金融中心、贸易中心、文化中心等,那么多的中心像块巨大的磁块,深深地吸引着他们,使他们如痴如醉。"

"哈哈哈哈。"底下发出一阵会心的笑声。

"值得一提的是,美国已故学者魏斐德(Frederic Wakeman. jr)教授,他被誉为美国汉学界继费正清先生后,研究中国学的集大成者,是美国当代历史学界研究中国史三杰之一(另外两位是孔飞力,史景迁)。"

"哈哈哈哈。"底下又是一阵笑声。

我不明白他们在笑什么,为何而笑?

"魏斐德教授一生写了许多著作,直接研究上海史的有两部,即《上海歹土》和《上海警察》。""另外一些著作也涉及上海,比如《间谍王:戴笠与中国特工》。

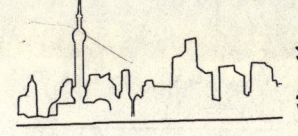

"哈哈哈哈。"底下的同学都笑了起来，这时我觉得很纳闷，难道是我讲错了，怎么会有这样的结局。"老师您别误会！"那位瘦小的女孩站起身，接着又说，"您所介绍的魏裴德教授和刚才提问的老先生，他们曾是一对好朋友，也是研究上海史的教授。""噢！"我这才真正明白他们笑的原因了。

我有些激动、自惭，于是走下讲台，与那位老先生紧紧地握着手，周围响起了一阵长时间热烈的鼓掌声。

走出教室，在回家的路上我一直在想，上海是近代和现代中国的钥匙，这是人们普遍的认识，然而，上海又是中国的一个缩影，她仿佛是一本厚厚的"万宝全书"，包罗万象、洋洋大观。难怪研究上海史的人有那么多，就连境外的大学也在培养研究上海史的专科生，这足以说明上海的文化内涵是如此的深厚。想到这里，我真的要感谢那位旅行社的老总，是他给了我这次难得的机会，是他给了我一个难以忘怀的记忆。

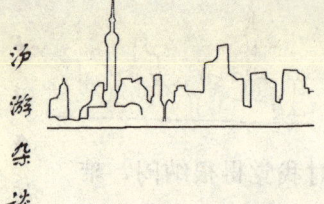

沪游杂谈

## "移民城市"的土特产

　　一年的3月8日那一天,我陪同着某电子公司的一批妇女旅游团在豫园参观游览。当我介绍豫园商品的特点是小、土、特、多、全的时候,有好几位中年妇女与我谈起她们的有趣"遭遇",即在陪外省市来的亲戚朋友购买商品时,一旦说起要购买些上海的土特产品,她们显得有些尴尬,也不知道如何向这些亲戚朋友介绍。听后,我只是微微一笑。

　　谈起上海的土特产,如今有不少年轻人认为:上海是一个现代化的国际大都市,哪来的土特产?但偶尔也听到那些老上海的话语:上海是个移民城市,市场上的土特产品是属移民的"进城贡品",上海本身没有土生土长的土特产。上述两种观点或许在相当多的本地人的认识上占有市场。说句心里话,我不同意他们的说法,上海是一个现代化的国际大都市,可有她的历史和文化,并不是说大都市就不该有她的土特产,也不是说移民"进城贡品"就不该属大都市的土特产,其实,上海的土特产品早就驰誉中外,备受欢迎。只不过在有些市民中不承认上海有土特产品,只认为那些"土特产品"仅仅是上海市场上供应的一种商品。那么,"移民城市"中的土特产是否有呢?想到这里,我把她们带到豫园一家梨膏糖商店门口,为她们介绍上海梨膏糖的来历。

　　"相传1300多年以前,在唐贞观年间,宰相魏徵的母亲因年老得病,每天气喘咳嗽不止,请来名医治疗,其母又不肯服用苦药,这可难为了魏徵,幸好他懂得一些医道,忽然想起母亲平时爱吃生梨和糕点,于是,他将梨和糕点捣碎放入名医的处方中一起煎熬,制成块状'中药'。其母觉得十分可口,服用以后竟止咳停喘。这事

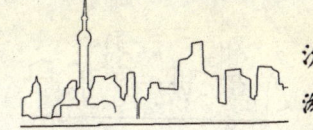

不久流传民间,那些药铺老板竞相仿制,逐渐发展形成今天的药梨膏糖。据说,在明朝时,有人把卖梨膏糖的,也列入三百六十行中。

"城隍庙最早出现专售梨膏糖的商店叫'朱品斋',建于清咸丰四年(1854年),以后又有'永生堂'、'德甡堂'等梨膏糖商店相继出现,他们竞争激烈,促销手段各异,'城隍庙上海梨膏糖'的名气也越来越响,直至解放前夕,城隍庙梨膏糖已在国内外负有盛名了。

"目前,该商店常年供应的各式梨膏糖均采用杏仁、川贝、桔梗、茯苓、半夏、冬花、橘红等优质良药,加白砂糖经煎熬精工而成,专治咳嗽。还有一种专用于开胃的梨膏糖则是用山楂、丁香、砂仁、佛手等,加工而成。两者经医药专家鉴定,确有止咳化痰、润喉开胃之功效,因而深受广大市民的欢迎。目前,该商店品种还有松仁、瓜仁、火腿、肉松、豆沙、桂花、姜汁、薄荷等几十种之多,不胜枚举。"……

"哈哈哈哈!"大家都笑了,一些妇女游客开玩笑地说我是为该家商店做广告,也有的说我是业余推销员,更有的说我是江湖郎中,这一切我都不在乎,我只不过跟她们说,这是上海的一种土特产。很可惜,旅游团中所有的人都没买,相反,在一旁听我讲解的外地游客却买了不少。

由于离午餐时间还早,于是我把她们带到九曲桥附近让她们自由活动,一些不愿意逛商店的游客在原地休息、拍照。这时,我指着对面一家五香豆商店,为她们讲起了城隍庙五香豆的烧制方法。

"上海城隍庙五香豆,又名'城隍庙冰糖奶油五香豆',从创始至今约有80多年左右的历史。五香豆选用上海嘉定区出产的优质三白蚕豆做原料,该豆粒大皮薄、性糯、软硬适中,烧煮时加以桂皮、茴香、八角、白砂糖、精致细盐、香精、奶油等,特别讲究火候和加水方法,制成的五香豆表面有一层极薄的盐霜,仿佛冰糖奶油,因而得名。这种五香豆咸中带甜,又香又糯,清醇可口,食之回味无穷。过去,不少市民既把它作为开胃佳品,又作为下酒佐菜,还可充饥作食，一举数得。"

我以为我的介绍会引起她们对上海土特产的兴趣，谁知没有一个人朝那家商店走去。无奈，我只好独自一人在附近的土特产商店购买了两瓶南桥乳腐。又谁知竟无一人问起我购的是什么东西。幸好在用餐之前总算有一位游客问我手中拿的乳腐是什么口味的。此时，我为她介绍了上海的名牌土特产——南桥乳腐。

"上海奉贤区鼎丰园生产的南桥乳腐，曾多次获得全国食品优质奖。该厂产品有玫瑰乳腐、火腿乳腐、油辣乳腐、虾子乳腐等，颜色有红、白、花色三种，味道鲜美，咸淡适宜，细腻软糯，食后有余味。

"据说过去南桥有一位秀才上京做官，临走时带走了一些鼎丰园制作的乳腐作为送礼之物，想不到那些亲朋好友都十分欣赏，于是商人们都竞相购运进京、津、香港和南洋一带，鼎丰园乳腐名声大噪。一些地方官吏作为'贡品'，送往皇宫内院，'进京乳腐'因而得名。"说完，我故意拿起瓶子仔细地看着。谁知那位游客给我泼了一盆冷水，说："你讲的故事蛮好听的。不过，这种乳腐如今没啥人吃，不上台面，都过时了。"当时，我显得有些尴尬，只好把乳腐瓶放进了手提包内。心里却在想，哎！有趣的"遭遇"是她们，介绍了那么多的土特产，不感兴趣的也是她们，是不是……我想得很多很多。

旅游团队的午餐安排在上海老饭店内进行，这是一家经营本帮菜的百年老店，她们自订的菜肴量既多，又丰富。说也奇怪，每桌的菜肴都吃得"净光"，所剩无几。这或许是女同胞在一起吃饭的缘故。"女人真能吃"，这是我的体会。

在吃完饭稍作休息时，我借机又向她们介绍了两种上海的土特产品，即四鳃鲈鱼和松江莼菜。

"四鳃鲈鱼是上海松江区特产，魏晋时期就闻名于世。它出产于松江区西门外秀野桥下。当年，大名鼎鼎的曹操在设宴款待佳宾时曾称赞说：'今日盛会，珍馐略备，所少，松江鲈鱼耳。'隋炀帝也赞叹松江鲈鱼：'东南佳味也。'该鱼巨口细鳞，有四鳃（一般鲈鱼

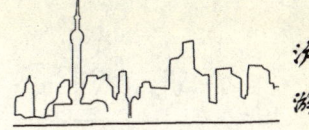

均为两鳃），历代名厨将四鳃鲈鱼烹制成：四鳃鲈鱼八生火锅、红烧四鳃鲈鱼、四鳃鲈鱼汤等，无论何种烧法，味鲜无比。如今一般性的饭店都不写四鳃鲈鱼，这正说明了了市场上的这种品种较少，但它确实是正宗的上海土特产品。"

"莼菜又称水葵，'甘滑，宜作羹'。四月份采摘的莼菜最佳，称'雉尾莼'。上海有道名菜叫'三丝莼菜汤'，就是以火腿丝、鸡丝、香菇丝加入雉尾莼烧煮而成，其味鲜无比。据说过去上海有位在外地当官的人，见秋风起，因思念家乡的莼菜和鲈鱼，竟弃官而归，被后人称之'莼鲈之思'。现在的莼菜价格虽偏高了些，但它吃口细腻，清爽，多入汤，仍是家庭主妇的常客。"

大概是"酒足饭饱"的缘故，这些介绍对她们而言一点儿兴趣都没有，有的在聊天，有的在化妆，也有的早已起身离宴了。哎，今天的介绍讲解我算是失败的。

一天的旅游结束了，在分手道别时她们所表现出的热情还算可以，这多少给了我一些安慰。望着她们远去的背影，此时我思绪万千，感受颇深。上海，素有国际化大都市之称，其国际国内的地位都令人瞩目。但其发展的源头则可上溯几千年，这片土地曾是先民们辛勤耕耘的农田渔村，逐渐变成东南沿海重镇，近代，西方殖民者用大炮打开了上海的大门，各地难民纷纷涌入，他们的到来又使得上海成为一个五方杂处的移民城市。由于当时的上海在经济上得到了进一步的发展，导致了中国区域文化和西方输入文化的大交融，从而形成海派文化，最终确立"东方之珠"的显赫地位。

是的，上海在长期的发展中，形成了移民城市的不少土特产，除上述讲到的那些产品之外，还有枫泾丁蹄、淀山湖大闸蟹、新长发糖炒栗子、崇明水仙花、嘉定竹刻等。这一块梨膏糖、一包五香豆、一瓶乳腐等，或许不登大雅之堂，也不能和现代化国际大都市相匹配，但这些土得实在不能太土的土特产，正是上海这座城市的土特产啊……

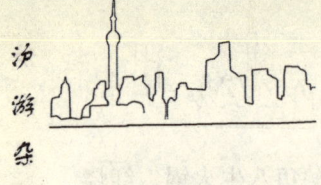

沪游杂谈

## 由参观"哥德堡号"后而想起

"**哥**德堡号"来了……

"哥德堡号"在上海停留期间,一时成了人们茶余饭后的一个热门话题,从这艘仿古帆船身上,众多老百姓对遥远美丽的瑞典、对瑞典人民有了进一步的了解和熟悉。

我记得我参观游览"哥德堡号"是在开幕式的第二天。那天我到了参观现场,给我的感受只能用"前所未有"四个字来形容,那熙熙攘攘的人群,那弯弯曲曲的长队,那等待焦急的心情,都融合交织在一起。就连船上的那些老外都愣住了,从那蓝眼睛透出的神情来看,心里肯定在捉摸着:中国人怎么那么多,那么热情啊……

上船参观既要凭票,又要凭个人有效身份证,在参观中不断有工作人员提示:"请抓紧时间,跟着前面的人走。"从参观开始到结束,我看了一下表,仅用 20 分钟,而排队就占了 2 个多小时。这时,我才深深体会到什么是"走马观花"。心中虽然有些无奈,但是,再看看在太阳底下直晒的人们和长队,心理也就平衡多了。不管怎么说我们是先睹为快嘛。

下船后我准备回家,但岸边摆放着一艘郑和下西洋的仿古帆船引起了我的极大兴趣,我猜想,或许主办方想通过此举来说明中国和瑞典两国都有古老的文明和文化,都有辉煌的航海历史,都有友好的关系和合作。是的,从参观现场到索取到的宣传册子,从中得知"哥德堡号"在 1743~1745 年间进行了三次中国之行,原属瑞典 SOIC 公司,是一艘装运货物的商船,其主要任务是装载着本国的生铁和木材等之类的原材料,从哥德堡市启航,到西班牙的卡迪斯后,把那些原材料换成中国的银元,随后到中国用银元购置茶叶、瓷器、药草、纺织品和金属等货物运回瑞典。其中大部分货物又转卖到欧洲各国，此类贸易给瑞典 SOIC 公司带来了丰厚的利润。

"哥德堡号"最后一次航行是在 1745 年 9 月 12 日，它从中国满载货物快要回到家门口时突然搁浅沉没。以后，尽管人们组织过多次潜水打捞，发现了一些瓷器和其他物品，但还有许多东西留在了海底。"哥德堡号"的残骸深深地印在瑞典人民的心目中。

大约在 1986~1992 年间，人们在进行一项关于海洋考古学的研究时，同时又引发了按同比例重建"哥德堡号"的大胆设想。并于 1995 年 6 月 11 日新船龙骨安置到位，过了十年，仿古帆船"哥德堡号"就沿着几百年前的航行路线抵达中国，并开展了一系列卓有成效的交流活动。

然而，今天的郑和下西洋仿古帆船是处在"配角"的地位，这种"地位"是合情合理的，也是恰如其分的。当然，现在我不是颂古非今，明朝三宝太监郑和受朱棣皇帝的派遣，于公元 1405 年始，历时二十八年，先后七次率领两百多艘船只，人数达两万七八千的庞大船队，航程数万里。据史料记载，最大的船长约 110 米，宽约 65 米。郑和船队最远航行到沙特阿拉伯的麦加城和莫桑比克的贝拉港，历经亚洲、非洲和中东等三十多个国家和地区，历史上称之为"郑和下西洋"。

历史已翻过上述光辉的一页。但是，今天瑞典人把翻过的历史又重新创造出新的历史。这种创造充分体现了一个国家、一个民族的智慧结晶。我始终认为：走在时代前面的人是富有创造力的人；紧跟时代步伐的人是聪明的人，那些原地踏步的人是愚蠢的人，然而最可怕的是那些固步自封，始终沉醉在"地大物博"和一切"古已有之"的甜梦之中的人。

今天，改革开放的春风已经吹遍祖国大地，我国自造的大商船早已走向世界每个角落，我们的《同一首歌》也走出国门面向五洲四海，维也纳艺术圣殿中，中国许多艺术家经常光顾，中国与世界的交流越来越多,越来越广,但是,与世界交流应该是多层次、多方位、多样化的。"哥德堡号"的成功之处就体现在这种多元化上。当然,这艘仿古帆船的成功经验和现实意义等方面,还是让那些专家学者去总结和评说吧。它留给我们的思考已经是太多、太多了。不是世界上有少数人想要孤立、遏制和封锁中国吗?我们要走出国门、走向世界,在某种意义上说弘扬中华民族的传统文化是不可缺少的,只有充分挖掘本民族的传统文化,去创造她、去实践她、去完美她,这样,中华民族才会有取之不尽、用之不竭的资源,才会对全人类作出更大的贡献。

"让中国走向世界,让世界了解中国。"这是我们经常听到的一句口号。"哥德堡号"的成功事例是否可以给我们这样一个启示,即走向世界的路,是不是可以走得更宽些、更新些、更多些、更有文化品位些呢……

# 记住这两艘船

"轰、轰、轰"……"哥德堡号"鸣放着礼炮,满载着中国人民的友谊缓缓地驶离了上海港。此刻,浦江两岸鞭炮齐鸣、锣鼓喧天,人们热情地欢呼着、跳跃着、眼中含着泪水……瑞典人确实创造出了天才般的奇迹。

"哥德堡号"离我们越来越远了,除了隐隐约约还能看到一些尾随飞翔的海鸥外,远处已经分不清哪些是驶来离去的船只,此时,欢送的人们纷纷收拾东西,打道回府。然而,我却站在岸边,久久地站在岸边,脑海中浮想联翩、抚今追昔。直到清扫工人"沙、沙、沙"的扫地声,才把我的思绪从很久的过去拉回到现实的今天。

我独自一人沿着黄浦江的岸边走着,此时,我仿佛觉得那浦江水把我从繁华热闹的市区,带到了百舸争流、万航竞渡、两岸高楼鳞次栉比的美丽而又壮观的画卷之中,使人产生许多遐想。我想,我们应该记住"哥德堡号",记住这艘船给我们带来众多有益的启示。可是,我们也不要忘记另一艘船,它的模样与"哥德堡号"大同小异,过去也是一艘商船,而且在中国近代史上留下极不光彩的一页,它的名称叫"阿美士德号"。想起这艘船就会使人想起一段难以忘怀的屈辱史、一段蒙受奴役的心酸史、一段惊心动魄的斗争史……

明朝末年,由于政局不稳,加上海上"倭寇"不断骚扰我沿海城镇,明朝政府为了巩固自己的封建统治,于是制定了"海禁"法令。禁令规定:"凡将马、牛、军需、铁货、铜钱、缎匹、细绢、丝绵私出外境货卖及下海者,杖一百。"同时,又规定民间不允许造"二桅大船",若违反,轻者充军边疆,重者斩首示众。禁令的出台

使得海上变得冷冷清清,港口变得人无空空。

清朝初期,朝廷为了消灭"郑成功"在台湾的势力,其"海禁"措施比明朝更加严厉,其中两条内容尤为突出,一是把广东等五省沿海居民全都迁走;二是严禁商民出海交易。这种严重违反社会经济发展的"海禁"政策,势必造成城镇经济的破坏,同时也产生了一系列的社会问题,比如船民失业无事可干,地方税收减少。国库储存亏损,许多行业随之萎缩,最终导致社会倒退。

与此同时,正当明、清两朝政府执行"海禁"政策期间,西方资产阶级正在成功地进行资本主义革命,特别是以英国为首的资本主义强国,它们凭借日益强大的综合国力,向全世界寻找殖民地、发展有利于自身利益的贸易。这就使得与"海禁"政策产生极大的矛盾。当时那些殖民者千方百计想打开除广州以外的通商口岸,以便直接控制整个中国市场。当他们的政治阴谋遭到失败后,并准备以武力打开清政府紧锁的国门。公元1832年,"阿美士德号"在上海的出现,其实就是战争的前奏曲。

"阿美士德号"原是一艘英军的巡洋舰改建成商船的,当时奉东印度公司之命,由一个公司职员"林赛"和另一个普鲁士传教士(中国通)"郭士立"。俩人为了掩盖事实的真相,分别取中国的姓名叫"胡夏米"和"郭甲利",并携带了一些洋布之类的货物,由澳门起航,沿着我国的海岸线,北上来到了上海,他们一路上窥视地形和收集情报。据史料记载,同年的6月19日,"阿美士德号"抵达上海的长江口,但立即遭到清军水兵的阻拦。加上胡、郭俩人对黄浦江的水道不熟悉,因此他们不敢贸然行事。第二天天还没亮,他们十分狡猾地混在中国渔民的船队中进入了黄浦江,以后又改乘小船,当再次遭到清军鸣炮警告时,他们还是强行闯入到上海县城的东门外。然后到上海道署,蛮横地递交要求开辟通商口岸的呈文。对于这些不速之客的突然到来,那些地方官吏采取不冷不热的态度,即既不理会,也不驱赶出境的拖延办法。每天管吃管住,为了防止不测,他们还派人"保护"胡、郭俩人,有时还允许让他们参观大清的防守要塞和士兵操练的情况。时过18天后,胡、郭俩人认为上海之行已达到了解上海的目的,于是携带大量的情报驶船按原路返回到澳门。

"阿美士德号"的上海之行虽然没能达到开辟通商口岸的最终目的,但是,他们带回去的大量信息却为英国殖民者提供了重要的情报:其一,清政府政治腐败、外强中干。其二,官吏无能,外交软弱。其三,清军装备陈旧、战斗力差。其四,上海是中国的窗口和贸易中转站,控制上海就等于控制整个中国的贸易。

就在"阿美士德号"上海之行的八年后,英国殖民者以绝对能打败中国的情况后,发动了第一次鸦片战争,并迫使清政府签订了丧权辱国的《南京条约》,上海与其他五个沿海城市被迫开埠,从此,中国走上了半封建半殖民地的社会发展道路……

一群海鸥在我的面前飞翔而过,它们追逐嬉闹着,时而高空盘旋,时而水上拍浪,时而伸展着翅膀自由滑翔,时而又挥动着双肩唱着歌昂首飞向远方。美丽的海鸥、洁白的海鸥、动感的海鸥,使得黄浦江显得那么的和谐、那么的自豪、那么的浪漫,又给人增添那么多的诗情画意。

是啊,记住"歌德堡号"和"阿美士德号"吧,这两艘船仿佛是一部史书,它直接告诉我们,闭关、锁国则死则衰,改革、开放则活则盛,中华民族只有进一步打开国门,进一步走向世界,吸收人类的精髓,并结合国情努力创新,振兴中华之日为期不远了。

我还在黄浦江的岸边走着、走着……

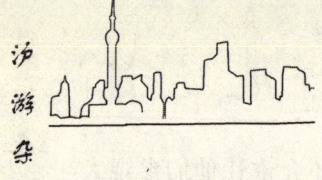

## "购物天堂"的由来

俗话说:"三个女人一台戏。"女同胞凑在一起话题最多的无非是谈购物,但上海这个"购物天堂"是怎么形成的,以后又是如何发展的,知道的女同胞也许为数不多。记得有一次我太太的朋友请客吃饭,我因临时有点急事所以去晚了,到了餐厅一看,大家非但没有开席,相反都在谈论着购物话题,真是太有趣了。女人好购物,尤其是中年已婚妇女特别喜欢谈论商品,对于这一普遍现象我没研究过,可我觉得女人和购物有缘。

开席没多久,席上那些女同胞的话题又自然转到了购物。她们边吃边聊,等到服务员送上点心时,桌上那些男同胞才总算有了开口的机会,什么股票、旅游、新闻、足球、热点话题等一连串的内容,把购物话题扫除得无影无踪,干干净净。为了不扫她们的兴趣,我又把男同胞的话题拉回到购物上来,并且为大家介绍了上海这座"购物天堂"的由来。但在"开场白"之前,我首先承认自己不会购物,就连每天吃的菜都不会买,可我知道上海变成购物天堂的这段历史。刚说完就引起了一阵笑声。

"上海,素有'购物天堂'的美称,她仿佛是一块巨大的磁石,吸引着无数的中外来宾,每一位光临上海的游客,无不想购买一些称心如意的商品。在上海这个购物天堂,别处不易购买到的商品,这儿都可以买到,别处没有的服务项目,这儿基本上可以得到满足,这里不仅有现代化设施的大型商场,更多的是许多具有传统特色的百年老店、著名商店,甚至两至三人的'方便店'和个体经营的'夫妻老婆店',还有不少特色街、特色商业网点等。商品也从高级豪华的家用电器、流行的时装、绸缎以及营养滋补品等,到只有一

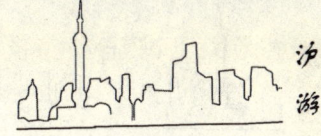

元钱的针线和日用百货。市场容量大、商品品种多、工艺质量好、式样花色新等特点,使上海的市场独具吸引人的魅力。那么,上海这个庞大的市场是怎么形成的呢?"说着我发现大家都不动筷子,像学生认真上课似的。这时,我劝他们动筷、动嘴、用耳,我继续我的介绍。

"上海从海滨小镇发展到'太平洋西岸的明珠'有着一段极其漫长的历史过程,回顾这段历史也是耐人寻味的。

"约在13世纪以前,上海还是个海滨小渔村,那时还谈不上市场,也许,自从'从崖州返故里'的元代黄道婆带来了纺织织布技术以后,上海的纺织业有了一个大飞跃,从而为上海以后成为全国纺织业中心奠定了基础。棉纺业的发展反过来促进商业的发展,据查,当时在上海县城小东门外已开设了许多经销棉花的店铺,史籍上也有类似'木棉盛时,商舶纷集'的记载。以后由于上海处于负江带海的优越地理位置,交通方便,船只往来频繁,人口也变得越来越多,商业也繁华起来,这时,市场才逐步成型,这种依托港口而兴的上海商业,是成为'购物天堂'的重要因素。据说,那时十六铺一带,酒肆、茶楼、店铺纷纷出现,饮食业、钱庄业、米业、布业、豆业等先后形成行业,市场也越来越扩大。

"随着西方资本主义的兴起,那些洋人也时常在我国沿海进行贸易,他们贩卖鸦片,倾销洋货,上海已成为'岛夷、闽、粤、交、广之途所自出,风樯浪楫,朝夕上海,富商、巨贾、豪宗、右姓之所会'。

"1840年第一次鸦片战争以后,殖民者强迫清政府签订了《南京条约》,上海被列为五个通商口岸之一。1843年上海被迫开埠,帝国主义者相继扩占势力范围,设立租界,他们在种种特权保护下,大量倾销商品,开设洋行,经营各种公共事业,另外,为洋人服务的设施也随之涌现。

"在殖民者的压制和诱导两重作用的影响下,上海的资本主义商业开始出现，它顽强地在夹缝中求生存，这时，上海断绝了独立自主发展城市经济的美梦，开始走向工商业畸形发展的半殖民地半封建性质的城市。

"以后，随着世界大机器生产时代的到来，上海凭借各方面优势，紧跟着时代的步伐，适应时代的潮流，终于确立了'大上海'的显赫地位，令人瞩目。

"新中国诞生后，上海市场开始走上了健康发展的道路，上海也从一个半殖民地半封建畸形发展的城市，变成了我国最大的综合性的工业基地、科研基地和外贸基地。特别是党的十一届三中全会以来，随着改革开放的不断深入，上海正在发展成为面向世界的'新型市场'。如今，世界上有很多著名品牌纷纷进入上海，国外特大型超市和商店也在上海开设分店，新一轮的'抢滩'正在激烈展开。上海这个购物天堂以她独特面貌和魅力呈现在世人面前……"

我的介绍讲完了，我不知道是否能给那些女同胞们一些有益的帮助和启示。在东道主刷卡买单时，她说："这顿饭钱我没白付，谢谢你给我们上了一课，以后在谈论购物时，我们不是更有本钱了吗？""对对对！下回我请客，我们再邀请你。""是啊，作为上海人，作为喜欢购物的女人，应该对上海购物天堂有所了解。""是嘛！"我们大家都笑了。

沪游杂谈

# 上海——万国建筑博览

**我**喜欢旅游，也喜欢听导游讲解。在外滩，我经常听到一些导游在讲外滩是"万国建筑博览"。对于这一说法我们可以商榷，也可以探讨。说句心里话，我不太同意那些导游的观点，我认为"万国建筑博览"是指整个上海，而外滩只仅仅是"万国建筑博览"中的一部分。接下来，就让我们来看看这"万国建筑博览"是怎样形成的。

七百多年前的元朝至元二十八年（公元1291年）八月十九日，上海翻开了建城的历史一页。七百多年对上下五千年的中华文明史来说，实在是微不足道的，然而今天繁华热闹的东方大都市却正是在此期间从海滨小邑逐步发展而来的。

公元1840年第一次鸦片战争以后，紧锁的国门被殖民者的洋炮轰开了，上海也被迫辟为商埠。那些冒险家、商人、政客纷纷踏上了这片土地，随之而来的各式西洋建筑在租界内不断涌现，高楼大厦、花园洋房的出现，无形中给中国传统式的建筑业注入了"兴奋剂"。从此，上海城市建筑也逐渐向现代建筑迈进，至上世纪30年代，上海这颗东方明珠已是耀眼夺目、光辉四射了。

上海开埠后，一股"欧风美雨"首先登陆在荒滩野地的外滩。约在公元1895年以前，欧洲古典式、文艺复兴式以及中西结合式二至三层楼小洋房开始像雨后春笋般地出现了，如中山东一路33号就是原来的英国领事馆，该建筑建于1852年，采用中西结合建筑形式，是最早时期典型的一个例子。随着殖民者对我国进一步的扩张侵略，大量的欧式建筑又不断涌现，建筑的层次也由原来的二三层发展到六七层，由砖木结构为主发展到钢筋混凝土和钢框结构为主，

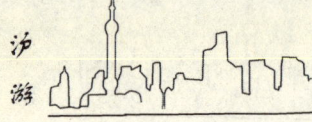

由欧洲古典式、文艺复兴式、中西结合式发展到巴洛克式、哥特式、日本近代西洋式、英国新古典主义式等等。由于科学技术的发展，十层以上的钢框架结构以及高楼大厦也相继登场。除闻名世界的外滩外，本市徐汇区就有约1 000多幢风格各异的西洋建筑。比如东平路9号的"爱庐"、交通大学老图书馆、百代小红楼、平江路48号旧上海特别市政府原址等。那时，上海的城市建筑几乎和世界建筑发展并驾齐驱，而同时又具有中国传统特色，在某种意义上讲，她的建造速度和海派文化的风格，要领先世界潮流一步，令人注目和神往。

在上海体现世界各国建筑风格的房屋还有许许多多，如比较典型的美国式学校建筑的原美童公学（位于衡山路，现为一研究所）、法国式学校建筑的徐汇中学校舍、德国式住宅建筑的上海市老干部局、英国古典高级花园住宅的泰安路115弄、欧洲建筑风格花园里弄住宅的长乐新村、亚洲伊斯兰宗教建筑的小桃园清真寺、英国乡村别墅型风格的龙柏饭店一号楼、法国仿古典式大住宅的英国领事馆和上海工艺美术研究所，日本式的建筑在本市虹口区有较多实例。

改革开放30多年来，上海新建的许多豪华型的摩天大楼和各式高级花园洋房更是千姿百态，丰富多彩，如东方明珠、金茂大厦、上海静安希尔顿酒店、花园饭店（上海）、波特曼香格里拉酒店等等，极富时代气息。除此之外，上海的商业建筑也很有海派特色，如上海巴黎春天百货、上海第一八佰伴新世纪商厦、新世界城等。

登楼远望，我们不仅可以看到世界建筑对上海的影响，也可以感受到上海对各国风格建筑的汇纳，令人有一种百川归大海的感觉。

其次，作为沧海一粟，上海的居民住宅——石库门，它虽欠高大雄伟，也不够绚丽多姿，但它确是"万国建筑博览"中的一片草地，衬托着风格迥异、千姿百态的名花异果。

上海的石库门大约经历了一个世纪的发展过程，它的出现彻底改变了原有中国传统的分散式和院落式结构，里弄住宅和石库门房是城市的象征，也是一个时代的象征。

　　上海开埠后，先期到达上海的那些"老外"，在外滩开始建房筑屋，但这仅仅是小规模、零星散落的。随着租界的扩张，"华洋分居"也不适应形势，那些殖民者见建房有利可图，于是简易式的木板房便开始成片集中地出现了，这也许是上海里弄式住宅的鼻祖。以后的小刀会起义以及太平天国军攻打上海，使得租界内的人口急剧上升，租界内的地价相应猛涨，住宅建筑业得到了空前的发展。这时，砖木结构的住宅成片出现，这就是上海的"老式石库门房子"。这种石库门房子采取了欧洲的纵横排列形式，高度一般为二至三层，外墙为清水砖或花岗石，并以花岗石作大门框架，厚木大门漆成乌黑色，进门有"天井"（小院），内部正间为主间，左右各设前后厢房。楼上和底层结构相同，不过在楼梯的空隙增设了一个亭子间。在一定程度上讲上海这种石库门房子是中西结合的产物，这些建筑是"万国建筑博览"中不可缺少的组成部分，如今的"新天地"就是改造石库门一个较为典型的例子。

　　新中国诞生以后，党和国家很关心居民的住宅，先后把旧社会遗留下来的最大的棚户区改造成了新村，如著名的普陀区的药水弄、闸北区的番瓜弄、肇嘉浜水上棚户区等。以后，上海约建有近六十个大中型居住区，两百多个新村，其中"曲阳"、"田林"、"德州"等一批新型新村以设计新颖、时代感强的风姿出现，无形中给"万国建筑博览"增添了新的内容和光彩。

　　随着时代的发展，近期上海又建造起一大批优秀的小区建筑，如西郊庄园、君临天下花园、绿洲比华利花园、佘山月湖山庄、大华清水湾花园、翠湖天地等，这些既高档又新颖的豪华建筑，给人耳目一新的感觉。

　　如今的上海变得更加英姿多娇，色彩各异。上海被誉为"万国建筑博览"当之无愧。我想，通过我的"趣谈"，我们的导游今后一定会把整个上海作为"万国建筑博览"来向游客介绍讲解的。

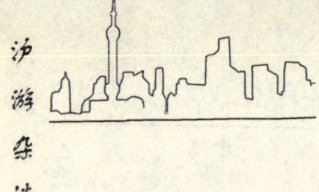

沪游杂谈

## 苏州河岸边的"四行仓库"

提起"四行仓库"的名称,那些上了年纪的"老上海"便会津津乐道地谈其由来与故事。曾记得儿时在弄堂口听大人们讲过四行仓库的故事,以后又约了几个要好的小朋友,一起沿着苏州河寻找过大人们所感兴趣和值得自豪的神秘地方。还记得,那时好不容易找到那个四行仓库,不知为什么,一点儿都激动不起来。眼前,一幢很普通的钢筋混凝土建筑,马路对面是苏州河,防汛墙边上有几台小型起重机,门口来来往往的运输车上装的净是些鸡鸭蛋,唷!原来是一家禽蛋品仓库,有什么好玩、好看的呢?为此,在以后相当长的一段岁月中,只要有人提起四行仓库,我的脑海中就会自动跳出上述那些仅存的一丁点信息。

记得有一年的8月13日,刚吃完早餐就接到老同学的一个电话,说是下午开车来接我,并且给我一个惊喜,干什么?他没说。等到上了那辆别克商务车,发现里面还坐着几位与自己年龄相仿的人。仔细一看,"噢!"原来都是小学读书的老同学。这下子车厢里热闹起来,大家互相握着手问候着,似久别重逢的老战友。

"今天是谢晋元塑像揭幕的日子,也是'八·一三'周年纪念日,更是我们回忆过去那段美好经历的一天。""是啊,过去我们寻找了老半天才找到的那个地方。"此刻我心里明白了,我们要去的是四行仓库。

"既然是这样!我建议今天我们沿着小时候寻找的道路开,怎么样?""对对!寻找儿时的梦吧。""哈哈哈哈"……

商务车沿着苏州河北岸行驶着,此时谁都没说一句话,只是双眼不停地望着窗外,仿佛在寻找着什么、追思着什么。或许是很多

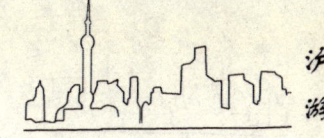

年没走过这条路的缘故,这里除了苏州河的形状、宽度没有变,其他什么都变了,我们还能寻找到儿时那般模样吗?不一会儿,大家的话匣子打开了,你一言我一语地讲述着四行仓库和上海"一·二八"战争的故事,从他们的讲述中使我学到了许多知识和历史。想不到他们也变成了"老上海"。

"九·一八"事变后,日本帝国主义出兵占领了我国的东三省,不愿做奴隶的中国人民掀起了前所未有的抗日救亡运动。1932年1月,日寇亡我之心不死,在上海不断制造事端,另一方面又把海、陆、空三军秘密云集沪城,同月28日深夜,日寇在舰队司令盐泽的指挥下,大举向中国守军开火。从而爆发了震惊中外的"一·二八"战争。

当时驻守在淞沪的中国军队为第十九路军,他们在"尺地寸草,不能放弃。为卫国守土而抵抗,虽牺牲至一卒一弹,绝不退缩"的口号鼓舞下,英勇战斗,顽强抵抗,打出了中国军队的威风。过了没多久,爱国将领张治中率领两个精锐师部队与十九路军共同抗击日本侵略者。其中有一支800人组成,由谢晋元副团长率领的中国军队迅速占领了四行仓库……

商务车突然停住了,大家收住了话题,打开车门一看,外面站着许多参观者,有的在观看谢晋元塑像,有的在东张西望,也有的在说着、手在比划着。我们几个人却站在苏州河防汛墙边,继续着他们原来的话题。

四行仓库位于上海闸北区南部的苏州河北岸,近西藏路桥的西北角,地址为光复路117号。它是由解放前大陆、盐业、中南、金城四家银行共同使用的银库。为此,人们习惯上称之为"四行仓库"。

中国军队占领了四行仓库后,他们及时修筑阵地,作好了一切战斗准备。天刚蒙蒙亮,日军就开始大规模地进攻,守卫在四行仓库及附近的800名勇士利用这座坚硬的"堡垒"和敌人进行战斗,由于地势和环境对中国军队十分有利，打退了日军一次又一次的进攻，并使得敌人死伤无数，慌忙逃窜。在这激烈的战斗中，800名勇士得到了上海人民的热烈拥护和支持，大家主动帮勇士们送饭送水，运送伤员，还有的冒着生命的危险，夜渡将旗帜送给守库将士，奏响了中国人民反抗日本侵略者的凯歌。

　　参观结束了，大家仍在车厢内谈论着什么，而我却回头始终望着那座钢筋混凝土的建筑，不一会儿在我眼前消失了。但此时那些英雄们的形象仿佛出现在我的面前，是他们打破了日寇不可战胜的神话和四个小时占领上海的美梦，是他们顽强抵抗歼敌万余名，使上海率先成为反抗外来侵略的英勇城市，又是他们极大地鼓舞着上海人民和全中国人民，使上海成为上世纪30年代全国抗日救亡运动的前沿阵地和中心。

　　尽管这些可歌可泣的英勇事迹已有80年的历史，但人们只要看到四行仓库，就会想起当年那些闻名于世的英雄们……

## 有这样一幢石库门

  **在**上海热闹、繁华、时尚、新潮的"新天地"中,有这样一幢石库门,它坐北朝南,砖木结构,门框四周用花岗石条围成,和上海的许多弄堂房子一样,有客堂间,有厢房,有亭子间,还有小小的天井……

  这幢石库门位于兴业路76号,也就是90多年前法租界的望志路106号。也许因为"新天地"以这幢石库门为界,分南里和北里两大板块,北里以石库门建筑为主,并在这些"屋里厢"(上海话,意为家里面)开设了具有世界各国风情的商店约40多家。而南里则以现代化建筑为主。形成了中西文化融合以及历史与现代的"对话"。也许因为这幢石库门具有特殊的灵气,每当人们走过它的身旁,不是驻足观望,便是回首仰望,这里总是显得很安静,若是人再多也会变得很安静……

  原本这里会和上海原有的里弄房子一样,静候着时代的洗礼和变迁,但中共"一大"在此召开却赋予了这幢石库门无限活力以及永不瞑灭的风采和回忆。我经常去这幢石库门,这主要是由于工作的原因,时间长了我对这幢石库门产生了深厚的感情,每次走出那扇乌黑的大门总会有许多的感想,从中也会悟出一些道理来。

  1911年,孙中山领导的辛亥革命推翻了清朝政府,并建立了中华民国。但是,中国那时黑暗依旧,帝国主义依旧横行霸道,各路军阀依旧割据混战,人民依旧流离失所、苦不堪言。但因封建皇朝刚垮台,国内思想界和舆论界相对宽松。在向西方寻找救国真理的问题上,各种学说、思想和主义等都各抒己见。此时,一些革命的知识分子和先进分子却在思想文化领域中掀起一场轰轰烈烈的"新

文化运动"。尤其是俄国十月革命的一声炮响,使他们看到了中国革命的希望。以陈独秀和李大钊为首的思想界革命领袖,率先在全国各地以及旅法、留日学生中建立起共产主义小组。以后,随着中国工人阶级不断成熟和走上历史舞台,此时,成立中国共产党的条件已成熟。于是,中共"一大"于1921年7月23日在这幢石库门里秘密召开,出席这次会议的代表有毛泽东、董必武、邓恩铭、李达、何叔衡、陈潭秋、王尽美、李汉俊、刘仁静、张国焘、周佛海、陈公博以及陈独秀指派的代表包惠僧,代表全国53名党员。共产国际代表马林和尼柯尔斯基也出席了大会。会议通过了党章,选举了党的领导机构,并且庄严宣告中国共产党诞生。

中共"一大"于1921年7月23日召开,当会议进行到7月30日时,突然闯进来一个陌生人,代表们马上警觉到这儿已经引起敌

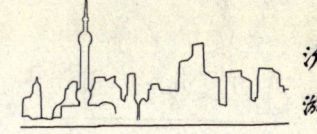

人的注意，会议决定立刻停止，代表们迅速撤离。果然不到一刻钟，法租界巡捕前来搜查，结果扑了个空。以后，根据李达夫人王会悟的建议，大会转移到她的家乡——浙江嘉兴召开，代表们均无异议，7月31日分别乘车前往。两位共产国际代表因不便没去，李汉俊受敌人监视而无法脱身，陈公博则带着新娘到杭州度蜜月。因此，只有十一名代表到了嘉兴南湖，并租了一条画舫游船于下午举行了最后一次会议，终于完成了具有历史性的任务。

中国共产党的成立是具有划时代意义的大事。从1921年党的创立到1949年新中国的诞生，中国共产党用了28年艰苦奋斗的时间，牺牲了大约两千多万革命烈士，才换来广大劳动人民翻身做主人的天下。然而，历史又是如此巧合，从新中国诞生后的28年多一点时间，改革开放的春风吹遍了祖国大地。如今，时间又过了28个春秋，我们回首总结、体会和感悟这三个28年，中国共产党所走的道路其实质是：推翻三座大山—建立新中国—改革开放—继往开来—科学发展观。这是一条具有中国特色的道路，世界上还有哪条道路比这条道路更伟大、更正确、更科学、更符合中国的国情呢？

有这样一幢石库门，它是我们党的诞生地，小小的一幢石库门叙述着惊天动地的革命历史……

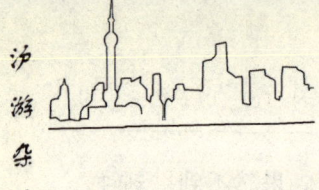

沪游杂谈

## 趣谈中国体育运动的发源地

如今的上海国际性赛事有许多,既丰富又精彩,比如亚运会、世界乒乓球锦标赛、国际马拉松赛、世界跳水锦标赛、F1汽车大奖赛……为了配合这些赛事,社区里的活动也热闹起来。

这天,我办完事回家,在楼道里碰到楼上的曹教授,我知道他是一个喜欢看书、练字习画的人,退休在家一般不出门。我随口问了一声去哪里?他边下楼边急匆匆地说:"到社区老年活动室去。""上那儿去干吗?"我又追问了一句,"听他们聊体育运动。"……我朝楼下望去,这位教授先生已经走出了大门。

吃完晚饭,我打开电视机想看看体育节目,忽然想起了曹教授的那句话:听他们聊体育运动。是什么东西像磁铁般把他的心吸引过去,要知道他是一个层次较高和有修养的知识分子。不行!我也得去看看,到底是什么内容有如此大的魅力,我的心也不由自主地被社区老年活动室吸了过去。

老年活动室虽然不大,但里面的人却不少,尤其是几位红光满面身体硬朗的老年人,他们的闲谈立刻引起了我的兴趣。"过去的上海在中国传统重文轻武的思想影响下,基本上没有什么体育设施,历朝历代的统治者也不提倡百姓健身运动,中国近代的体育运动是在上海被迫开埠以后的事情。"这位老人喝了口茶,接着又说,"起先,那些租界内的洋人开展了各种体育活动,比如赛马、足球、网球、板球和越野跑等项目,以后,他们又在租界内建立起各种运动协会以及健身运动场地。大约在1862年,那些洋人在上海创办上海运动事业基金会,为他们的体育事业打下了扎实的基础。"

我站在那儿听得入神,忽然发现墙角边有人在向我招手,仔细一看,原来是曹教授,他示意我坐在他身边,并轻声地告诉我,中间坐着的几位老先生是社区请来的老体育工作者。

"那些洋人建造的体育场所原先是不向中国人开放的,他们举办的所谓'万国'运动会也不允许中国人参加。"另一位老年人接着话题说:"大约到了上世纪初,那些体育场所才逐渐向上海市民开放。1922年以后,上海运动员参加了洋人举办的'万国赛',并且在足球、越野赛、网球、篮球等体育比赛项目中取得了连洋人都感到惊讶的好成绩。此次比赛的胜利,极大地鼓舞着上海市民,不少人激动地说:'上海人并不比洋人差。''是啊,这些外国人勿来讪。'"
"哈哈哈哈!"大家听后都笑了起来。以后便七嘴八舌地议论开来。"那些洋人的体育代表团是业余水平。""上海人从无到有已经算不错了。""是啊,第一届奥林匹克运动会在1896年4月6日希腊雅典召开,那时还没有中国人参加呢。"……

"大家不要争论了,"这时,曹教授站起身继续说,"我们还是客观、公正地看待历史,还是让那位老先生接着说吧。""对对!还是听他说。"大家又重新安静了下来。

"大约在1924年,中华体育协进会在上海创办,从此,上海的群众性体育运动有了一个自己的组织。而这个组织在以后的体育赛事中发挥着十分积极和重要的作用。据我所知,1926年,在上海举办的第一届万国运动会上,中国运动员不仅人数最多,而且团体总分也是第一,如此骄人的成绩令许多洋人刮目相看,还有一些洋人翘起大拇指称赞说:'此次中国的胜利,乃是创办中华体育协进会的结果。'中国运动员的出色表现,不仅打破洋人在上海体育运动中独霸天下的局面,而且极大地鼓舞着中国人民的民族精神,更重要的是给大众一个直观印象——洋人是可以战胜的。"

"那时我们还小,但听老一辈人说,那时上海的足球可称得上是国际一流的水平,球队中有球王李惠堂、铁脚李锦顺、球星张邦伦、贾幼良等。他们在多次国际性的比赛中都取得了优异成绩。""上海

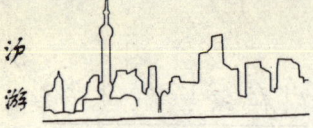

还有撑竿跳名将符保卢","人称神行太保的竞走冠军周余愚","女跑王李森","乒坛三大女中豪杰梁玉华、林慕容和郑丽华","还有残疾运动员,万米跑冠军楼文敖"……他们又七嘴八舌地议论开来。

"大家静一静!让我说两句。"我身边的曹教授开始了他的发言,想不到不太善言的他在这里却是铁树开花了。"上海在近代体育运动的发展史不可不谈,中国民族传统体育项目的优势也是值得一提的。我国著名武术家霍元甲就是典型一例。1910年,霍在上海创办精武体育会(简称精武门),向广大民众传授武术。以后又在全国建立精武体育分会。在霍元甲创办的精武精神鼓舞下,中华拳术研究会、中华武术会等民间组织先后建立。大约在1928年,上海市国术馆成立,馆长由当时的市长兼任。除此之外,具有中国特色的棋类运动也发展较快,比如有象棋大王谢侠逊、围棋冠军刘棣杯、名家顾水如等。据说有个丹麦侨民还将中国的象棋谱翻译成英文,向世界介绍中国古老而又传统的运动项目,在当时还引起了不小的震动。"当曹教授说完,我赶紧握住他的手说:"看不出,您在中国传统体育运动方面很有研究,讲得太好了。""哪里!哪里!"……

"我来说两句",另一位上了年纪的老先生开始发言了,他清了清嗓门,说,"我讲的观点可能不对,但我看了大量的历史资料,上海近代体育运动蓬勃发展是历史发展的必然规律,但就推动体育运动的直接动力是过去各教会学校所组织的体育活动以及一个叫基督教青年会体育部的组织,他们为上海培养了一批体育人才。"他说到这里,我在想这位老先生的观念既大胆,又新颖。据我所知,过去圣约翰大学是属教会学校,该校在1890年举办了我国体育运动史上第一个运动会,并且涌现出许多体育骁将,成为当时街头巷尾人们闲谈的一个话题,产生了很大的影响。难道他说的含义就是这个……

"是的。"他接着又说,"在各教会中最为突出的要属圣约翰学院,以后改称圣约翰大学,该校每年都要举办两次运动会,刚开始

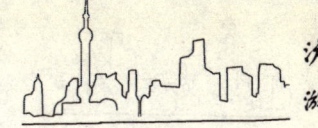

时那些中国学生,尤其是女学生深受封建思想的束缚而不敢参加体育运动。后来这些学生由于受学校体育氛围的影响,逐渐由规避到参加体育活动,最后变成热爱体育运动。在第一届远东运动会上,旧中国派出26名选手,其中圣约翰大学就占了9名,并且在运动会上取得了骄人的好成绩。""我来补充两句。"还有一位老先生赶紧说道,"教会所属的学校是如此,但华人所属的学校也不甘落后,其中'国立南洋公学'是一个比较突出的典范,该校的足球、篮球、棒球、网球以及武术项目等均为一流。尤其是足球,虽说成立球队晚于圣约翰大学,但在后来的比赛中囊括大约四届远东运动会的总冠军。""是啊!"一位老太太插着话说,"我曾经看到过一本杂志刊登过这方面的文章,说是南洋公学刚成立足球队与洋人比赛时,队员们的头上还留着像女人的长辫子,有的球员踢起球来总是披头散发,在激烈的拼抢中,不是看不清球传的方向,就是把散发弄伤对方的眼睛,有时那些洋人眼看要被对方破门,着急之际用手一把抓住射门球员的长辫子,引起全场观众哄堂大笑,后来人们称之'长辫子足球赛。'""哈哈哈哈!"大家都笑了起来。

"还是听那位先生继续讲下去。"曹教授说完又示意大家保持安静。

"那时的上海除了教会所属学校、华人所属学校在开展各种体育活动之外,真正起到质的变化的应归功于当时的工商界和一些社会活动家以及留学归国的热血人士,他们兴办各种体育协会,出钱捐助许多优秀华人运动员。同时也有人集资创办中国自己的体操学校、女子体育师范学校和体育专科学校等。以后,大批的体育人才和优秀运动员从这里走向社会,极大地推动了上海体育运动的发展,在后来的多次国际比赛中,我国运动员都取得了非常好的成绩,据说在第二届远东运动会上,我国运动员还夺得了奖牌总数第一。有作为才能有地位,上海的体育运动取得如此好的成绩,自然会引起社会的广泛注意和支持,你们知道吗?上海第一座由中国人自己建造的公共体育场是哪一座?"话音刚落,我就抢着回答:"沪南体育场!"因为我曾经看过这方面的资料。"那第二座公共体育场在哪里呢?""这……"我无法回答,也没人接着回答。"告诉你吧,小阿弟,是现今的江湾体育场。""噢,原来是这样。""上海自从有了自己的公共体育场,从而结束了中国历朝历代不提倡百姓健身运动的历史,一个开放性的群众体育时代正在开始,同时,也标志着上海成为中国体育运动的发源地。""说得太好了。"我情不自禁地拍起手来,"好!"大家也纷纷站起身热烈地拍着手,此时我觉得这掌声是为这些老先生们的精彩介绍而喝彩,也为中国今天有如此强大的体育事业而喝彩!

  老年活动室离家的路并不远,我和曹教授并肩走着,但谁都没说一句话,此时我的内心却有说不完的话。是的,上海是中国近代体育运动的发源地,但她是在西方殖民者的侵略和统治下逐渐发展起来的,她有她的辉煌,但这种发展毕竟带有浓厚的殖民地色彩……

  "走!回家去看电视!去看比赛!"我俩不约而同地说着,随后是一阵爽朗的笑声。

# 这里是"国歌"唱起的地方

上海共有近代各式建筑约五千多幢,被誉为"世界建筑博览"。在这么多的建筑中,我觉得"百代小红楼"是值得一去的,因为它不仅闻名遐迩,而且建筑美丽、典雅,最重要的是:它是中华人民共和国国歌唱起的地方。

曾记得几位老朋友聚会,他们借座百代小红楼,在等候之时,我乘此机会上上下下、里里外外地参观了一番,观后确实感想颇多,体会不少。

百代小红楼位于衡山路811号(原徐家汇1434号),"百代"是法国人百代兄弟俩创建的,总部设在巴黎。1908年(清光绪三十四年)来上海等地开设分公司,当时的全称是"百代唱片电影公司",是中国第一家灌制唱片的公司。1921年,百代购买下徐家汇1434号地皮,并建立起上海第一座录音棚。1934年,百代倒闭,英国商人接盘,全称是"英商电气音乐实业公司上海公司",因仍用原公司的名称和雄鸡商标,故百代的名声还不错。抗日战争时期由日军接管,战后产权复原收回。解放后,由中国唱片厂接管。1982年国家成立中国唱片总公司,这里则成为中国唱片公司上海公司。以后,徐家汇绿地二期工程开工,唱片公司才动迁。

小红楼的墙面原非红色,而是呈水泥灰色,它是一幢中西结合、具有新艺术运动风格的建筑,也是上世纪建筑设计从传统向现代过渡的一种世纪潮流。外形美观大方,不失高雅,并带有文艺复兴式的建筑。站在室内,我有一种空间在不断地转换的感觉,底层有大厅和几个小厅,楼梯两侧分开,各自拾节而上。楼内七个壁炉各有特色,房间的分割以实用为主,美观又大方,在壁饰中透出东方艺术的气息。

小红楼内的楼道很宽，大约有两米多，经历这么多年的风雨，楼板却基本不变形。听服务员小姐介绍，这幢楼房过去曾是百代公司的中枢神经，底楼作录音及招待之用，二楼是编辑室和歌手休息室。三楼是公司老板的起居和卧室。在底楼的墙上至今还挂着一个录音须知细则的镜框和一些在那个年代著名演员的大照片，引起人们无限的遐想。

由于当时百代拥有中国最早最大最完全的录音设备，因此成为众多明星汇聚的地方，有著名作词作曲家黎锦光、冼星海、陈歌辛、陈蝶衣、严华、严折西、刘雪庵等。还有金嗓子周璇以及白虹、龚秋霞、李香兰、白光、张露等响彻全上海的流行歌唱家。著名老影后胡蝶、闻名遐迩的戏曲表演家梅兰芳、谭鑫培等都以能在小红楼里录制唱片为荣。1931年，聂耳开始在百代公司担任音乐编辑，1934年4月，身任百代音乐部主任的聂耳创作出了《大路歌》、《毕业歌》、《码头工人歌》以及《金蛇狂舞》、《翠湖春晓》等著名歌曲、乐曲。而《中华人民共和国国歌》的前身《义勇军进行曲》也是在这一年诞生的。直到中国唱片公司上海公司搬迁之前，还有不少音乐人将此地视为录制唱片的首选，其中有罗大佑《恋曲2000》里的弦乐、合唱，包括《上海之夜》都是在这里完成的。还有像著名电影演员巩俐的第一首歌《摇啊摇，摇到外婆桥》也是在这里录制完成的。

小红楼挑出的小阳台颇有特色，想当年黎锦光创作的《夜来香》，陈歌辛创作的《玫瑰玫瑰我爱你》等，都是在这小阳台上创作的，这些歌曲都是中国民间音乐和西方音乐完美的结合。小红楼的建筑也犹如这地方奏响一曲曲完美的中西建筑艺术融合的篇章。

"先生！您的客人都到齐了。""噢！谢谢。"我赶紧从小阳台内走出来，我边走边想，像小红楼这样的建筑从世界范围来看，它是越来越少，而上海能保留得这么好、这么完整实属不易。它诞生于

1921年，属百代公司，它是中国唱片史的见证者，又是音乐和建筑韵律的完美结合。

百代小红楼是值得一去的，因为它是"国歌"唱起的地方，又是一家很不错的西餐馆，您在那里定会有许多的收获。

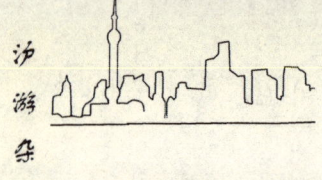

沪游杂谈

## 有感于三元钱一张电影票

一天，我打开电视机看到了一则报道：上海有家影城推出"阳光卡"活动，意思是说进该影城看老电影只需每人付三元钱。另据报道：观众均为影迷和上了年纪的老人，影城生意极好，场场爆满。为此我想，这情景和当前电影市场不景气的论点反差相当大。当然，我不是电影评论家，对电影市场也没研究，但是，对中国电影的发展情况以及上海是中国电影的策源地等是略知一二的。

众所周知，世界上最早的电影是由法国人卢米埃尔兄弟俩发明的，时间大约在1895年。据许多专家学者撰文介绍，中国首次放映电影的时间为1896年8月11日，地点在上海徐园的又一村内（徐园又名双清别墅，是清末民初上海颇有特色的私家经营性园林之一，其主人是浙江海宁巨商徐棣山之子，地址在现今的康定路、昌化路东）。据说当时放映的是一些法国短片，在放映短片之间，徐园内还穿插些焰火和童串戏法等助兴活动。

徐园内的电影放映，引起了当时市民百姓极大的关注，人们从西洋传来的新玩意联想到中国传统的灯影戏，形式上似乎觉得相同，但实际上有质的区别。这种既新鲜又让人费解，既诱人又属时尚的电影，人们都想弄个明白，知道个究竟。电影为徐园招来了许许多多的观众，曾出现过"门庭车水马龙，堂上嘉宾如云"的盛况。

"徐园效应"令外国许多放映商垂涎三尺，他们自然不肯轻易放弃发财机会，于是纷纷携带本国电影片千里迢迢来到上海。那时，上海还没有电影院，他们就在茶楼、茶馆、溜冰场以及菜馆等地方放映，生意极好，场场爆满。至于旅居在上海的"洋老板"们看了眼红，他们也纷纷仿效，并且利用在资金上的优势，大力建造电影院,由于彼此竞争十分激烈,到了20世纪30年代,上海的电影院已经有数十家之多了。

电影刚在上海登陆时,那仅仅是一些短片和无声电影。随着时代的进步和科学技术的发展,美国在1926年8月成功地研制出世界上第一部有声影片。仅过了6个月,上海不少电影院便赶装了有声放映。以后,有华人创办的明星公司与法国百代公司合作,于1931年成功研制出我国第一部蜡盘配音的有声影片,那时上海的电影事业紧跟世界潮流,涌现出人头攒动、热闹非凡的场面。

中国的电影事业发展得如此迅速,当时的商务印书馆功不可没,该馆是我国自资拍摄电影的第一家。早在1917年,商务印书馆就从外商手中买下了所有拍摄电影的器材和设备,并且成立了"活动电影部"。以后他们派专人到美国去考察,回国后又自建了我国第一座玻璃摄影棚,从此走上了开创中国电影事业的发展道路。

最初,商务印书馆活动电影部主要拍摄的是风景、新闻以及教育短片等,也尝试拍摄由著名京剧大师梅兰芳、周信芳等表演的古装戏片断,也拍摄过由中国古代名著改编的《聊斋志异》,这也是我国第一部运用特技的影片。由于影片采用了许多特技镜头较为新颖,因而受到许多观众的好评,票房收入也颇为丰厚。但在以后的发展中,由于拍摄了一些品位不高、不太受欢迎的影片,活动影片部出现了亏损,加上当时商务印书馆董事会内部发生了意见分歧,不少董事认为印书馆兼营电影业务不妥。于是,活动影片部与商务印书馆脱钩,单独成立一个"国光影片公司"。公司成立不到一年,由于经营不善便倒闭关门了。尽管如此,商务印书馆对中国早期的电影事业还是作出了很大的贡献。

以后,由郑正秋、张石川、郑介诚以及周剑云等一批爱国人士创办的"明星影片公司"确实表现不凡。起初,他们所拍摄的一些电影卖座率不高,公司差一点因亏损而倒闭。后来,他们拍摄了由郑正秋创作的《孤儿救祖记》,经试映后就大获成功,许多外商当场

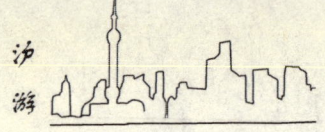

拍板以巨资购买放映权，全国各地的片商也踊跃要求租映和购买拷贝，该片不仅获得巨额利润，而且使得明星影片公司有了一个大发展，他们购地建厂，创办电影学校，培养大批专业演员，同时，他们重金聘请世界一流的摄影专家前来指导，又聘请国内著名编剧家为演员们授课讲座，这些重要措施都大大地推动了我国早期电影事业的发展。

直至20世纪20年代中期，上海的大小电影公司已经发展到150家之多，令人鼓舞、称赞，同时，上海的电影院也水涨船高，不断增多，类似像大光明、兰心、国泰等一大批高级电影院先后建成，从而一举打破外国人在上海电影事业的操控权。

但是，由于许多电影公司所拍摄的电影卖座率不高，也有的"叫好不叫座"，因此在以后的发展中困难重重，据说当时也关闭了100多家电影公司，中国的电影公司一度陷入危机，电影公司也只剩下一二十家了。直至20世纪30年代，上海的电影事业又掀起了一

波高潮，观众熟悉的明星也不断涌现，如阮玲玉、赵丹、周璇、上官云珠、白杨等，《马路天使》、《天涯歌女》、《夜半歌声》等一大批优秀电影至今被人们广为流传。

上海沦为"孤岛"后，日本侵略者曾一度控制上海的电影业，但一些电影界的进步人士，他们在党的领导下，还是拍出了鼓舞人心、借古喻今的影片，如《木兰从军》、《乱世风光》、《花溅泪》等。抗日战争胜利后，国民党反动派又控制了上海的电影事业，这时，美国好莱坞影片大量涌进上海。在这种情况下，进步人士不畏艰险、不怕困难，仍然拍出了许多具有爱国主义思想的好影片，如《八千里路云和月》、《一江春水向东流》、《三毛流浪记》、《乌鸦与麻雀》等。

如果说上海的电影事业在 20 世纪五六十年代以《李双双》、《林则徐》、《女篮 5 号》、《舞台姐妹》为代表作的话，那么，《天云山传奇》、《高山下的花环》、《牧马人》、《芙蓉镇》等，是 20 世纪 70 至 80 年代的代表作，那么，如今有《建党伟业》、《东京审判》、《夜上海》等一大批优秀电影作品。20 世纪 90 年代至今，是中国电影事业大发展的年代，也是中国电影事业从电影大国走向电影强国的年代，在这年代中我们不仅迎来中国电影百年诞生纪念日，而且是中国电影走向世界，实现"走出去、请进来"的年代，我们可以充分相信我国的电影事业会有一个美好的明天，一个灿烂的明天。

这就是我的感想……

## "血路"

"月亮在白莲花般的云朵里穿行，晚风吹来一阵阵欢乐的歌声，我们坐在高高的谷堆旁边，听妈妈讲那过去的事情……"这首儿歌是我小时候最爱唱的歌曲之一，也是我久久不会忘记的一首歌，我们这一代是在"听妈妈讲那过去的事情"中长大的。

曾记得儿时在大热天的夜晚，一群小朋友坐在弄堂门口"乘风凉"（上海话"纳凉"的意思）听老人们说过上海有条"血路"，至于这条血路在上海哪个角落，为什么叫血路，又有哪些故事和传说，这些在我记忆库中已经模糊不清了。

一个春暖花开的休息天，我乘车到鲁迅故居参观，顺便去看望我的一位朋友。坐在前面的两位"老上海"正在闲聊着旧上海的轶闻趣事，引得周围的人听得津津乐道。此时，车厢的一角仿佛成了一个小型故事会。忽然车停了，而且停了有一段时间。"师傅！怎么不走啦？"有些心急的乘客显得不耐烦了。"堵车了，可能前面出了交通事故。"驾驶员头伸出窗门看了一看，又补充了一句，"等不及的可下车。"

"这是啥地方？"我站起身东张西望着。"这里是宝山路、东新民路口。"一位老上海十分确定地说。"是嘛，解放前这里曾是一条血路。"血路？我十分惊讶地望着那位老上海。"这个地方就是过去蒋介石发动四·一二政变，宝山路血流成河的地方。""血路就是宝山路！"我终于知道血路的地方了。"是啊，确切地讲，上海工人们的血流得最多的地方是在前面的三德里。"两位老上海又聊起血路的由来了。

1927年年初，国共两党合作的北伐战争取得了很大的胜利。上海在周恩来、罗亦农等领导下的第三次工人武装起义全歼北洋军阀的部队，上海第一次回到了人民的怀抱。

此刻，西方列强们感到紧张了，那些大地主、大资产阶级也紧张了。他们急于想找一个维护他们根本利益的代理人，于是他们把目标锁定在国民党新右派、国民革命军总司令蒋介石的身上。

蒋介石在北伐战争后期其政治野心急剧膨胀，为了巩固自己的统治地位，竟与帝国主义列强和大地主、大资产阶级勾结在一起，准备镇压上海的工人武装。

在这生死存亡的重要关头，作为中国共产党的领导人陈独秀虽然看到了形势的严重性，也指示上海工人阶级要做好"应变"的准备，但仍对蒋介石抱有幻想和希望，以至于蒋介石把屠刀架在革命者的肩膀上，方才组织反击，可惜为时已晚了。

4月11日，蒋介石密令上海流氓头子杜月笙将上海总工会领导汪寿华暗杀，又命令当时驻沪亲信26军部队收缴工人武装，由于发生冲突，当场就有300多工人死伤。为了反击这一卑鄙的镇压，当天有数万人游行并夺回了总工会机关。第二天，上海工人举行大罢工，并游行要求收回工人武装、严惩杀人凶手、抚恤死难家属。4月13日，工人群众又组织起声势浩大的示威游行，当游行队伍走到宝山路三德里时，早已埋伏在附近的反动派军队一起向游行队伍开火。当场就打死一百多名工人群众，伤者无数。杀红眼的刽子手又包围现场，对附近的民宅进行挨家挨户的搜查，逢人便杀。当时天上下起了滂沱大雨，宝山路上尸体遍野，血流成河。为了消灭罪证，反动派立即调来卡车将尸体运往郊外掩埋，许多重伤者也被活活埋死。4月15日，反动派又杀害工人群众300多人，被暗杀和失踪者达5000多人，另外还有500多人被捕。以后，在全国各地也相继发生类似反革命政变事件，革命群众死伤无数。4月18日，蒋介石在无数革命党人、工人群众的尸骨之上，建立起代表大地主、大资产阶级的"国民政府"，并爬上最高统治者的座椅。这一事件，史称"四

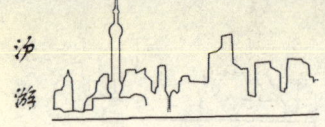

"一二"反革命政变……

前面的车辆开始移动了,我突然对驾驶员说:"师傅!对不起让我下车。""怎么搞的?要开车了你却要下车,当心点。"那驾驶员不满地叽咕着。

三德里处在十字路口,里面都是老式的石库门房子。乌黑的大门,两排建筑之间的弄堂上方,悬挂着各种洗得很干净的衣服,时而也能听到"李阿姨"、"王阿姨"具有浓郁上海话的叫喊声,而在弄堂里穿行的居民们,早已习惯了在这种环境下的生活方式,传承着"老上海"的昔日风采。

我站在弄堂门口,两眼凝视着来去匆匆的车辆,也许岁月会改变三德里的面貌,也许车轮会抹掉宝山路的基型。但这儿曾发生的故事,岁月和车轮都改变不了。让我们记住这条路,记住这条"血路"……

如今我也即将加入老年人的行列,从儿时到老人,从弄堂到社区,这是一个多么大的变化。我多么希望能把我知道的故事讲给那些孩子们听,同时去感受那种"月亮、晚风、谷堆、歌声"等生动而又浪漫的情景。但我知道那种情景离我们太远了,在城市里有哪家孩子会在大热天出来坐在家门口乘风凉,又有哪家孩子愿意坐在老人们身边听他们闲聊过去的事情?或许他们学习压力太大、太忙,他们有自己获得知识、故事的方法和天地……

## 有这么一幢老房子

我急匆匆地赶到鲁迅故居,正好是下午四点多钟,我还以为过了故居闭馆的时间,这时我发现在小小的庭院中,有一群人围住一位讲解员,我知道讲解开始了。"各位来宾大家好!我是鲁迅故居的讲解员,我姓尤,大家叫我小尤好了。"一阵温柔、甜美的嗓音,一位年轻漂亮的姑娘,人们期待着她那生动和精彩的讲解:"今天将和大家一起来参观这样一幢老房子,在上海虹口区山阴路上,有这样一幢老房子,红砖红瓦砖木结构的三层里弄房,和上海的很多弄堂房子一样,有客堂间,有亭子间,有小小的天井。也许因为是在弄堂的最深处,除了偶尔有孩子在门口嬉闹,或女主人在客厅踏缝纫机的声音,或者家里有客人来访,这幢房子平时总是很安静,安静得可以听见厨房间水龙头开着洗菜、切菜的声音,和佣人们的窃窃私语。这是一户很普通很温馨的上海人家。这家的主人,就是鲁迅先生。鲁迅先生命中最后三年半的时光,就是在大陆新村9号这幢三层楼的房子里度过的,在许多人印象里,鲁迅是伟大而难以接近的人物,其实鲁迅先生非常单纯,他的生活也非常简单,在这幢房子里,每一个房间的摆设都十分简朴。鲁迅常说:"生活太安逸了,工作就会被生活所累了。""

从楼上到楼下,老房子里没有一个沙发,鲁迅先生工作时坐的椅子是硬的,休息时的藤椅是硬的,到楼下陪客人时坐的椅子也是硬的。客厅里最醒目的是占据正中的一张棕黑色的西餐桌和六把相配的椅子,鲁迅会客时,常坐在中间那把背向大门的椅子上。为安全起见,只有特别亲近的人才在家里会面。在当时恶劣的政治环境下,鲁迅的寓所是不公开的。然而,对于瞿秋白、冯雪峰等共产党人和进步人士却是

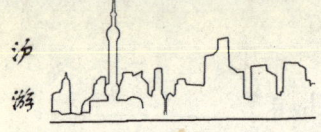

例外,有好几次鲁迅都冒着生命危险留他们在这幢老房子里躲避追捕。鲁迅先生家的椅子是硬的,他的骨头也是硬的。

硬骨头的先生却是一位慈爱的父亲。鲁迅49岁得子,对孩子非常疼爱。在一楼的会客厅里,有专门摆放玩具的橱柜;在二楼的卧室里挂着"海婴生后十六日像"的油画;三楼海婴的卧室,是整幢楼中最为宽敞、明亮的一间。这幢老房子里洋溢着孩子的欢笑和深深的父爱。

鲁迅和许广平在二楼的卧室同时也兼书房,就是在这间十分俭朴的书房里,鲁迅创造了惊人的文学业绩。《三闲集》、《伪自由书》、《且介亭杂文》等十二部著作就诞生在这里。每当夜深人静,客人离去,家人入睡后,鲁迅沏上一壶浓茶,用棉套捂住保暖作为茶头,这才开始工作,到天将破晓时方才就寝。

一样是天将破晓,而1936年10月19日的那个清晨,鲁迅先生熟睡在这幢老房子里,却再也没有醒来。在临窗书桌上,摆放着他未完成的最后手稿;挂在窗边上的美丽牌香烟日历,再也没有被人撕去过;镜台上的马蹄钟,也永远静止在这一刻。人们用八个字形容这悲痛的时刻:巨星陨落,万众同悲。

70年过去了,这一幢老房子里的一景一物,都诉说着一段不平凡的岁月,留下了难忘的回忆。这里不仅是文学巨匠鲁迅最后的一个住所,也是他坚持战斗到生命最后一刻的地方。当我们走在绿树成荫的山阴路上,走近这幢老房子,走近鲁迅的家,是否也走近了鲁迅的故事。每当太阳升起,老房子便披上了金色的外衣,温暖而明亮;每当夜幕降临,华灯初上,我们也会为老房子点一盏灯,万家灯火有它一盏,在中国,在上海,在我们每个人的心中……"

鲁迅故居介绍完了,她那生动、精彩的讲解博得了大家一阵热烈、真诚的掌声。随着人们渐渐地散去,我却在想,曾记得有一位外国友人说过这么一段话:"鲁迅不仅属于中国人民的,而且也是属于世界人民的。"如今,80多年过去了,这幢老房子里的一景一物给

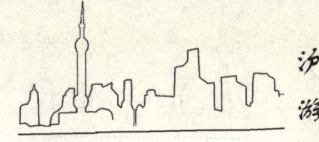

我们留下了难以忘怀的回忆。它不仅是鲁迅的最后一个住所,也是他坚持到生命最后一刻的地方。虽然我们走出绿树成荫的山阴路,走出这幢老房子,走出鲁迅的家,但我们的心中永远会记忆着那幢老房子……

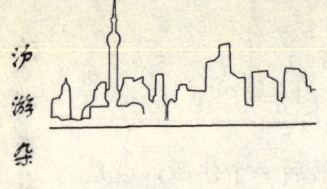

沪游杂谈

## 向陈毅塑像鞠躬

在南京东路外滩,有一尊上海老市长陈毅的塑像,该塑像坐北朝南,采用铸铜工艺,总高为9.1米,身高5.6米,底座采用深红色磨光大理石贴砌,有3.5米高,正面雕刻着"陈毅"两字和生卒年"1901—1972"。这座塑像再现了主人公深入基层、了解民情以及视察工作时的情景。

陈毅是新中国诞生后的第一任上海市市长,他在担任市长时我还刚出生,对陈毅的了解只是从一些电影和电视剧中得知,因此,对陈毅平凡而伟大的一生知之不深、了解也不够,尤其他对上海的贡献其概念是模糊的。一天,我去上海档案馆(新馆)参加开幕仪式,在以后的参观活动中,对这位老市长留下了深刻的印象。

1949年5月27日,上海虽然回到了人民的怀抱,但由于战争的沧桑,上海的经济就像一副破旧的烂摊子。人民政府接管上海时,约550万人口中有100多万人失业,各种流氓、乞丐、娼妓约有60多万。一万多家工厂中只有三分之一勉强能维持生产。上海的粮库中只能维持半个月的数量,煤供应上海只有一个星期,库存棉花也只能生产一个月。再加上被打败的国民党反动派军队不甘心自己的失败,凭借着海空力量优势,对上海进行海上封锁,企图抹杀上海的经济。新生的人民政府面临着巨大的困难和严峻的考验。

陈毅上任伊始,一方面紧紧依靠上海的工人阶级和工程技术人员,另一方面抓紧维持城市治安清除敌特分子,使各方面的工作有条不紊地进行着。在接受国民党反动派投降的仪式上,他欢迎那些未跟国民党逃往台湾的人员继续参加新政府工作,还邀请原代理市长赵祖康担任市政府工务局长,发挥其一技之长。陈毅所表现出的极大诚恳和谦虚，感动了所有在场的人员。整个接收工作进行得非常顺利。在不到两个月的时间里，城内绝大部分的工厂、企业、银行以及贸易等单位都恢复了生产和运转，上海人民对新生的政府表现出极大的信任和佩服。

在刚进城的那段日子里，陈毅每天都起早摸黑，工作要在20小时左右，他以他模范行为和聪明才智，使得更多的人了解共产党，了解新政府。在出席文化界的座谈会上，陈毅足足讲了一个下午，以身说法地讲解了从青年到参加革命后世界观的改变，并向在座的朋友们提出了同舟共济和共同改造思想的要求。他那声情并茂的演讲打动了所有在场人的心灵。许多人纷纷表示要紧跟形势，一心一意地参加到新中国的建设之中去。

陈毅出任上海的市长是在1949年6月2日，那时，城内供应严重不足，物价不断飞涨，尤其是投机活动大肆蔓延。新政府在陈毅的领导下首先对金圆券（旧上海的流通纸币）进行全面收兑。但投机者利用人们在国民党统治下对纸币不信任心理以及人民币刚出台的机会，大肆倒买倒卖黄金、银元、美钞和货物，阻挠人民币的正常流通。陈毅当机立断命令部队查封当时的金融中心（证券大楼），并颁布了对黄金、外汇的管理法令。这样初步稳定了金融市场和人民的生活。

但是，那些投机势力不甘心自己在金融市场中的失败，继而把矛头转向"两白一黑"（即白米、棉花、煤炭）的投机上，妄图夺回他们失去的地盘。陈毅市长针对当时社会上存在的"工不如商，商不如囤"的投机心理，在中央政府和革命老区人民的大力支持下，先后两次大规模由国营公司大量抛售紧俏商品，有力地打击了那些"囤积居奇"企图大捞一票的不法投机商，制止了物价的上涨风，稳定了社会和民心。这一仗打得很漂亮，使得许多人对共产党的执政领导表示敬佩，从而也根本铲除了旧上海无法改变通货膨胀的顽症。

陈毅在上海工作期间始终坚持党的原则，爱憎分明，因而受到

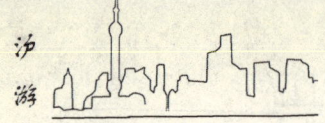

各界人士的交口称赞。当收到有子弹恐吓信和扬言要暗杀他时,陈毅又表现出一种革命大无畏的精神,坚决地和敌人作不屈不挠的斗争。在抗美援朝期间,上海一家大药店老板王康年将伪劣药品卖给前方的志愿军战士,结果造成许多受伤的志愿军致残和死亡,他还用金钱和美女腐蚀干部,使国家和人民遭受到极大的伤害和损失。面对这个罪大恶极的不法资本家,陈毅严厉地指示:"如果不处以极刑,那就不足以平民愤、不足以平军愤。"这个丧心病狂的不法资本家,在全上海人民的谴责和唾骂声中,被执行了死刑。

正是在党中央和毛主席的正确领导下,陈毅出色的工作和杰出的领导艺术,使得上海很快地恢复生产和稳定物价。同时又战胜了帝国主义对上海的经济封锁,扫除了旧上海各种污泥浊水,如赌、毒、娼、乞丐、流氓等,使得上海很快成为建设新中国的重要基地……

半个多世纪过去了,陈毅也早已离我们而去。如今的上海发生了翻天覆地的巨变。但他那勤勤恳恳地为上海人民服务、实事求是的工作作风、和蔼可亲的公仆形象以及高超的领导艺术却依然留在人民的心中,他给我们留下了一大笔宝贵的精神财富,这笔财富正是今天改革开放和建立和谐社会所需要的。上海人民将永远缅怀陈毅这位老市长……

从那以后,我每次到外滩都要在陈毅塑像前深深地一鞠躬,以表达自己真诚的敬意和深切的思念。

## 他，也应值得纪念

也许是上了年纪的关系，老师在课堂上讲的内容，过了没多久就淡忘了，为了应付考试，自己需要找一个安静的地方去复习功课。凑巧，在我读书学校的附近有一家闸北公园。

一天，我在公园里复习功课，时间一长便觉得有点累，于是想去散散步恢复一下疲劳。当我走到公园的西南面，发现有一处墓地，该墓地设计得很特别，全部为黑色，半圆形的墓地顶端设有雕塑的老鹰，鹰爪下压着一条挣扎着的猛蛇，平台前有一塑像，座基正面镌刻着"渔父"二字。当时我觉得有些奇怪，心想，在上海的公园内一般都不设墓地，即使有也为那些名人而立，比如黄浦公园内的上海人民英雄纪念塔，鲁迅公园内的鲁迅墓，光启公园内的徐光启墓等。那么，"渔父"何许人也？为什么墓地要设在闸北公园内？当天晚上我打开电脑，在资料库中找到了答案。

1911年后，窃国大盗袁世凯一方面依靠帝国主义迫使清帝让位，另一方面利用北洋军队对革命党人执行"大棒加胡萝卜"政策，最终篡得了辛亥革命的胜利果实，使得孙中山辞去了临时大总统一职。1912年，袁世凯继任临时大总统。当时，以孙中山、黄兴以及宋教仁等为首的资产阶级革命党人都追求西方资本主义的议会民主制，从而实现其建国理想。而代表封建势力的袁世凯则要消灭革命力量，重新称帝，双方的斗争非常激烈，在革命党阵营中表现最积极、最活跃、最杰出的要属宋教仁了。

宋教仁生于1882年，湖南桃源人，字遯初，号渔父。1904年与黄兴等人在湖南长沙创建华兴会。以后，策划在慈禧太后七十岁生日时在长沙起义，但此事遭泄密受通缉，后逃亡日本加入中国同盟

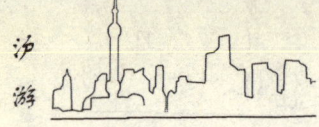

会。清宣统二年（1910年）返回上海，任《民立报》主笔。1912年南京临时政府成立后任法制院院长，后任国民党代理理事长。宋教仁到处演说，主张制定民主宪法，批评时政，反对专制独裁，维护与发展资产阶级的民主政治，因而深为袁世凯所憎恨和妒忌。

在1912年年初，当时"南北议和"，宋教仁就和孙中山先生等一起，仅用了一个月左右的时间就制定出《中华民国临时约法》，这是一部具有资产阶级共和国宪法性质的法律，共计七章五十六条，它具体规定了三权分力，宋教仁等人都希望以该法来约束袁世凯的权力。

以后，宋教仁进一步认识到革命党人要在议会中占有多数席位的重要性，这样才能确保资产阶级议会民主政治的顺利实施。于是他积极地主张将同盟会改组，并吸收统一国民公党、国民共进党、共和党以及共和实进会等几个小党，组建成立新的国民党，宋教仁当时被选举为九理事之一，并受孙中山先生的委托担任执行理事长一职。随后他发表了一系列重要的演说，竭力主张"先定宪法，后举总统"。由于他的杰出组织才能和天才般的处理问题的手段，使得国民党在正式国会的选举中大获全胜，宋教仁以全国第一大党领袖的身份准备上北京组阁执政。

然而，袁世凯窃取大权后，不断玩弄反革命的两手，他一方面迫使革命党人解除武装，另一方面大力扩充自己的北洋军队。除了在政治上继续欺骗孙中山和黄兴等人之外，在经济上也想贿赂宋教仁，他曾拿出五十万元支票赠送给宋，但遭拒绝后袁世凯顿生杀机，当时就密令亲信在上海物色杀手，待机对宋教仁下毒手。1913年4月20日夜晚，当宋教仁刚走出火车站，躲在暗中的杀手朝他连开数枪，宋立即被送往医院，但由于伤势过重，抢救无效，于22日凌晨去世，年仅31岁。国民党作出决定，将遗体埋葬在上海闸北的郊区，以后有人称该地为"宋公园"（解放后才改名为闸北公园）。

宋教仁被暗杀一案，引起了全国极大的震动，人们强烈地要求查明真相，惩办凶手。不久，袁世凯的爪牙和凶手被捕，终于真相大白。袁世凯见势不妙，一方面百般抵赖，大耍流氓手段，另一方面向帝国主义借款扩充自己的武装，准备对革命党人实施打击与镇压。

面对宋教仁血案，革命党人对袁世凯的希望破灭了，纷纷认识到他并非拯救中华民族，而是想搞独裁与复辟。此时，孙中山与黄兴等人策划"二次革命"，决定以武力解决问题。但国民党是一个刚组建的大党，有不少派别则主张以法律解决，因此，在如何讨伐袁世凯的问题上一直谈而不决。

此时，袁世凯却采取先下手为强的手段，他首先撤换了革命党人在广东、安徽和江西的领导权，紧接着又对革命党人的武装进行镇压。因当时双方力量对比悬殊，同年9月，革命党人的大本营南京被北洋军占领，此时"二次革命"宣告失败，孙中山、黄兴等人流亡日本。

袁世凯取得暂时的胜利后便得寸进尺，他马上命令国会选举自己为正式大总统和解散国民党，同时，进一步以国家主权为筹码，妄图谋取帝国主义对其复辟称皇帝的支持。但是，一切反动派的倒行逆施，只能激起人民的愤慨和反击。袁世凯与日本帝国主义秘密签订的灭亡中国的"二十一条"被揭露出来以后，立即遭到全国人民的强烈反对，袁世凯见势不妙，被迫取消了帝制，这位仅当了70多天的皇帝，在举国上下一片唾骂声中忧惧而死。

袁世凯死后，中国仍处在军阀割据、战乱不断的局面，百姓仍旧过着暗无天日的日子，中华民国仍然是一个美丽的代名称而已。革命党人所作出的种种努力到头来还摆脱不了失败的命运，这只能说明资产阶级领导下的"维护共和"的民主革命已经走到尽头，一场新的革命正在催生，正在逐步走向中国的政治舞台……

关上电脑，我闭目深思，我想，如今正在掀起红色旅游的高潮，那些革命先烈是值得人们永远缅怀的，但是，像宋教仁那种以生命殉其理想，为国家、为民族而英勇献身，他那种大无畏的精神，同样会受到后人的敬佩和学习，正因为中华儿女有了这种特有的精神，多少年来，则成为激励人们投入到新的革命浪潮中去，成为推翻封建王朝、赶走帝国主义的不绝动力。

1949年，在中国共产党的领导下终于迎来了新中国的诞生。

## 科技先辈——徐光启

如今的徐家汇被上海人视为时尚、休闲、旅游、购物、餐饮集一体的缤纷世界,真可谓车水马龙、热闹非凡。虽说那里的人气很旺,但为什么叫徐家汇?为什么徐家汇与徐光启有不解之缘?这些问题如果在徐家汇街头作一次调查,或许知道的人为数不多,若是能去参观一下附近的光启公园,那么,对徐家汇、对徐光启这位科技先辈会有新的认识和体会,至少我是颇有同感的。

曾记得有一天,我到蒲汇塘路一家报社商量出版稿件的事情,没想到那位编辑有急事临时走开一些时间。我闲着没事,于是顺便拐了个弯,来到了南丹路上的光启公园。

光启公园内的游览内容主要分两大板块,一是徐光启墓;二是徐光启纪念馆。近一个半小时的参观游览,使我获得了许多知识,要不是手提包中的手机响了,催我回报社,说不定我还要参观游览一个半小时呢。

原来,徐家汇在百余年之前只是上海老城厢外的一个小村庄,这里曾有蒲汇塘、肇嘉浜、法华泾三条小河汇合,又因这里是明朝功臣、大科学家徐光启的归葬之处,徐的子孙后代居住于此,故该村庄称之为"徐家汇"。第一次鸦片战争后不久,当时任上海天主教耶稣会会长的南格禄决定把徐家汇作为耶稣会的重要基地,据说有两条理由,一是徐家汇离老城厢近,水路交通方便;二是按照南格禄的话说是"表示对引进我们耶稣神父们到上海的这位伟大宰相(指徐光启)的缅怀"。

如今,徐家汇已发展成为顶级的繁华商业中心,其销售营业额已逼近著名的南京路,这既是天意,又属人杰地灵之处。

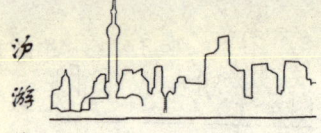

徐光启墓早在二十多年前就被国务院列为全国重点文物保护单位,如今墓地的规模是在2003年经国家文物局批准重新整修的。

整个整修工程是按我国明朝风格以及徐光启官至一品的规格,墓前设有十字架、华表、石马、石羊、石狮、石牌坊、小河石桥等,墓后还有托山景观。墓冢是由花岗石围砌呈椭圆形,墓碑上有我国著名数学家苏步青书写的六个苍劲有力大字——明徐光启之墓。墓东侧建有徐光启手迹碑廊,刻有《几何原本序》等五篇文章。碑廊背面石刻为明末清初著名学者查佐所撰《徐光启传》,还有现代著名画家程十发临摹的徐光启画像等。另外,具有500多年建筑历史的"南春华堂"也搬迁至这里,作为徐光启纪念馆。

我国是一个古老而又文明的国家,具有五千多年的文化历史,从夏朝到唐、宋、元、明、清,经历了许许多多的朝代,在众多的朝代中,在官至一品的重臣中,还没有像徐光启那样为国家为民族作出伟大贡献的科技人物。其实,徐光启并不是像有些人想象的那样,他出身于书香门第,从小受到极好的教育。徐光启生于明嘉靖四十一年(1562年),那个时期正是明朝由强盛转为衰弱的动荡年代,徐家先祖从苏州迁至上海,务农为生。或许是家境的原因,徐光启从小就对农事有着浓厚的兴趣,这为以后编写的巨著《农政全书》打下了良好的基础。

徐光启从小天资聪明,勤奋好学,二十岁时考中秀才,以后便在家乡以及广东、广西等地教书。在此期间,他利用空余时间潜心学习研究古代的农业生产技术以及与之相关的水利工程、天文历法和数学著作等。以后编撰了《北耕录》和《宣恳令》等,据说,书中的有些种稻经验至今还在沿用。

大约在万历二十三年(1595年),当时尚未中举的徐光启,在广东韶州任教时认识了天主教耶稣会传教士意大利人郭居静。以后,又认识了到中国来传教的耶稣会会长利玛窦,在利的住处,他第一次看到一幅世界地图,第一次知道地球是圆的,第一次知道意大利科学家伽利略制造了天文望远镜,能十分清楚地观察到另外一个世界。与利玛窦的交往接触,徐光启了解到许多闻所未闻的科学与技术。从此以后,他开始学习西方近代的科学文化,并最终成为中西文化交流的先驱者。

徐光启20岁时中秀才,36岁中举人,直至43岁时中进士,为科举功名共用了23年的时间。在此期间,他一方面长期苦读,努力争取功名,另一方面根据自己的经验和心得,精心撰写了《农政全书》,与利玛窦翻译出版了《几何原本》前六卷。徐光启在译书中创造的点、线、面、平行线、三角形、对角、直角、锐角等中文名词术语十分贴切,沿用至今。

徐光启进入仕途后,便在北京住了下来,虽然以后几起几落,但在与中西文化交流中,他进一步地感到中国的天文、历法等方面已相形落后,于是主动承担起修改历法的重担。经过多年的努力,最后以惊人的毅力完成了人们至今熟悉的"农历"。

徐光启不仅在"天文历法"、"数学"、"农学"等科学方面作出

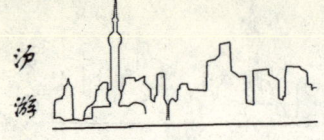

了重大贡献，而且在"军事"方面也颇有成就，他撰写的《选练百字诀》、《选练条格》、《列阵方法》、《火攻要略》、《制火药法》等。这些著作实质上是我国在军事上较早的一些条令和法典。其次，徐光启还特别重视武器的制造，尤其是火炮的制造，曾多方建议，不断地向朝廷上疏。另外，他对"火器与攻城"、"火器与城市防御"以及"火器与步、骑兵种的配合"等方面进行了一定的探索与研究，其理论可称得上是中国军事技术史上，提出火炮在战争中应用的第一人。

明崇祯六年（1633年）十一月八日，徐光启在北京逝世，次年，朝廷派专使护丧回上海，安葬在他身前的"农庄别业"之处。墓地原有十个墓穴，正中安葬着徐光启和夫人吴氏，两旁是孙子尔斗、尔觉、尔爵、尔默夫妇的墓穴。

1903年，耶稣教会为纪念徐光启领洗300周年时，特扩建墓地，重立十字架、华表、石人、石马等。1937年日军攻占上海时，墓地从此荒废，变成了菜畦地。

新中国诞生后，为了纪念这位杰出的科学家和中西文化交流的先驱，徐光启墓于1957年被列为上海市文物保护单位，并修建了南丹公园，"文化大革命"期间墓地遭破坏，石人、石马等也被人拖走。1983年，为纪念徐光启逝世350周年，将南丹公园改为光启公园。1988年被国务院列为全国重点文物保护单位。

走出光启公园，我还不断地回头仰望，我想，自从天生徐光启，以后便有了徐家汇，近百年来，徐汇两字也成了该区的区名了……

沪游杂谈

## 纺织始祖——黄道婆

上海，从元朝至元二十八年（1291年）建城，至今已有700多年的历史了。上海也从一个滨海小镇发展成为现代化的大都市，并且有"太平洋西岸的明珠"之美称。翻开上海发展的史册，追溯其轨迹，其名人和伟人可以汇编成厚厚一本"名人词典"，真可谓是泱泱大观。但在城市经济发展中，有两位是最值得上海人称赞和自豪的：一位是元代的黄道婆，被世人誉为纺织始祖，另一位是明代的徐光启，被世人誉为科技先辈。他们俩的光辉形象和功绩不但出现在上海著名的旅游景点之中，比如人民广场音乐喷泉的浮雕上等，而且后人专门为他们树碑立传，使之成为上海经济发展中的重要代表人物和象征。

关于黄道婆的情况，文献资料记载得并不多，只是说她从"崖州返故里——乌泥泾"。又说她曾经改革捍弹纺织工具，大约50岁后不愿安居晚年生活，把从海南岛崖州学会的纺织技术教会当地的老百姓，使得那一带的经济迅速发展起来，并且驰名全国，被誉为"衣被天下"的美称。为此，我对黄道婆的了解只仅仅局限于文献资料中的那点内容。但自从参观了位于上海徐汇区华泾镇东湾村（乌泥泾旧址）的黄道婆墓后，又在上海档案馆（新馆）查询了与之相关的资料，我才逐渐觉得，人们称黄道婆为纺织始祖是有道理，也是名副其实的。

其实，要说到"纺织"二字，上海早在公元前三千年左右就有了纺织手工业的源头了，关于这一点可以从上海青浦区境内"崧泽新石器时代遗址"的出土文物中得到证实。从这一遗址出土的三件古陶工具，即泥质红陶轮、紫红色岩石轮以及泥质灰褐色夹砂红陶轮,它们的直径分别为6至7厘米,厚度为1厘米。经专家学者鉴定,这些古陶轮为上海先民们的纺织工具,专纺麻一类的植物纤维,这足以说明那时的人们早就知道纺麻做衣了。

据有关文献记载,大约在南宋时期,上海地区就大量引种"印度棉",又称"亚洲棉",该棉质量好、产量高、纤维长。以后,上海地区的棉花栽培技术一直处于全国领先地位。就在宋末元初时期,黄道婆出身在当时的松江府乌泥镇,早年家境贫困,据说十二三岁时被迫做了人家的童养媳,后又不幸流落到崖州(海南岛),在那里生活了几十年,并从黎族民间学到许多棉纺织技术。晚年返回故乡积极从事棉纺织手工业生产。以后,黄道婆对棉纺织技术进行了大刀阔斧的改革,她的贡献在于:一、彻底改变由辗轴去除棉籽,发展成搅车,功效提高了好几倍;二、改革制成四尺多长的"绳弦大弓",利用振幅使得棉花产量大大提高;三、将纺棉的手摇车改为三锭脚踏纺车,从而提高了效率,减少了人工。

黄道婆的三项改革棉纺织措施,使得整个上海地区的棉纺织业有了一个飞速的发展,这样就反过来促使植棉业和商业的大发展。由于种植棉花费力少而获利多,加之容易出售。上海地区及周边地区的农民十有七八都成为植棉户。每年的秋末收获季节,本地商人和外埠商人纷纷深入农村设点收购棉花。据有关文献资料记载:"……秋收后,客商恒于此,设肆收棉,故成集市","木棉盛时,商舶纷集","每晨至午,小东门外为市,乡农负担求售者,肩相摩,袂相接"。形成了一派商业繁荣兴旺的景象。

到了明清时期,上海地区的棉花种植业和棉纺织业有了进一步的巩固和发展,除了农村地区在大量地纺纱织布之外,城镇的居民也纷纷仿效,竟有"通宵不寐者"。那时,他们所生产的棉布不仅质量好,而且花色品种多。据说,当时上海销售的棉布最多时足有十万匹左右,全年平均销售量也在二千多匹。为此,上海不但被誉为全国最大的棉纺业中心,而且也获得了"木棉文绫、衣被天下"的美称,"乌泥泾"的地名不胫而走,黄道婆也成了人们茶余饭后和传颂的话题。

当时,上海地区生产的棉布不仅销往全国各地,而且还远销欧洲和日本地区。据说,日本人民非常喜欢上海地区的棉布,并有"松之布,尤为彼国所重"的说法。

上海地区的植棉业和商业的发展,同时又带来了商品交流的发展,那些远道而来采购棉布的商人,除了带有大量银两外,更多的则是带有大量当地的土特产,比如大豆、药材、香油、皮革等,他们满载商品而来,又满载棉布而去,一举两得,搞活了商品交流和发展,与此同时,上海的各种商铺林立,服务性行业也随之大量涌现,上海变成了当时东南亚地区最为繁华的城镇之一。

然而,对于黄道婆这样一位杰出的纺织革新家却没有只言片语的历史记载,对她的杰出贡献以及所产生的巨大效益和连锁反应却没有很好的评价,但历史和人民是公正的,黄道婆不幸逝世后,乌泥泾镇上的人都十分悲痛,家家户户自愿出钱为她举行隆重的葬礼,并建祠祭祀,一些有钱的人出于对黄道婆的敬仰,在上海多处建立祠堂。

以后,随着历史的变迁,特别是西方列强入侵我国领土后,各色各样的洋布充斥市场,农村妇女织出的土布市场很小,因此也无钱为黄道婆修祠,那些纪念祠堂也逐渐消失,墓地也夷为平地。

如今保留的这处黄道婆墓地,过去也成了一片荒地,解放后被列为文物保护单位,1961年华东局书记魏文伯还专门题写了碑文,可惜"文化大革命"期间墓地被铲平,"文化大革命"结束后再一次得到修复。直到2003年3月21日,黄道婆纪念馆与重新整修的墓地相继开放,这位我国古代劳动妇女勤劳、智慧的杰出典型,她的名字和不朽功绩将永远留在人们的记忆中。

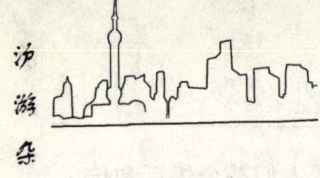

沪游杂谈

## "书上旅游"去徐家汇天主教堂

  **有**许多朋友想跟我去自助旅游，这要感谢他们对我的信任，但是每一个地方都这样去旅游，这也不太现实，也不可能。为了能达到这一目的，我建议他们可以"书上旅游"，我们可以"先去徐家汇天主教堂"，这个天主教的圣地去"玩一玩"、"看一看"，去领略一下它的神秘风采。

  要想了解徐家汇天主教堂，首先得介绍天主教在上海是如何传播的。

  据有关文献资料记载，天主教早在唐朝初期就开始传入我国，并在陕西一带流传，到了元朝曾经一度中断过，随着西方资本主义的发展，天主教又再度传入我国。

  天主教传入上海的时间大约在明万历二十三年（1595年），当时上海的徐光启在南京接受洗礼加入天主教，以后，徐光启请传教士郭居静来上海开教，由于受徐的影响，他的全家以及亲戚、好友、周围邻居都加入了天主教。徐的小孙女玛尔第纯（教名）还出资购买旧宅，并改造成一座天主教堂，取名为"敬一堂"（又俗称老天主教堂），此时，天主教在上海站稳了脚跟。

  到了清朝初期，天主教在上海及江南周边地区得到了进一步的发展。据资料统计，在1663年江南周边地区已有十几座大教堂，约5万多名教徒。而上海就有两座规模颇大的教堂，教徒有4万名。清雍正年间，天主教又遭到了禁止，教堂改建成庙宇。但随着鸦片战争以及西方殖民者的入侵，天主教再一次地得到传播和发展。以后，为了纪念徐光启对天主教的贡献，耶稣会在徐家汇建造了一座罗马式教堂。1910年耶稣会又建造了一座规模更大、气势更宏伟的法国双尖顶砖石结构的哥特式建筑——徐家汇天主教堂。久而久之，天主教逐渐把徐家汇发展成上海天主教中心。

徐家汇天主教堂位于浦西路158号，该教堂堪称远东之冠，1906年由法商在上海的建筑公司承建，1910年竣工。教堂的总体设计指导思想就是象征耶稣基督受难，因而从大门过道进入大厅到祭台这条中轴线又长又高，长约84米，宽约30米，堂内五层楼高，两边成对称形式。正祭台处有44米宽，上有很大的圣母抱耶稣像，后墙上悬挂着《最后的晚餐》宗教画。整个教堂建筑平面呈十字形，可容纳3 000人。教堂内部支柱排列整齐并且成垂直线，支柱间的大玻璃窗透射出强烈的阳光，这也寓示从天上射下的"神光"能进入信徒的心灵。教堂内的巨大管风琴是作为信徒举行弥撒、举办婚丧大事、唱诗等的伴奏，声音庄严肃穆悠扬数里。

沉重的铸铁十字架悬于教堂顶部，建筑外墙面为清水红砖砌筑，上有一连串的尖券和石雕塑像，整幢建筑高约57米，塔顶铺有青石板瓦片，钟塔在"文革"期间被毁，1982年修复一新。值得一提的是：原有两旁窗户的彩色玻璃，那些能工巧匠以精湛的手艺，拼出一幅幅极有艺术价值的图案，再加上那紫、深红、绿等色彩融成一体，呈现出一种强烈的宗教气氛，这一切均在"文革"初期被毁，如今除彩色玻璃无法再现昔日的风采外，其他均恢复到原样原貌。

党的十一届三中全会以来，徐家汇天主教堂成为对外交流的重要场所和接待世界各国天主教人士前来参观访问、参与宗教活动，其中有英国圣公会坎特伯雷大主教伦西博士、南非圣公会主教图图博士、香港胡振中枢机主教、澳门高秉常主教、林家骏主教等，都来沪专程到该堂参观访问。

该堂前面还有一块面积达4 000多平方米的"教堂绿地"，开阔的绿地把教堂的庄严肃穆与广场的宽大融为一体，显得格外的气度不凡。教堂绿地中央还设有一喷水池，四面有四个花坛以及种植着松柏树，散发着迷人的魅力。

另外，值得一提的是：佩戴在天主教、新教、东正教教徒胸前的十字架式样有所不同，一般来说，天主教和新教多使用纵长方形的十字架，而东正教会则常使用正方形的十字架，这是一个小小的区别。

# 上海衡山路上的吸引物

众所周知，凡是世界著名的国际化大都市的街道，都蕴藏着极其丰富的历史文化和现代时尚魅力，都值得旅游者亲自去看一看、去瞧一瞧，去体验这"城市之魂"巨大永存的旅游"吸引物"，从而使人们心之向往、行之乐往。如法国巴黎的香榭丽舍大街、英国伦敦的唐宁街、俄罗斯莫斯科的高尔基大街、美国纽约的华尔街、德国柏林的菩提树大街和泰国曼谷的施乐姆街……它们都是一个国家城市的窗口和标志，都是旅游者必到之处。上海的衡山路就是这样一条吸引无数旅游者之心的街道，就是这样一条环境既幽雅、气氛又热闹的街道。

要全面道尽衡山路的历史文化确有难度，咱们就来说说在这条街上的一处吸引物。在这条街道上有一幢英国哥特式砖木结构的教堂——基督教国际礼拜堂。每逢星期天的上午，前来此处做礼拜的教徒特别多，使得这片宁静的土地一下子变得热闹起来。礼拜开始后，一支拥有60多人的圣乐团唱起各种古典和现代圣曲，整个大堂内庄严肃穆，不时传来阵阵钟声和悠扬的管风琴声……

天主教、东正教和新教并称基督教的三大派别，如今人们所说的基督教实质上就是指"新教"。

基督教在我国传播的历史已很长，早在唐太宗年间（大约是公元635年），基督教的一派称"景教"已传入我国。18世纪时因清政府和罗马教皇在中国教民等问题产生意见分歧，导致康熙皇帝下令禁止基督教在我国传播。由于这些原因基督教传入上海的时间较晚。大约在1845年至1847年间，西方殖民者根据那些不平等的条约，强迫清政府要保护教堂，并且准许传教士有自由传教的权利。

这时候，英国派了"麦都思"、美国派了"文惠廉"等人前来上海传教。他们为了扩大基督教在上海的影响，首先用从事一些"慈善"活动来达到目的，比如创建医院、开办学校、出版报刊等。以后，又进一步地建立教堂，广招教徒。大约在1869年，上海最早一座基督教教堂建立，取名为"圣三一堂"。1929年，另一座规模更大、建筑更高的"慕尔堂"建成。直至20世纪初，上海已拥有许多著名的教堂了。以如我们以上讲到的国际礼拜堂、怀恩堂等，至于一般性的小教堂那就更多了。此时，不论从规模和数量上都要超过天主教堂，上海已经成为全国最大的基督教传播中心。

基督教又俗称耶稣教，国际礼拜堂的建立是从唱诗班开始的，早在1917年，当时在上海的一些美国侨民出于对宗教生活的需要，于是便聚集在东湖路（现东湖电影院旧址）一个美国夫妇家里唱诗礼拜，以后聚集的人是越来越多，其中主要是美国人，还有其他外国侨民和少数上流阶层的中国教徒，于是便萌发了建教堂之意。1923年，那些美国人带头捐款并集资在贝当路（今天的衡山路）开始建造一座具有一定规模和水平的国际礼拜堂。1925年3月8日落成，命名 Shanghai Community Church，即协和礼拜堂。该礼拜堂的外观相似英国乡村民居，红砖立墙，堂内平面呈L形，整幢建筑由礼拜堂和三层高的副楼组成，屋顶用剪刀形木屋架，屋面铺"石页瓦"（即石片）。大门朝北，两边设有尖拱长廊及一连串的弧拱形窗框。礼拜堂占地面积7 330平方米，建筑面积达13 700平方米，由江裕记营造厂承建。堂内可容纳七百余人，堂高16米，有钟楼，以后又安装了管风琴。教堂底层为牧师办公室，二楼是少年儿童室，三楼有小礼堂，堂内的建筑装修富丽堂皇，设备很是讲究，有空调，做祷告的椅背后设有放《圣经》的小匣及精巧的门把手。教堂建成后，因参加礼拜和祷告活动的主要是美国基督教徒，所以人们又称该堂为美国礼拜堂，1949年前夕又吸收了许多不同民族和国籍及少量中国人，后逐渐改称国际礼拜堂。

国际礼拜堂是上海衡山路上的吸引物，它不仅吸引众多的基督教徒和旅游者前来观光游览，还吸引许多前来中国进行友好访问的国家元首、政府首脑及宗教领袖，他们中有美国前总统吉米·卡特、澳大利亚总理霍华德、美国众议院议长金里奇夫妇、挪威国王哈拉尔五世和皇后、英国坎特伯雷大主教伦西博士、香港基督圣公会主教白约翰夫妇、诺贝尔和平奖获得者南非的图图大主教和美国著名布道家葛培理博士等，都曾应邀在此讲道。

说起讲道，我要告诉大家一个信息，即上海市基督教教务委员每个星期天还在国际礼拜堂开设专供在沪外国人参加的英语专场礼拜（中国人也可参加），由中国牧师、长老及传道用英语讲道。怎么样？这个信息有价值吗？

衡山路就是这样一条有众多吸引物的街道，它每时每刻都反映了上海都市文化风情，是这样一条白天夜晚都荡漾着浪漫氛围和具有海派文化特色的街道，是值得人们留连忘返的街道。

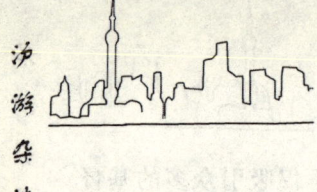

## 从松江元代清真寺说起

说起松江元代清真寺，熟悉它的人们自然会想起在松江区马路桥西面，有一条幽深的缸甓行的小街，传说在这小街的附近聚居着一大批回族兄弟，这儿也曾被称为"回回城"。在我国类似这样的回回城有不少，但是都没城门和城墙，住房也是非常普通的民居建筑，惟一代表着回回城的标志就是有一座古老而又典雅的清真寺。

清真寺属伊斯兰教，其教徒又俗称"回回教"，据说在唐朝已传入我国，元代时传入到上海的松江地区，大约在公元1341年至1368年间，上海建造了第一座清真寺——松江元代清真寺。该寺是我国目前保存得较好、较完整的伊斯兰古建筑之一，1987年底修缮结束，对外开放。它像一只美丽纯洁的仙鹤，伫立在松江新城内，欢迎着四面八方前来朝拜的穆斯林兄弟。

追寻历史，伊斯兰教在我国因元朝而亡，故在上海传播逐渐衰落。到了明朝初年，朱元璋对宗教采取宽松政策，不仅修建了大量佛寺道观，并在回民集中的地方修建清真寺。但好景不长，直至清嘉庆年间，上海的伊斯兰教才有了一些发展。公元1840年第一次鸦片战争以后，上海辟为商埠，这时来往上海和经商的中外伊斯兰教徒逐渐增多，他们对宗教生活也有要求，此时，伊斯兰教的各种建筑也出现在上海城市之中，比如"南寺"、"清真北寺"、"外国寺"和"小桃园清真寺"等。

值得一提的是：小桃园清真寺在传播伊斯兰教方面起着很大的积极作用，该寺曾经兴办"经学教育"和"伊斯兰文经学班"，进行中外文化交流，创办回民学校和师范学校等。特别是在1919年以后的二十六年中，小桃园清真寺为中国穆斯林朝圣者到麦加朝圣提供过许多帮助。另外，在1925年上海还成立了"中国回教学会"，现

为上海市伊斯兰教协会的所在地。

松江元代清真寺是一座既有元代时期的建筑风格,又有明清两代的建筑特色,是一座中外融合的阿拉伯伊斯兰教寺院风格的建筑。

步入缸甓巷就可看见一座大照壁,上有"清妙见真"四个大字。整个清真寺的中轴线上排列着克白尔、礼拜殿、邦克楼,两侧为教长室和浴室等。

邦克楼又称宣礼塔,是唤召穆斯林教徒前来礼拜用的。每当举行宗教仪式之前,有宣礼员登楼或在门口唤召教徒,因这里没有楼,只能在门口呼唤。礼拜殿面阔三间,里面设有粗大的梁柱,在梁柱上有细线条雕刻,属明代江南厅堂式建筑,殿内还有一座小而高的"宣谕台",只有一人而立的面积。

在礼拜殿的后面有一座砖室很有特色,称"克白尔"(天房的意思),全部是砖结构,三面均有门,里面有许多木雕图案和一块被视为神圣的"玄石"(一块黑石),上面刻有阿拉伯文字。克白尔是整个清真寺的朝拜中心,面朝西,因伊斯兰教的圣地麦加是在西面。因此,清真寺主要殿门都是朝西,又因要符合中国人的习惯,门厅又都是朝南,这是松江元代清真寺的一个特点,整个清真寺内没有一尊或一张神像。

"文化大革命"期间,清真寺遭到了封杀,礼拜殿等变成仓库、车间,宣礼员也没事干,一切宗教活动都被禁止了。党的十一届三中全会以后,清真寺得到了"解放",1985年进行全面修缮,两年后以崭新的面貌对外开放,这座上海地区最古老的元代清真寺,以它特有的魅力,迎接着许多阿拉伯国家的代表团和教徒们前来观光、进行宗教活动。

此时,我们是否听到宣礼员在邦克楼唤召着教徒们来做礼拜。"念邦克"①……

注:在举行宗教活动前,宣礼员在门前唤召教徒们来做礼拜,教中人称为"念邦克"。

# 从"真如寺"说到"白云观"

说起真如寺,它位于上海普陀区的真如镇上,是一座研究价值极高的古建筑。该寺建于元延祐七年(1320年),至今约有700年的历史,"真如"二字是佛经上的名词,即"真谓真实,显非虚妄;如谓如常,表无变易,谓此真实,于一切位,常如其性,故曰真如"。

真如寺在宋代称万寿寺,后移新址,至清代发展到顶峰阶段,但同时又出现了道教的建筑,比如财神殿、东岳行宫等,形成佛道混合的场所。以后,真如寺逐渐荒芜起来,抗日战争时期又遭日军轰炸,大部分建筑被毁,只有真如寺正殿逃此一劫。

新中国诞生以后,上海市人民政府对真如寺的修复工作十分重视,同时又多次集中许多专家学者对此进行研究鉴定,发现该寺在建筑结构和形式上都有极高的文物价值,其中有许多构造与做法和国内著名的元代建筑有相同之处,但更多的是其他同代建筑中所不具备的,比如造殿基采用黄土和铁渣分层间隔而筑,在大批建材中标有部位名称,并用简化字作标记等,这些都为研究我国建筑史提供了难得的依据。

现存的真如寺正殿面阔三间,呈正方形,殿内设有16根立柱,高6.45米,基本上保持原有的面貌。

真如寺在上海或许感兴趣的人并不多,但它在国外,尤其是在美国、日本等建筑界有着极高的评价,除经常派代表团前来参观考察外,还在其国内发表许多文章,这真是"墙内开花墙外香"。

说起上海的白云观,它位于老西门西林后路100弄8号,始建于清光绪八年(1882年),由嘉定道士徐至城所募建,初名为"雷祖殿"。清光绪十九年（1899年），将初名改为"海上白云观"，以后，又逐步扩建吕祖殿、三清殿和邱祖殿等。到了清光绪二十五年（1899年）白云观再次得到扩建，玉皇阁和东、西两厅以崭新的面貌出现，此时，白云观按照北京白云观的规矩，正式定为十方丛林，成为上海道观之最。

道教是我国土生土长的宗教，早在封建社会初期就已形成。追溯道教的思想渊源，所含内容十分丰富浩繁，它具有本民族的文化和意识的特征。

道教宗教主要分两大派系，即正一道和全真道。正一道可娶家室，也可在非斋期时吃肉喝酒，是一种在家道士。而全真道规定不得娶家室，不得饮酒吃肉，潜心修行道义，是一种出家道士。道教祀神和作法的场所称"宫观"，即道宫、道观的合称。

上海的道观早在唐朝就有建树了，据说最早有一座称"皋阳庙"的，可惜现已无法考据了。据有关文献资料记载，宋朝时期上海的松江有"仙鹤观"、浦东三林塘地区有"圣塘"，城内则有"丹凤楼"、"顺济庙"、"崇宁庵"等著名的道观。到了元朝上海又建有"重阳道院"，明朝又有"城隍庙"、"大境关帝庙"。白云观是近代上海建造的一所规模颇大的全真道观。以后，该观进京请得朝廷全部明版正统《道藏》和《万历继道藏》约八千多卷，因而闻名于海内外。据统计，近代上海约有道观140余所，道教人数虽不多，但支派复杂，抗战胜利后，上海还成立了"中国道学院上海分院"的组织。

"文化大革命"期间，白云观被废，1979年以后，该观得到全面整修并重新开放。如今的白云观山门别致，上面设有四角飞檐，下面是通道，整个道观为一座上下两层四合院式的楼房。楼上设有老君堂、雷祖殿等，楼下设有灵霄宝殿、灵宫殿等，底楼两侧为法堂。现在观内供奉着九尊明代镏金铜像以及玉皇坐像（净重1 500余千克，为全国其他道观所未有）。

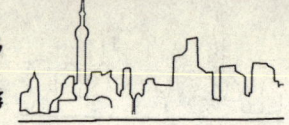

　　其次，观内还设有上海道学班，学员可以学习仪范、道乐和唱赞等知识。上海道教协会也设在其内。若对道教文化感兴趣，我们可以去观内的道教文化研究室，共同探讨道教深邃的哲理。怎么样，对道教感兴趣的朋友们，你们是否可以去该观参观游览一番呢？

# 游览龙华寺

李老头是我们社区的活动积极分子,他高高瘦瘦的身材,背有点驼,整天笑呵呵的,一副乐天派的样子。一天,他找上门来,说是社区一帮老头老太邀请我游览龙华寺和龙华烈士陵园,并做讲解员,这样一举两得。我愉快地接受他们的邀请,并且约定好去游览的时间和地点。

"柳绕江村,桃花十里,浮图高峙,古刹巍峨。""三月十五春色好,游踪多集古禅关,浪堆载得钟声去,船过龙华十八湾。"龙华寺坐落在龙华西路2853号,是本市最古、规模最大的寺院,同时也是国内最有名望的古刹之一。参观游览整座寺院,仿佛在欣赏我国宋代宫殿式建筑。该寺殿宇齐整壮观,庄严幽深,在一条中轴线上排列弥勒殿、天王殿、大雄宝殿、三圣殿、方丈室和藏经楼。东西二侧建有三层飞檐的钟鼓楼,另外还有观音殿、罗汉堂、玉佛殿、客堂等。在去的路上,我已把龙华寺的大概情况和大家介绍了,但是,要全面介绍龙华寺,那时间上不允许,我建议讲解龙华寺的特点,他们觉得这样很好,于是开始了我的讲解:

"龙华寺的第一个特点是有寺有塔。龙华寺相传建于三国时东吴乌五年(公元242年),距今约有1760多年历史。在龙华寺新山门的一侧有块介绍牌上清楚地写道:吴大帝孙权为康僧会法师所建。并按照佛经弥勒将于龙华树下成佛的记载赐名龙华寺,五年后宝塔落成⋯⋯

"各位请看,白云蓝天下有一座秀美挺拔的古塔,它就是历来被誉为龙华景观一绝的龙华塔。该塔七层楼阁高约40.64米,外呈八角形,内壁却是四方形,所以称四方八角形。塔身底层高大,往上

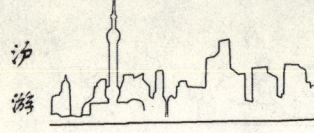

逐层收缩形成密檐，飞檐层层高翘，塔尖直指苍天，各层檐下，悬挂着8只古色古香的铜铃，每有清风吹来，总共56只铜铃一齐发出清脆悦耳的叮当声，宛如一首古朴典雅的乐曲。另外，塔身四面有门，外装曲折栏杆。整座塔形从上而下并不形成一条直线，略带一点抛物线状，使宝塔具有流畅的线条美，这主要是我国古代劳动人民早知风力作用故造成卷杀形具有抗风力。不知各位注意了没有，这种抛物线状的方向正朝着东南面，因上海地区多数刮东南风，真是艺术和科学建筑的完美结合。

"综观整座宝塔，它既是封建时代宗教信仰产物，又是我国古代劳动人民勤劳智慧创造的结晶，它姿态雄伟直指蓝天，仿佛鲲鹏展翅跃跃欲飞。它飞檐高翘挺拔秀丽，又仿佛妙龄少女亭亭玉立。"

"好！好！这么介绍有新意，我们都听得懂。""就这么介绍下去，我们喜欢。"大家都满意地点着头。

"龙华寺的第二个特点是两座山门。有道是自古名山僧占多，佛寺大多数建在山林僻静处，表示进修的僧人远离人世间。龙华寺现有一座明代古山门，尚见一对石柱和一对石狮。另一座是新建山门规格高，为清式五门歇山顶花岗石牌楼，上面书写着龙华寺和两旁各有江南古刹、人间兜率额题。江南古刹表示龙华寺是古老的名刹，人间兜率则表示弥勒在人间修行的地方。"

我们一起走进了龙华寺，我继续为他们介绍：

"龙华寺的第三个特点是两尊弥勒。龙华寺的第一进殿堂为弥勒殿，上面的匾额龙华寺三字是已故中国佛教协会会长赵朴初先生所题。弥勒殿和其他佛寺有所不同，这位胖和尚独居一殿。一进殿堂，青砖铺成的地面显得古朴典雅。他慈眉笑脸，丰颐大耳，袒胸露肚，一副乐哈哈的姿态十分讨人欢喜。因此，人们非常亲切地称之为笑佛。他一手持佛珠，一手握布袋。弥勒佛为古印度天冠弥勒的化身相，相传在我国五代梁时有位高僧名契此，又名长汀子。他体态肥胖，脸上整天笑口常开，平时常用木杖挑着一只布袋到处化缘，替

人算命问卜也非常显灵。为此,被人们称之为布袋和尚。后梁贞明二年(公元917年)三月初三,他在浙江奉化岳林寺东廊的一块盘石上圆寂,临终遗偈:弥勒真弥勒,分身千百亿,时时示时人,时人自不识。口中反反复复念念有词。遗偈的大意是:弥勒呀真弥勒,你分身成千百亿个弥勒,我是其中的一个,我时时显示在人们的面前,可人们却始终不知道我是弥勒的化身!这肥胖和尚就是弥勒菩萨的化身。大约过了180多年(北宋崇宁三年即公元1104年),佛教开始塑造布袋和尚的形象并供奉在天王殿中,称大肚弥勒,这时的佛像取代了正宗的天冠弥勒。由于布袋和尚是在农历三月初三圆寂的,所以每一年的这一天,龙华寺都要举行庙会来纪念他。

"另外一尊弥勒菩萨供奉在龙华寺的第二进殿内,这和其他的寺院有所不同。供奉在大佛龛内的弥勒头戴天冠、身佩璎珞(一种华贵而又坚硬的装饰品)。他表情严肃,眼观鼻,鼻观心,一副超脱七情六欲、毫无喜怒哀乐的模样。他手持莲花,那莲花上小小的宫殿造型便是兜率天内院,因此,龙华寺也被视为弥勒菩萨的道场。"

"噢,原来是这样的。""你不说,我们还不知道呢。"他们又纷纷地议论着。

"龙华寺的第四个特点是罗汉天神齐集于大雄宝殿。大雄宝殿高大宽敞,气度不凡,其建筑形式为重檐歇山式。大殿居中坐着毗卢遮那佛,两旁则是文殊菩萨和普贤菩萨。在大殿两侧的神台上分别排列着二十天神和十六罗汉,这是其他寺院不具备的。他们个个表情严肃,各具神态,塑像十分精美。

"眼前的大型塑像称海岛观音,又俗称五十三参,站在鳌鱼头上的观世音菩萨,她美丽端庄,两眼俯视,神态安详,身边的胁侍为善财和龙女。

"综观整个大雄宝殿,毗卢遮那佛居中央,仿佛坐在莲台上说法,文殊和普贤守在两旁,二十天神恭敬地站着,十八罗汉各具神态,观世音安详沉静善财、龙女天真可爱,形成了一个肃穆庄严而

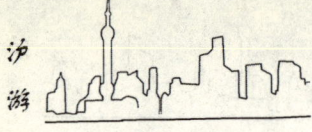

又生动活泼的场面。尊尊塑像看上去显得远离人世间高不可攀,但诸塑像却发挥了最大的艺术创造性,充满了人情味,它以强大的艺术感染力流传至今,加之香烟缭绕,风吹铃铛,身临其境,倍感亲切,这尊尊菩萨神形俱足,似乎有血有肉有感情,仿佛从遥远的天宫一个个地回到人世间。"

"讲得真好!使我们增长了不少知识。""是啊,大雄宝殿内这样排列着罗汉和天神,我们还没有见过。"他们又纷纷议论着。

"龙华寺的第五个特点是三圣殿巍峨,观音菩萨为男生相。"我继续为他们介绍。

"三圣殿正中供奉着金身的阿弥陀佛立像,据佛教上讲,阿弥陀佛是西方极乐世界的教主,他能接引念佛众人往生西方净土,所以又称接引佛。

"左边站立的是金身观世音菩萨像,他是阿弥陀佛的左胁侍,他的职责是随缘应化,救众生脱苦难,协助阿弥陀佛超渡众生往西方极乐世界。也许有人会问,观世音菩萨是女相,这儿怎么变成男相了呢?告诉各位,眼前的这尊男生相是观世音菩萨的本相。我国早期寺院内的观世音塑像都为男相,唐朝以后逐渐变成为中年华贵的美女相了,龙华寺由于是千年古刹,所以仍按早期的男相观世音塑像。

"右边站立着的金身大势至菩萨,他是阿弥陀佛的右胁侍,以智慧光普照一切,凡是光照之处,能使众生得无上力,迅速脱离地狱、饿鬼、畜生等纠缠之苦,所以称大势至菩萨,他的职责也是协助阿弥陀佛接引众生往西方极乐世界,因而,这三尊塑像被尊称为西方三圣像。"

"观音菩萨过去是男生相,我还是第一次听说。""是啊,唐朝以后观音菩萨由男相变为女相了。"他们又开始议论起来。

"龙华寺的第六个特点是四宝镇寺。"我接着介绍说,"哪四宝呢?它们珍藏在方丈楼后面的藏经楼内,即镏金毗卢遮那佛像、明代万历年间的龙边中篆金印、上海现存最古老的北宋石刻《般若波罗蜜多心经》和乾隆版《龙藏》全部。"

"嗨，这些龙华寺的宝贝，可惜我们看不到了。""是啊，藏经楼是不对外开放的。"大家都觉得有些遗憾。

"龙华寺的最后一个特点是两大民族节庆活动。一是每年的元旦除夕之夜，龙华寺都要举行盛大的传统龙华晚钟仪式，敲钟108下。届时人们从四面八方涌向寺院，场面颇为壮观，听完敲钟后，人们互相祝愿消除烦恼，来年交好运。

"敲钟为何要108下呢？佛教上有三种解释：①一年有12个月，24节气，72候，共计108数，表示一年已过，新年敲钟有除旧迎新之意。②表示纪念佛门108位长老或贤人。③佛教认为人生有108种烦恼，听钟声则烦恼清除。二是每年农历三月初三，龙华寺都要举行龙华庙会，这也成为上海人的一大习俗，享誉海内外。寺院内佛事道场香烟缭绕，寺院外庙会兴盛人山人海。更有些老外背驮包袱，手提大箱，前来赶集，给古刹增添了几分洋味。

"龙华寺的参观就到此结束了，在离开这佛国净土之前让我再一次拜佛。第一拜求菩萨保佑各位身体健康万事如意。第二拜求菩萨保佑家庭和谐美满幸福。第三拜求菩萨保佑祖国繁荣昌盛国富民强。"

"好！好！"大家都鼓起掌来。"真的要感谢你为我们作如此精彩的讲解。"一位阿姨代表大家说，"这样吧，我们没什么东西送给你，就请你到龙华寺素斋馆吃碗素斋面吧。""好，好。"大家又是一阵掌声。在掌声中我忽然发现李老头，他笑得是那样的甜、那样的可爱、那样的憨厚。

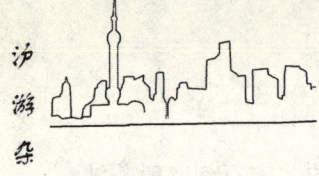

沪游杂谈

## 龙华千古仰高风

游览了龙华寺,我们来到了龙华烈士陵园,为了表达对烈士们的哀思,他们特地在门口鲜花商店买了两束鲜花。说也巧,在烈士陵园里我碰到了一位带团的导游,他姓曹,五十刚出头,长得蛮英俊的。我说明来意后,他很乐意带领我们这批老头老太一起讲解,从我的内心讲我很感激他,曹导游是这么介绍的:

现在,我们来到了位于上海西南面的龙华革命烈士陵园。陵园所在的地区,早就以古寺、古塔和桃花而闻名遐迩。旧时有"三月三,游龙华,看桃花"的民俗。

陵园大门的上方"龙华烈士陵园"的题字,为邓小平的手书。步入陵园,我们如同翻开了一段沉重历史的扉页。在上个世纪30年代,鲁迅先生曾经用他的笔把这个"人面桃花相映红"的龙华描绘成"屠场"。为什么呢?1927年,蒋介石发动"四·一二"反革命政变,从那时起,难以计数的革命志士在这里被囚禁和杀害。大家看到的就是当年的"魔窟"——国民党淞沪警备司令部的部分建筑和龙华烈士殉难地。

眼前就是当时被称作"龙华监狱"的看守所。这里是四壁无窗、昏暗潮湿的牢房,中国共产党一些著名的早期领导以及爱国志士当时就被关押在这里。在他们中间,曾有一位年仅十七岁的烈士后代,名叫欧阳立安。有人问他:"你小小年纪就关在这里,不遗憾吗?"小立安望着铁窗外的蓝天说:"子承父业,以身许党,别无遗憾。只是今年又不能陪弟弟去看龙华的桃花了。"革命烈士们虽有对生的渴望,却没有对死的畏惧。这真是:铁窗,锁不住向往自由的理想;酷刑,摧不毁追求真理的信念。

离看守所不远处,就是龙华二十四烈士就义地。那是 1931 年 2 月的一个夜晚,雪花飘飘,凄风阵阵。敌人把林育南、何孟雄,包括小立安在内的十多名共产党人,以及"左联"五位作家从牢房里拉出来,诡称要送往南京。然而,当他们被押到这块荒地时,预先埋伏的刽子手射出了罪恶的子弹。"打倒国民党反动派!""中国共产党万岁!"在密集的枪声中,英烈们高呼着口号,倒下了……这一天距我们民族传统的节日——春节仅有十天,二十四名烈士再也看不到龙华春天的桃花了。

鲁迅先生说:"龙华,我是不去的。"那是因为他的年轻朋友——"左联"五烈士就牺牲在这里;是因为蒋介石反动派把这桃花盛开的地方变成了杀人场;是因为这里曾经有太多的血腥掩去了桃花的芬芳。

各位来宾,现在我们来到占地 6 000 平方米的革命墓地。墓地是一个呈 30 度的人造斜坡,按照不同的革命历史时期奉安着 855 位烈士。请看,在斜坡前,一尊巨大的花岗石"无名烈士"雕像横卧在草地上,仿佛英烈倒下的身躯与大地融为了一体,那高举起的左手力托起苍穹,使我们心灵为之震撼!巨像前的"长明火"昼夜不熄,象征着英烈们的精神永世长存!

翻过历史的一页,往事成为过去。然而,共和国没有忘记!革命者抛头颅洒热血,加速了一个旧王朝的灭亡,催生了一个新中国的诞生!人民没有忘记!在上海解放后的第一个春天,党和政府就在这里找到了二十四位烈士的忠骨。历史不会忘记!今天,作为全国重点文物保护单位和爱国主义教育示范基地,这里成为后人缅怀和纪念先烈的地方。

> 龙华千古仰高风,
> 壮士身亡志未穷;
> 墙外桃花墙里红,
> 一般鲜艳一般红。

我们愿先烈们的英灵与山河同在,与日月同辉!

他的介绍讲完了,我们大家都报以热烈的掌声,并向他表示感谢。我想,龙华烈士陵园是弘扬革命精神的全国爱国主义教育示范基地,陵园中的革命烈士就义地是全国重点文物保护单位,也是红色旅游的好去处。每逢阳春三月,春风和煦,是人们踏青扫墓的好时机,人们会从四面八方涌向这里,向烈士们表示自己的哀思。值得一提的是陵园内的桃花,它在朝阳沐浴下,姹紫嫣红,分外妖娆。这桃花的规模虽然比不上南汇上万亩的桃花,但它是那样的斑斓,那样的热烈,它给大地带来了浓浓春意,也给人们带来了无限生机。

## 参观一个不对外开放的单位

位于徐家汇地区、浦西路166号的徐家汇观象台,是一个不对外开放的单位。说也巧,我参加了由徐汇区旅游局等相关单位举办的"中国文化遗产日"、"走进老房子"主题活动,才算认识了这栋老房子。

说起徐家汇,我觉得它是一个神秘莫测的地方,论商业那是没话说了,其营业利润已经接近大名鼎鼎的南京路,这个压力使得南京路正在改造和打造一个以休闲和知名品牌的商业圈,力争再创辉煌。论天气气象,该地区的气温在夏季时(除郊区之外),全市市区中的气温要属它最高。反之,在冬季它的气温又是全市气温中属最低,在全市这么一片土地中,会有如此奇怪的天气现象,真让人捉摸不透,这就是徐家汇。

徐家汇观象台是一幢英国风格的四层(部分三层)建筑,占地3100多平方米。建筑的外立面用灰色大块瓷砖贴面,窗户均采用圆拱形,窗户下由红砖装饰,局部墙身带有齿形饰,三层与四层之间由红砖作腰线,显得朴实无华。在门口装有两盏古色古香的照明灯,外面楼梯采用古典式的宝瓶状栏杆。

走进老房子,它是中国第一座天文台,也是中国最早的天象观测地,由法国天主教耶稣会于1872年创办,现在是中国科学院上海气象台所在地。

该观象台在建立之初,据有关资料记载,只有几间平房,条件十分简陋,除了神父卧室外,还有一间图书室和一间实验室,当时没有什么仪器,用来实验的只有几支寒暑表,一两支气压表,还有的是以前神父自己带来的。在这种困难的条件下,神父们自己动手制作一些仪器,由自己和教会出资从欧洲添置了若干设备。就这样在几间房屋

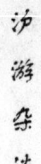

里，诞生了中国近代第一个气象预测和预报机构。据说，当时的外国海军委员会和中外商船主们纷纷前来参观，调查核实他们气象预报的可靠性和准确性。观象台成立三年之后，上海当时最高行政长官参观了该台，建议将气象预报直接用于指导航运事业上，这样，在海关的出资下，观象台将气象信息刊登在每天的报纸上。另外，在延安东路外滩建造了一个木结构的气象信号台，台高33米，顶端安装风向仪、风速仪，并用升降一个大球的方式进行报时以及挂有不同标志的彩旗向来往船只告示吴淞口外的风力和海浪等气象信息，以保证航行安全。以后，大约在1907年气象信号台折旧换新，建成统高50米，塔高近37米，属阿脱奴婆式的西班牙建筑。这儿顺便提一下：上海人把延安东路外滩的气象信号台称之为天文台，这是民间非科学命名的一种俗称，外滩气象信号台发布的天气预报信息的源头来自徐家汇观象台，并非它本身，是观象台发出天气预报后，派人骑马快速送抵外滩气象信号台公布于众，以后有了电话才改用电话通知的。

徐家汇观象台最具代表性和标志性的地方是该楼四层的一座砖木结构测风塔，屋内装有子午仪器，以后又增加了地震测量仪，1924年5月开始每天下午2点向海洋航行的船只发布天气预报。此时的气象预测与预报事业越做越大，取得了很大成效，在1936年，徐家汇观象台被国际天文协会确定为标准时计处之后，曾参加多次国际经度预测任务和成为重力加速度的基准点，连同美国旧金山和法国巴黎共同成为世界上三大基准点。

解放以后的徐家汇观象台和佘山观象台合并成立中科院上海天文台，其科研内容主要是天文地球动力学以及开拓天体物理研究，如今在地球自转测定及研究方面达到了世界先进水平。

走进老房子，使我了解了一个不对外开放单位的"秘密"。走出老房子，使我感慨万分、情景交融，是的，我国现在的气象水平和先进发达的国家相比是有一定差距，但是中国人民有志气、有能力，一定能在不远的将来，赶上和超过国际先进水平，使之成为一流的气象强国。

# 赫赫有名的荣氏旧宅

今天是"六一"国际儿童节,学校决定放假半天,我们要充分利用这个机会,带着儿孙们一起去淮海路逛街,顺便再去参观一个少年宫。

徐汇区少年宫位于淮海路一侧的高安路 18 弄 20 号,这幢建筑建于 1939 年,建筑面积约 1 920 多平方米,1956 年起先由徐汇区少年之家使用,1960 年后改名为徐汇区少年宫,并且沿用至今。以上这些资料都是在少年宫的一份 catalogue 上获取的。

这是一幢具有上世纪 30 年代的近代建筑风格的花园住宅,花园不大,楼房形体简洁,淡于装饰,是非常实用的三层平顶建筑。该建筑最大特点是突出横向线条处理,主要体现在楼与楼的层间线条和横向窗带线条上,给人一种稳重的视觉感受。在颜色上,遮阳板和层间线及窗框线的白色与整个墙体的黄色形成反差,因而感觉强烈。在水平线条的处理中,该建筑多处采用弧形阳台,并在部分横向窗带两边都作了弧形收头,体现出风行 20 世纪 30 年代的"流线型"的时代特征。底楼门厅两根承重柱采用意大利风格陶立克式柱头装饰,充分表现出一种怀旧情调。

少年宫是孩子们的天地,他们一会儿参观舞蹈厅和合唱排练室,一会儿又参观兴趣爱好活动室并加入其活动,搞得我们这些上了年龄的人真有些招架不住。这时我对他们说:"我到外面休息一会儿,抽支烟。"到了外面我遇见了一位像似保安的老同志,他中等身材,满头白发,一双眼睛很机灵,看上去就知道他是个开朗的老头。我给他一支烟,他没拒绝,边抽着烟边说道:"这幢建筑看上去并不豪华,但它却是赫赫有名的荣氏家族旧宅,是我们国家前副主席荣毅仁的父亲荣德生的旧宅。""啊！"我想不到这里竟是中国著名实业家的旧宅。"荣德生你知道吗？他是个无锡人。""怎么不知道，荣德生是无锡人，我也是无锡人，我们老家就住在无锡荣行里，是老乡！"我以和荣家是老乡感到自豪。其实，关于荣家的事我知道得并不少，听我父母辈说，他们和荣家住在一个街上，长大后又在荣家开的纺织厂干活，住又住在荣家盖的老式里弄里生活，对荣家有比较多的了解和感情。

"据说这幢房子当年朝南居中房间住着荣德生夫妇俩。"他边抽着烟边继续说，"中间是个大会客室，两侧是餐厅和厨房、衣帽间，东边几间是女儿荣漱仁和荣鸿仁的闺房，西边几间是儿子荣尔仁、荣一心和荣毅仁的卧室。两侧还有书房和小会客室、活动室等。三楼是贮藏室和客房等。"说完他露出一丝得意的神态，他为自己了解荣家的家事而感到自豪。

此时，我突然想起了当年那件震惊上海滩的绑票案，那也是我母亲告诉我们的。事情发生在1946年4月25日的那一天，荣德生和儿子、女婿高高兴兴地乘坐自备车前往公司上班，当车开到高恩路（即现在的高安路）的弄堂口时，这时迎面窜出几个绑匪，他们手持国民党警备司令部的通行证，二话没说，将荣的儿子、女婿赶下车，再将荣先生劫持到另一辆军车上，呼啸而去，溜之大吉。

消息传来，荣家一下子惊傻了，全家不知道该怎么办？也不知该如何处置？他们生怕撕票，不敢报警。这时各地亲戚朋友纷纷前来打听消息，帮助荣家出谋划策。与此同时，上海滩上的"钻石大王"被绑、"五金大王"被绑、荣德生的哥哥荣宗敬也被绑，接二连三的绑票案，搞得人心惶惶，社会上流言飞语，笼罩在一片白色恐怖之中。荣德生被绑七天后，绑匪才打来电话说是要50万美金现钞，否则就要撕票。三十三天后，荣家把50万美金付清，荣老先生才算回到了家中。

消息传到南京，蒋介石听后大怒，他认为荣德生是中国最大的

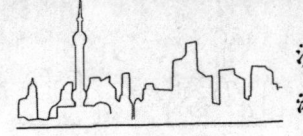

实业家之一,其影响面实在太大,再说此事处理不好,会给南京政府下不了台,于是下令破案。特务头子毛森接到命令后火速赶往上海。到了上海后一点儿线索也没有,那些绑匪很狡猾,不留下任何把柄,急得毛森像热锅上的蚂蚁团团转。过了一个月,上海有个赌场传来消息,说是有个国民党警备司令部的军官,输了钱用崭新的美金支付。毛森将此美金和银行里提取的50万相对比,发现钞票上的号码和银行里的相符合,这才把那个军官抓了起来,通过审问又抓了同案犯15人,枪毙了8人,此案才算告破,并追回大部分赎金。可是正当荣家商量如何感谢南京政府时,毛森却向荣家索要破案费60万美金,气得荣老先生对天叹道:"天下无公道矣!"据说,为此他还生了一场大病。

1948年年底,蒋介石派人再三来劝荣老先生去台湾发展,但都被他拒绝了,他说:"我这把老骨头,死也要死在大陆!"

解放以后,荣老先生因身体的原因回到老家无锡静养,把自己所有家业交给儿子们照料。但他非常关心国家大事,曾出任全国政协委员、苏南行政公署副主任和华东军政委员会委员等要职,为国家作出了重大的贡献。

"来呀!来呀!"儿孙俩兴高采烈、追逐嬉闹地从少年宫里跑出来,想必他们玩得很高兴。望着他们俩,我想他们肯定不知道这幢建筑曾是赫赫有名的荣氏旧宅,也不知道发生在旧宅里的故事,然而,荣德生旧宅是上海人的骄傲,也是无锡人的骄傲,更是中国人的骄傲。

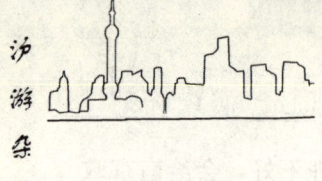

# 走进老房子

人们常说建筑是"石头的历史"、"凝固的音乐"。今天我被诚邀参加"中国文化遗产日、""走进老房子"活动,才认识了"民国第一任内阁总理的豪宅"(现武康路40弄1号,唐绍仪旧居)。

唐绍仪在年轻时曾留学美国哥伦比亚大学,1895年毕业后回国。辛亥革命时期,他以全权代表袁世凯的身份参加在上海举行的南北议和。1912年3月出任袁世凯临时大总统第一任内阁总理,后因不满袁世凯搞复辟搞专横而辞职,同时加入孙中山领导的同盟会。"九·一八"事变后,他出于安全考虑,从大西路(现延安西路)避居到租界内,住进了福开森路18号的花园式豪宅。

这所豪宅门前有一个大花园,花园内有平整的草地,有喷水池和花棚等,显得十分典雅和幽静。

花园式豪宅具有典型西班牙建筑风格,它是由著名的美籍建筑师董大酉设计(董在上海有许多杰作,如旧上海特别市政府、江湾旧市图书馆、上海市体育场、上海市游泳池等)。该建筑楼高三层,东南朝向,属于混合砖木结构。外立面为黄色混水拉毛墙面,阳台上饰有绿轴的小窗洞,屋顶上盖有红色筒瓦,屋面坡度平缓,壁炉烟囱尖端呈哥特式。室内木装修用料考究,石膏平顶有简洁的线脚装饰,楼梯采用进口"美松"制作,各房间均采用柳安木铺设,底层过道是马赛克铺地。大厅内有紫铜料弯曲形体折灯,古色古香。四周墙上挂着各类名画字幅(因唐绍仪生前喜欢古董、字画,尤其是青瓷花瓶等)。

该幢建筑建成后,原是"义品银行的产业",后又变成中华民国驻挪威兼瑞典公使诸昌车的寓所,最后由民国第一任内阁总理唐绍仪居住于此。

1937年"八·一三"抗日战争爆发之后，唐绍仪成了各种政治势力争夺的对象，日本人要他做汉奸，以组成傀儡政府。国民党戴笠手下的铁血锄奸队，派出杀手企图谋害他。1938年9月30日那一天，军统特务打电话给唐绍仪，说是有位收藏者将一只宋代青瓷花瓶以低价出售，唐对古瓷器很感兴趣，不知道有人要谋害他，故请他送货前来。第二天下午，乔装后的军统特务赵理君、相强传和谢志磐一行3人，将花瓶等其他一些古玩装在一个特制的木匣里，在匣底暗藏着一把斧头，来到唐宅时，赵理君趁唐将注意力集中在他所嗜好的青花瓷时，伸手把暗藏的斧头抽出，绕到唐的背后，狠狠地朝他脑后砍去，可怜这位鼎鼎大名的民国总理，没哼一声就倒在血泊之中了，这成为当时上海滩以至全国轰动一时的政治事件。

但是，唐绍仪毕竟是个知名人士，而且军统并没掌握唐氏投敌的确凿证据，这样一来引起国民党那些元老极大不满。为了帮戴笠擦屁股，蒋介石下令给唐氏家属5 000元丧葬费，将其生平材料宣传并收藏至"国史馆"，褒扬这位78岁老人。这样一来，"唐案"就变得非常扑朔迷离，唐绍仪的死始终是个谜。据说，近十几年来，那些民国史学家们又在探索唐之"死因"。

解放以后，住在这幢房子的人都跑光了，就连看门的也没一个，有关部门把它分配给市委统战部和市纺织局的干部们居住。

走进老房子，使我们大开眼界，知道了许多事情。这一栋栋刻满历史沧桑年轮的老房子，这一段段百年上海的传奇故事，这一幕幕感受精彩人生，让我们沉浸在百年上海的记忆之中，读点历史，会让我们懂得更多、了解得更多。

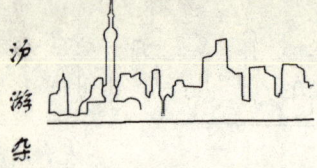

沪游杂谈

# 寻访孙中山夫妇俩的故居

上海是近代和现代中国的钥匙,这是人们的共识。同时,上海也是全国的一个缩影,许多影响全国的大事都在上海发生,特别是1843年的正式开埠和1921年中国共产党在上海成立等。历史上有许多著名人士,比如领袖人物、政治家、军事家、科学家、艺术家等,他们的成就与事业,无一不和上海有着千丝万缕的关系。他们中有许多人在上海定居或暂居,还有的长期活动在上海。与此同时,上海滩上还有不少军阀、洋买办、帮会头目,他们一伙在租界内为所欲为,反正自己有钱和势力,故造了许多数量的豪宅,上海的这些豪宅和名人故居是这座城市的一个重要组成部分。

寻访孙中山先生在上海的故居,他原住在莫利爱路29号(现为香山路7号),是在法租界内的一条宁静的马路上,它的一段连着今复兴公园,另一段有几幢小别墅,不太引人注意。但是,这所房子却和中国历史和中国革命发生巨大的变化。孙中山先生于1918年6月与夫人宋庆龄住在这里,因孙中山先生四海为家,没有固定住处,这幢房子是加拿大华侨集资购买送给他们夫妇俩的。在这里他曾完成许多著名著作,如《孙文学说》、《实业计划》、《建国大纲》等。在这里他会见了中国共产党人李大钊、林伯渠和苏俄代表,商讨改组国民党,实现国共合作等事宜。以后制订了联俄、联共、扶助农工三大革命政策。抗日战争胜利后,国民政府收回租界,孙中山故居所在地由莫利爱路改名为香山路,沿用至今,1962年国务院公布为全国重点文物保护单位。

孙中山故居是一幢坐北朝南灰色的假三层法国式建筑,故居楼下有客厅、餐厅,楼上是卧室、书房以及一个小会客间。里面的摆设都是按照夫人宋庆龄生前的回忆安排布置的,基本上保持着当年居住时的原貌,室内所有陈列物品都是原物件,没有一件是复制品。故居内除了必要的家具外,最多的要属书橱,楼上楼下及过道里都装满了中西文籍的书橱,保存着大约5 000多册中外藏书,内容涉及政治、经济、军事、历史、地理和法律等,西文书较多,这些都是他自己花钱买来的。特别值得一提的是:这个小会客间,壁橱里放着孙中山当年穿过的服装,一套哔叽中山装,一套麻布学生装。另外,还有早年时的医疗器具、行军餐具、眼镜、票夹等。通过这些物品,我们可以想象出孙中山先生当年为国为民辛勤操劳的工作情况。1924年11月,他离开这所公寓去北京和冯玉祥将军等共商国家大事,不幸于第二年的3月12日因病去世,享年59岁。孙夫人宋庆龄仍住在这所公寓里,直到1937年"八·一三"抗日战争爆发才离开。

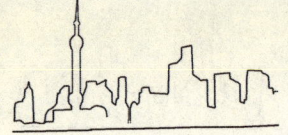

　　1945年抗战胜利后，宋庆龄回到上海，暂时住在靖江路（现桃江路）45号的那幢房子里，鉴于社会舆论的压力，蒋介石无奈下了手谕，将儿子蒋纬国的住宅拨归宋庆龄居住。这是一幢白墙红瓦船形的假三层西洋式建筑，建于上世纪20年代，原属一个德国人的住宅，坐落在林森中路（现淮海中路）1843号，现在其他房子与宋庆龄住宅无关。进门入大院，屋前有一长方形的院落，院内草坪平整，树木参天，环境幽雅宁静。入门一楼由过厅、客厅、餐厅和厨房等组成，故居内的摆设基本上保持宋庆龄生前原样。过厅墙上挂有国画大师徐悲鸿赠送的《奔马》国画。另外，在壁炉上还摆放着老一辈革命家林伯渠赠送的石刻摆件《百鸟朝凤》以及前苏联人民赠送的《石鹅》等。在楼下会客室内挂着他们夫妇俩的大型照片。她在这里曾会见许多党和国家领导人以及外国首脑和国际友人等，比如毛泽东、周恩来、刘少奇、朱德，印度尼西亚总统苏加诺、尼泊尔国王马亨德、前苏联领导人伏罗希洛夫等。楼上卧室里的床、梳妆台和大衣柜等家具，都是她父母赠送给她的嫁妆。在卧室旁边是一间办公室，她在这里曾写下了《新上海的诞生》、《向中国共产党致敬》、《解放斗争中的中国儿童》和《致联合国的信》等重要文章。东面另一间是伴随她一生的保姆李燕娥女士的卧室。因工作需要，1963年她迁往北京醇亲王府居住，回上海时仍住在这里。如今，这里作为宋庆龄故居纪念馆，已列为全国重点文物保护单位。

　　寻访孙中山夫妇俩的故居，它早已成为世人敬仰的革命圣地，每年都有无数的海内外侨胞、港澳台同胞和国内观众前来瞻仰。孙中山夫妇俩在中国近代和现代史上写下了光辉篇章，他们的故居也作为一个重要里程碑，将永远屹立在中国人民的心中。

## 走进"爱庐"

东平路9号的法式花园住宅被称为"爱庐",建于1932年,我认识爱庐是在前几年它被列为上海市第二批优秀建筑的时候,它是蒋介石夫妇俩的住宅。

那时参观的人有许多,走进爱庐,一股法国南部建筑的气息迎面扑来,该建筑仿佛临近地中海,天气炎热,窗户处理得都很大,而且宽敞。墙面附着鹅卵石,石序肌理清晰,墙角隅石前后形成扇形梭角。与当时流行外墙装饰有所不同,墙面附攀着蔓藤,随四季变幻不同的色彩。屋顶采用铺着法国红色的平板瓦,好像鱼鳞般地层层张开。门窗采用弧拱圈,立面腰线纵横鲜明,清水勾缝着砖墙,缝道整齐。屋顶上的老虎窗和烟囱,都错落有致、恰到好处地排列着。参观整幢房子有一种神秘的感觉,总让人觉得捉摸不透。

这是一幢由一主二副三个楼组成,分东、西、中部分,中间的正门最大,有内廊。东部向前跨出一截,形成梯级平面布局,主楼的东部是蒋介石夫妇俩接待各地来宾的客厅,厅内的布置颇为优雅,高级沙发,墙上挂着名贵字画。主人的卧室在主楼二楼的东面,它连着卫生间,卧室前留有一条秘密暗道,以防万一(据说这条暗道一直没被发现,直至1994年这幢房子被评为本市优秀历史建筑时,正准备对外开放而在装修时才被发觉的)。东、西部之间是书房和餐厅,为主人起居生活之用。西面是侍从和警卫人员的住处和工作室。蒋介石夫妇俩非常喜欢这幢房子,蒋介石称它为"爱庐",这与他们在庐山的"美庐"和杭州的"澄庐"齐名。

房子的正前方有一草坪,在草坪的中间有一圆形水池,其图案据说是当时中华民国的地图,再往前就是小溪流水,溪边有丛林、

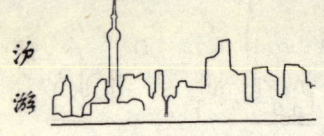

果树、假山、假水等自然风光,其中有一座假山上面书有"爱庐"两字,据说是蒋介石的亲笔。

据在蒋介石身边工作过的侍从和警卫们说,1927年年初,作为北伐军总司令的蒋介石来到上海,看中了比他小15岁的宋美龄,起初宋母倪桂珍不同意,认为蒋介石是个已婚的人,再说他不是个基督教徒。蒋介石为了表示真诚,决心加入基督教、和结发之妻毛福妹离婚,这样才得到宋母同意。以后,宋母接受蒋介石送给宋美龄的订婚戒指,宋母回送蒋介石是一部《圣经》。

蒋宋的结婚典礼可谓空前盛况,轰动了整个上海滩。婚礼不同凡响,分两步进行,先在宋宅底楼客厅举行基督教的西式婚礼,由基督教青年会总干事余日章任主婚。后在大华饭店(现已毁,即今梅龙镇广场原址)再举行一次世俗婚礼,邵力子和蔡元培分别担任司仪、证婚人,并宣读了证婚书,1400多位亲戚好友热闹到深夜才散场。

婚后的蒋宋夫妇一时找不到满意的房子,加上俩人忙于来往全国各地,在上海并无固定的住处,常在高档饭店作临时留宿。后来,宋子文(宋美龄的哥哥)终于觅到此处花园洋房,并作为陪嫁送给妹妹宋美龄的。

对于这份陪嫁,宋美龄是十分呵护,对室内的装饰很是讲究,什么大小沙发的颜色、家具卧室的摆设、餐厅浴室环境、墙上的挂件等都要求相配。东面底层是个大会议室,可容纳五十人左右,宋美龄夫妇经常接待来宾和以用美国电影招待客人及身边的警卫、侍从,也经常设宴请款待客人和亲朋好友。但因那时的总统府在南京,蒋宋夫妇常住南京,这幢房子总共也住过七八次,最长的一次也没超过两个月。以后抗日战争爆发,他们随国民党政府转移到重庆,抗战胜利后又返回南京,宋美龄不时回到上海小住于此。解放前夕,蒋宋夫妇去了台湾,这栋房子由国家接收,现为上海音乐学院使用。

　　值得一提的是：平日里除三楼外，主楼全幢开放，主楼南侧草坪及道路两侧（校园不列入参观和开放范围），只有在每年的6月份，徐汇区人民政府、上海市历史文化风貌区和优秀历史建筑保护委员会举办的"走近老房子"活动，才能参观到全部内容，时间大约一星期左右。

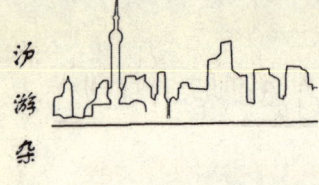

沪游杂谈

## 邬达克先生的几件杰作

说起邬达克，一般搞建筑设计的人都知道他的生平。邬达克生于1893年，是匈牙利人，其父亲是个著名的建筑设计师。邬从小喜欢建筑设计，1914年毕业于匈牙利最好的皇家学院建筑系，同年参加第一次世界大战，不幸被俄国沙皇军队抓获，流放到西伯利亚。1919年沙皇被推翻，邬从沙皇的集中营流亡到上海。以后在美国的一家建筑事务所工作，没几年邬就开设了属于自己的建筑事务所。他在上海留下了许多建筑杰作，比如国际饭店、大光明电影院、武康大楼、百乐门舞厅、沐恩堂、达华宾馆等。全国解放前夕，邬去了瑞士，后定居在美国，1958年在家中不幸去世。上海人民为了纪念这位匈牙利建筑大师，于2001年9月在国际饭店二楼举办了"邬达克与国际饭店"展览，邬达克先生生前的照片现仍悬挂在二楼的回廊墙壁上。

邬达克设计的国际饭店是属近代摩天大楼风格建筑，它高耸、挺拔、24层楼高，有"仰观落帽"之说。国际饭店是1931年由金城、盐业、大陆、中南四家中国银行合资兴建的，它占地面积1 176平方米，建筑面积15 650平方米，高83.8米，由中国馥记营造厂施工，大部分建筑材料都是从德国进口，外观材料来自于我国的泰山和崂山。饭店建成以后，由于它地处跑马厅的一侧，因而成为中外要人和名流雅士的活动场所，中国人也为此感到自豪。"上海第一高楼"和"远东第一高楼"的名称整整占领了半个多世纪，直到1983年，92米高的上海宾馆落成，才打破了国际饭店第一高楼的纪录。

如今的国际饭店为四星级旅游饭店，客房有250多间，6个餐饮场所，包括中餐厅、西餐厅、宴会厅和酒吧等。饭店实行全天24小时服务,提供各色菜肴,中餐主要有上海菜、福建菜和北京菜,西餐则以法式餐为特色。

位于淮海中路 1842 号的武康大楼,也是邬达克先生留在上海的又一杰作。该楼当年称为"诺曼底公寓",是霞飞路(今称淮海中路)上一幢最雄伟壮观的大楼,大楼建于 1924 年,楼高八层,远远望去,仿佛一艘巨型的邮轮。该楼原名诺曼底公寓据说是为了纪念第一次世界大战中著名的诺曼底登陆战役而命名的。大楼的主人是两个法国人法诺和盘腾,他俩创立了万国储蓄会,该会在数十年间,创造了聚敛财富的惊人速度,他们先是实行会员制,然后进行有奖储蓄,会员只需每月交纳一定数量的储蓄费(据说是 12 元),连续 20 年后,可一次收回成本、利息和红利。储蓄会每年从储蓄金中提取百分之二十五用来开奖,每两千户为一个开奖单位,分别设立头等奖、二等奖和三等奖,奖金也从 200~2 000 元不等。

这种有奖储蓄的方法是个先例,因而得到很多居民的关注,购买有奖储蓄的人是越来越多,到了 1934 年年底,储蓄会员已达 13 万之多,储蓄金也占全国储蓄量的五分之一。万国储蓄会有了钱就投资房地产,这时的诺曼底公寓、泰山公寓、培恩公寓以及毕卡第公寓等纷纷建起,为当时在沪的外国人提供住宿方便。

解放以后,诺曼底公寓改名为武康大楼,许多著名的电影表演艺术家像赵丹、孙道临、郑君里等都在此大楼居住过。

位于西藏中路 216 号的沐恩堂,是给居住在上海的外国人和中国教徒过宗教活动的场所,这又是邬达克先生给我们留下的一件杰作。

沐恩堂原称监理公堂、慕尔堂等,建成于 1931 年,花去白银 2 万多两,历时 8 年,建筑面积和高度均为当时上海基督教堂之最。该教堂大门原先在汉口路上,后移到西藏路,沐恩堂的大堂可容千余人,二楼和三楼为副堂,也可容 200 多人。堂内讲台、栏杆、柱子等都采用大理石贴面,当时的钟楼则由铁盘梯而上,形成了一种庄严肃穆的感觉。

以上这些建筑都是邬达克先生设计的,今天,他虽然远离我们而去,但是,他留给我们的杰作依然放射出昔日的光芒,随着时间逝去大半个世纪,人们的记忆也已经淡忘,但是只要我路过或看到这些建筑,我就会自然地想起这位匈牙利的建筑大师,就会感谢他为我们上海留下这么好的建筑,他为上海的美丽和繁华,贡献了他的全部智慧和才华。

# 从董家旧宅到七十二家房客

记得有一年,我到老朋友家去拜访,顺便向他请教一些旅游方面的问题。他家住在陕西北路上,在送我回家的路上,我们路过陕西北路414号时,只见此家门口很热闹,人们进进出出互相打着招呼,门口停满了自行车和助动车,有些上了年纪的阿婆坐在小板凳上拣菜,互相攀谈什么话题,嘻嘻哈哈,看得出此楼里住着许多户人家。

"这是董浩云先生的旧宅。""董浩云旧宅?"我还没反应过来,他又补充了一句:"就是香港特别行政区行政长官董建华的父亲。""噢!对对!"我终于明白过来。"走!我们走近看看。"我俩来到该幢楼房前。

董家旧宅是一幢四层楼建筑,砖木混合结构,外观用清水砖墙,墙面没有多余装饰,朴实无华,并采用拉毛粉刷,大门和窗门基本上都是平拱,建筑上略具西班牙风格的独立住宅。

"这是董浩云先生于1940年,在上海创办的自己第一家船务公司——中国航运信托公司时,并购置此房,当时公司有许多高级职员和董家的亲戚都居住在里面。"我那朋友跟我介绍着、讲解着。

其实,我对董家的情况和董建华的情况是比较了解的。董浩云先生是中国近代和现代远洋航海事业的先驱者,其创办的巨大事业由两个儿子董建华和董建成继承发扬,长子董建华后来成为香港特别行政区行政长官。到了20世纪末,听说董建华等董家子女都来此处看望,怀念故居。

董建华其祖籍是浙江定海人,1937年5月29日出生于上海,董家有二男三女共五个子女,1947年到香港定居,董建华在香港中学毕业后到英国留学，获利物浦大学学士学位。以后，董建华旅居美国，先后在家族公司和美国通用有限公司任职。1969年回到香港，并担任家族的海运生意。1996年，董建华参加香港行政区首任长官竞选，获得绝对优胜的选票，于1997年7月1日宣誓就职，任期5年，以后又取得连任。董建华就个人而言兴趣颇多，喜欢历史、经济，还喜欢运动、旅游和打太极拳等。

"阿婆你好，请问这栋房子过去是不是董家的？"我那朋友微笑地问着。"是啊，是董老先生的。"那阿婆边拣着菜，边回答着说，"这栋房子过去住的人有许多，有董建华的舅舅、姨母、姑妈，还有董家哥哥的丈母娘都住在这里。"老阿婆好像打开了话匣子，唠唠叨叨地接着说，"董家的人是蛮好的，我们有个老大姐在解放前夕结婚，她们和董家没有亲戚关系，也让她们借住在这里，成婚那天，董建华的祖母还前来道喜，并且关照说：'新娘子，红红的火烛烧到头，讨个好口彩。'新娘子听后很感动，至今还和我们经常说起这句话。解放以后，董家的亲戚陆陆续续地搬走了，只留下当年的新娘子，她还时常想起董家的人。现在老房子里搬进来30多户人家，早已成为七十二家房客了。""哈哈哈哈。"我们大家都乐了。

我告别了老阿婆，也告别了那位朋友，独自一人在回家的路上走着。心里却在想，董家为祖国的实业界和航运界作出了巨大贡献，也为祖国的"一国两制"在香港顺利实施作出了重大贡献，他们是祖国的骄傲，也是全体华人的骄傲。想到这里，我不由自主地停下脚步，转过身望着那幢董家旧宅……

# 闯荡世界的上海人

记得有一次老朋友聚会,大家兴致勃勃地聊着各种话题,其中有位朋友的话题使我颇感兴趣,他说:"凡是地图上标明的地方有上海人,没有标明的地方也有上海人,上海人真是会闯荡世界,好像地球上每个地方和角落都和上海人有缘、都是他们的家。"我们听后都笑了,但笑过之后我觉得那位朋友的话很有道理,上海人就是有那般魄力,足迹遍及全世界。

据相关史料记载:上世纪初的某一天,黄浦江边有一艘"满洲号"即将越洋起航,船舷上有两个小姑娘正在和岸上送行的亲人们挥泪告别。这"满洲号"是开往美国的,她们是到美国一家女子学校留学,这就是宋氏两姐妹宋庆龄和宋美龄,她们当时才15岁和11岁。

其实,上海人闯荡世界的历史还要早,按今天的说法就有公费出国和自费出国,自费出国要比公费出国来得早。据有关资料记载:上海第一个自费出国的人叫王韬,他是位清末秀才,1849年从苏州移居到上海,在教会的机构中任职。他在那里学到了许多西方科学,后成为中国介绍西书的翻译家,他所编写的刊物和《格致西学提纲》等书籍受到许多人的赞赏,但同时又受到封建礼士们的反对,承受着巨大的压力,妻子也为此得忧郁症而死亡。以后,他在痛苦中给太平天国写信要求攻占上海,不幸给清政府所获而变为通缉犯,幸好王韬得知消息便逃往香港。从此他成了一名"流亡秀才"。之后他西行先后考察了英国、法国、日本、意大利、新加坡等国,通过考察他发现中国落后贫穷的原因,在以后发表的文章中,他是第一个提出中国要"变法自强"观点的人,成为维新思想的先驱者。

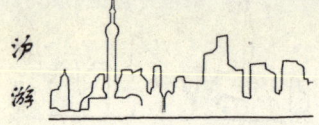

中国第一批公费留学生是从上海出发的,那是清政府选派幼童出洋留学。据说那时还成立了"幼童出洋肄业局",专门选拔招收11岁到15岁学童。出国留学造就了一大批优秀人才,我们党和国家领导人周恩来、邓小平等,就是当时出国留洋的学生,上海已成为出国留学的根据地。

上海人闯荡世界的历史,充分说明了和种种有利因素有关,一方面那些西方殖民者把上海作为重要的交通要道,上海也把这个机会看作中西方交流的最好时机。另一方面上海处于"负江带海"的地理位置,也有利于对外交流发展。再一方面五方杂处的环境,使得上海人在国外知道该学什么,怎样创业。不像有些地方的人到了国外就投靠某些同乡人组织和乡谊社团,因此在某种意义上来说上海人在国外更具挑战性和适应性。

具备以上这些有利因素的上海人,他们闯荡世界时所表现出的几大特点是令人敬佩的:

其一,上海人所表现出的良好竞争素质和创业能力,是上海人以灵活机智见长,这些留洋的国家既没有大锅饭,也没有铁饭碗,全凭自己的拼搏去换取生存。

其二,上海人敢闯世界的每个角落是上海人民族特性的一个鲜明特点,据有关调查资料得出结论,上海人分布五大洲四大洋120多个国家和地区,上海人闯荡世界的目的并非生活所迫,而是追求比上海更好的生活。

其三,上海人闯荡世界经过艰苦奋斗,在社会上取得了很大成就,这方面的例子有很多,比如赵小兰女士,家住上海嘉定,被美国总统提名为政府要员、香港经济界巨子包玉刚、有世界船王之称的董建华的父亲董浩云、张鼎九是上海崇明人,被誉为中国罐头传教士、诺贝尔奖金获得者杨振宁、著名音乐人傅聪等,他们都是上海人,都是到海外打拼后取得如此骄人的成就。

其四,上海人闯荡世界后,有不少有识之士又回到自己的祖国,为建设家乡贡献自己的力量，那些留洋学生学成后回国发展就更多了。可以这么说，上海人闯荡世界是走在全国的前列，那些侨居、移居国外的就更多了。值得一提的是：随着改革开放的不断深入，人们口袋里的钱是越来越多，如今有不少出国留学生不是像过去"洗盘子"、"打工"。而这些家长只要求孩子好好读书，其他的事情都不用管，也有少数家长还出钱聘请保姆陪读。这些潜移默化的变化，说明了时代在变化，出国、留学是件很平常和普通的事情，只要经济条件允许，就像走亲戚那样方便。上海人今后会怎么样？是否会继续闯荡世界，是很难说的一个话题，好在有社会评论家，就留给他们来评说吧……

沪游杂谈

## 上海的母亲河

上海人和新上海人都知道,上海有一条母亲河——黄浦江,她发源于无锡太湖,全长114公里,平均宽度约400米,深7至9米,终年不冻,是上海境内最长、最宽、最深的河流,也是上海市的命脉和中国的大动脉。我热爱母亲河,热爱的原因:她不仅用她甘甜的乳汁把我们抚育长大,而且使上海成为中国第一大港,著名的国际贸易港,更重要的是为游人提供了一个著名的旅游景点,即浦江游览。

黄浦江的原名叫东江,又有春申江、黄歇浦等别称。据说在2 000多年前,楚国大将黄歇很有治国的才能,被楚考烈王任命为楚国的宰相,封号为春申君,让他统辖吴地,今上海一带就在他的封地之内。由于这条江上游淤塞,致使东江改道,由金山卫入海。为此,黄歇调动了上万名民工进行疏通,修正了航道,对当时的农业和水上交通起了很大的促进作用。因此,后人曾把东江称为黄歇浦或春申江,一直到我国的南宋时期才正式定名为"黄浦江",上海故简称"申"。

其实,黄浦江的名称在汉、唐、宋各朝代均无史料记载,直到元朝大德年间(13世纪末)方有著作提及,说是"水面阔近一矢力",一矢力即一箭之远,以今天看来当时的黄浦江只不过近百米宽罢了。

1403年(明永乐元年)明政府决定对黄浦江进行治理,当时调动了10多万名民工,其目的是要消除水灾,发展农田水利。至于数百年竟发展成为世界上著名的贸易大港之一、闻名遐迩的国际都会,并非初衷,也非始料所及。工程首先以疏通吴淞江(现今称苏州河)

为主,引太湖水入浏河(今太仓境内,历史上有名的郑和下西洋,多次率领庞大的船队从浏河出发,它又称娄江)和白茆直通长江,目的是减轻吴淞江的压力,增加泄水道。工程第二步是利用黄浦江排水,但当时黄浦江下游已淤塞,而它的旁边有一条范家浜能直注南跄浦口出海,整个工程花了约一年半的时间才完成。

黄浦江得到了治理以后,太湖水主要通过黄浦江排泄,农田水利得到了发展,水灾问题得到了缓解,黄浦江成了主流,吴淞江却变成了支流(如果人们想看当年的吴淞江风采,只有到吴淞口了,因原来的吴淞江的出口称为吴淞口,今天却成了黄浦江的出口了)。后来吴淞江逐渐南移,在今陆家嘴(现陆家嘴南移至延安路外滩口)与黄浦江合流。一条以大黄浦、范家浜、南跄浦所组成的新河道,这就是今天的黄浦江。

今天的黄浦江江面上停泊着我国自己建造的轮船以及来自海外和我国开展贸易的商船,著名的上海港沿黄浦江而筑,这是一个天然良港,也是我国最大的港口之一。

黄浦江出口地处我国海岸线的中心、长江三角洲的东端,南北沿海的货物以及进江出海的货物都要在这儿中转运输。这种"负海带江"的地理形势给上海港的发展提供了极为有利的条件。又因上海和东南亚的世界环航的路线最近点之间相距不满100海里,上海到西欧和北美的距离几乎相等,从而使上海和世界各大港口的航线在航运和贸易上处于有利地位。现在上海港同200多个国家和地区有贸易往来,外贸航线直达新加坡、日本、孟加拉湾、斯里兰卡、波斯湾、地中海沿岸、西北欧、加拿大、美国以及中国香港、澳门等。在国内航线方面上海往北与大连、天津、青岛相连。南面可同福州、厦门、广州、台湾相通。从上海向西进入长江,全年均可通航。另外上海地区河流极多,且直接与大运河相连,组成一个四通八达的水道运输网,沟通了江苏、浙江、安徽、山东和河北等省的重要航路,有利于航运贸易的开展。上海港同时可以停泊150多艘

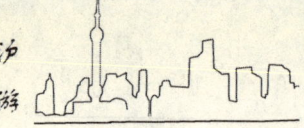

万吨级轮船，10万吨级以上散装货轮在半载时可乘潮进港。因此，黄浦江不仅是一个非常好的天然良港，而且也是一个水上休闲、旅游的好去处。

浦江游览是上海旅游观光的主要项目之一，始创于20世纪50年代，由上海市轮渡公司经营。"文化大革命"期间停航，1979年复航，当时由上海市内河航运局的"浦江号"双体客轮承揽，停靠在北京东路外滩的水上饭店码头旁。随着上海旅游事业的快速发展，浦江游览独家经营的状况被打破，形成了多家竞争的局面。

目前，上海经营浦江游览的有上海浦江游览公司、东方明珠游船公司、市轮渡公司等6家大型企业。投入运营的船舶有"东方国际号"（客位有1 000个）、"浦江号"（客位有800个）、"双拥号"（客位有200个）、"春江号"（客位有40个）等等。其中"东方国际号"、"浦江号"、"双拥号"等5艘游船设施齐备、服务项目多样，除观光旅游外，还有文艺表演、餐饮服务，并可举办大型酒会、水上派对等。尤其是"新友好号"，自1999年9月24日首航成功后便热情地接待了江泽民、胡锦涛以及许多党和国家领导人。还有许多外国元首和国际友人，比如德国总理施罗德、加拿大总理克里蒂安、希腊总理康斯坦丁以及参加"99财富论坛"、"2001APEC会议"等主要活动的各国朋友。

浦江游览的航线一般是在杨浦大桥至南浦大桥的两桥之间，游览约1个半小时。白天可让游客饱览浦东陆家嘴金融贸易区的现代化楼群和浦西万国建筑博览会的雄姿，晚上可欣赏到浦江两岸色彩缤纷的夜景灯光。也有航线直到长江口，行程约3小时。

如今大多数游船集中在中山东二路的新开河到延安东路外滩一带，也有的游船停靠在海军扬子江码头和浦东东方明珠游船码头外。今天我要带领大家游览一下母亲河，游船是从金陵东路外滩出发，途经外滩、东方明珠、杨浦大桥、共青森林公园到吴淞口"三夹水"返回，全程60公里，我再一次预祝大家旅游愉快（由于浦江两岸的景色书中有提到，故不再重复，我们的游览就从苏州河往北一点开始介绍。

各位朋友：大家请看位于我们游船右岸边的那座建筑，它设计新颖、造形别致（外形有点像太空失重状态下的一滴水）。它是我国这几年新造的国际客运中心，位于北外滩，离地面13米架空于中央公园上方，地面建筑面积为16万平方米，地下三层面积为25万平方米，拥有880米长的岸线，可同时靠泊三艘8万吨级以下的大型豪华游轮或各类邮轮以及多艘客轮等。

朋友们，游船向前行驶不远处有十八座高大圆筒形组成的建筑物，它是上海港民生装卸公司的粮仓，也是我国目前最大的设有散粮装卸系列化装置的粮仓，它由高大的圆形混泥土筒仓、工作楼、线桥和灌仓房等几个部分组成，并配有吸粮机、装车机和电子自动秤等各种机械设备，仓储容量达二十万吨以上，达到世界一流水平。

朋友们，现在游船的右岸边经过的是始建于1883年的杨树浦水厂，它是上海最早、规模最大，也是中国第一家水厂，厂内矗立着好多幢美国哥特式建筑。说起杨树浦水厂要追溯到1880年，当时生活在上海的美国侨民深感用水不方便，于是对黄浦江水资源作调研取水样工作，并把水送到美国化验，结果是黄浦江水与英国泰晤士河水相似。于是美商就开始建造自来水厂，竣工于1883年8月1日，在庆功典礼上还邀请清代大臣李鸿章为开启杨树浦水厂的黄浦江进水阀门剪彩，中国第一家自来水厂从此诞生。

各位朋友，前面一座大桥大家并不陌生，它叫杨浦大桥。也是世界上第一斜拉桥，全长7 658米，主桥长1 172米，跨径602米，江中不设桥墩。桥宽30米，设6车道，主桥塔高208米，呈倒"Y"形，为目前上海桥梁最高建筑。桥口塔两侧各有32对合计256根钢索呈扇形连接主塔，其中最长一根为328米，重33吨。邓小平同志特意为杨浦大桥题写的桥名镶嵌在主塔三角地区。

现如今杨浦大桥、南浦大桥和东方明珠组成"双龙嬉珠"一景，

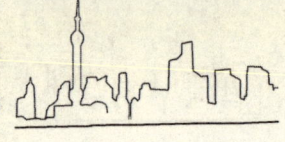

成为海派文化的特色。

朋友们请看，游船的左岸边有两座高大的烟囱矗立在那里，一座高104米，另一座高180米，它就是上海杨树浦发电厂，1913年由英国商人集资开办的。是我国最早建造的火力发电厂，如今随着上海电力工业的迅速发展，这个过去号称远东最大的火力发电厂现在的发电量只占上海总发电量的十五分之一，成为一个"小弟弟厂"。

朋友们，游船的左岸边有一片绿树葱茏的地方，它是上海共青森林公园。原先是一所苗圃，建于1956年，是以我国的共产主义青年团的简称命名的，共青森林公园野趣与中国传统园林艺术之长相结合分南北两园，南园具有江南园林风格，北园是森林游览区，林中有许多野生的小动物，游客可在林中骑马和进行模拟狩猎活动。

朋友们，游船右岸边我们可以看到上海的一个著名的大型企业——高桥石化总公司。它是由大型油轮码头、炼油厂、化纤厂、热电厂等众多连锁企业组成。这个连锁企业在上海是仅次于宝钢和金山石化的一家国有集团性大型企业，其下属的上海炼油厂是一家现代化综合性的大型炼油厂，除了可生产各种牌号的汽油、煤油、润滑油、石蜡、沥青等以外，还可以生产各种科研用油。

朋友们，你们是否看到游船左岸边的那一座宝塔呢？这是一座建造于60多年前的塔形建筑，它巧妙地运用了中国民族风格的建筑造型，你能猜到它是做什么用的吗？让我告所你吧，它是上海闸北水厂的一座蓄水塔，塔的顶部是蓄水池，二楼和底层是办公室和休息室，登上塔顶还可观赏黄浦江的风景呢！

朋友们，游船经过的左岸水域是上海著名的张华浜和军工路两个集装箱装卸公司的深水码头，这两家公司都是以装卸国际集装箱外贸货物为主的。我国对外出口的茶叶、丝绸、棉织品、工业设备和粮油食品等大都是从这里装运出去的。国外进口的成套设备、电子仪器、家用电器和汽车等也都是从这儿进入中国市场的。港区内有长达 6 公里的联运铁路线和几千米长的万吨级深水泊位，从这里始发全球各地的集装箱定期班轮航线多达十几条。

  朋友们，前面就到了吴淞口景观区了，在这里我们可以看到一座高耸在黄浦江和长江汇合角的塔形建筑，这是上海港港务监督信号塔，塔高 54 米，顶部设有双层瞭望台，据统计，每天进出吴淞口的船舶已超过 2 000 多艘。

  在信号塔右侧的江边有一座方形的大钟，这是一座潮汐钟，用于测量潮汐、水位、时差升值高度等，它为轮船顺利进出港和停泊码头提供了重要的依据。

  在瞭望台和潮汐钟的中间有一条石埂导堤伸向江中，它把黄浦江与长江的汇合处分隔开来，这条石埂建于 1911 年，全长 1 000 多米，它的主要功能是为了扼制湍急的长江水冲坍黄浦江东岸的陆地，控制潮水流向位置，以保证吴淞口外的航道和轮船的安全航行。

  值得一提的是：在这浩瀚的江面上，我们可以看到最为著名的"三夹水"，即由长江的水、黄浦江的水以及东海的水汇集而成，形成"经纬分明、井水不犯河水"之势。遥望岸上，吴淞古镇、吴淞古炮台、海军上海博物馆、宝山钢铁厂以及我国第三大岛崇明岛等景点，都是观光游览的好去处。

  在观赏了吴淞口景观后，游船返程驶回外滩码头，我们可以去喝喝茶、观看船上的表演，在这里我要跟大家说声再见了，谢谢！

  浦江游览是值得我们上海人和新上海人一游的。

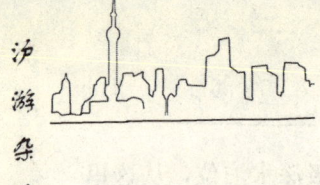

## 谈谈上海城市历史发展陈列馆

由于工作的关系，我到过不少国家，参观过不少城市，西方先进发达的国家和城市，给我留下了深刻的影响。每到一个城市，他们的 Urban Historical Museum（城市历史博物馆），总是设在城市中最热闹、最繁华的街道上或者是商业中心，这足以说明他们很重视城市历史的发展，这也是他们值得骄傲的地方。联想到我们的上海城市历史发展陈列馆，它设在东方明珠广播电视塔内底层，整个展馆面积1万多平方米，与国外那些城市历史博物馆相比，无论在规模上、层次上，还是在地理位置的设制上，都要相差一两个档次。其实，我们上海的发展历史并不比他们来得逊色，上海特定的历史文化要比他们更深动、更丰富、更精彩，现在的上海城市历史发展陈列馆真是有点受委屈了。但是，作为每一个上海人、包括新上海人，都要到这个地方去看看，去了解上海城市历史的发展，才能真正做到了解上海、熟悉上海、热爱上海。

上海城市历史发展陈列馆是反映上海近代历史变迁的基本陈列，是集景物、视听、休闲、旅游于一体，也是全面展示上海的"古迹"。整个展览分为以下几个部分：序馆，车马春秋。第一馆，城相风貌。第二馆，开埠掠影。第三馆，十里洋场。第四馆，海上旧踪。第五馆，建筑博览。

**序馆，车马春秋。**

上海过去是一个海边渔村，开埠前人口仅有50万左右，其交通道路也是由石块和砖块铺成的，绝大部分是人们走出来的"自然形成的通道"。人们外出，交通工具主要靠肩扛的轿子，这也是我国古代传统的一种代步工具。

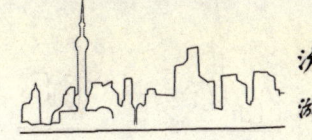

辛亥革命以后，轿子开始淘汰，取而代之的是一种"江北小车"（俗称独轮车）。由于该车运价便宜，雇乘方便，因而受到了人们的青睐。以后约在19世纪70年代，法国人米拉从日本引进一种人力车（又俗称东洋车），1913年当地政府规定涂以桐油和黄色油漆，遂改称"黄包车"。这种车乘坐舒服，价格较为便宜，因而又迅速取代了独轮车。20世纪40年代后，当时街头出现了一种"脚踏三轮车"而风靡一时，深受各界人士的喜欢。与此同时还产生了一种非人力交通工具，人称"马车"，这种代步工具主要对象是中上层人士以及有钱的商人。

上海的有轨电车诞生于20世纪初，1908年，英商开创了上海第一条有轨电车线路。1914年，在当时的英法租界内又出现了无轨电车，与此同时，上海又出现了经营长途客运业务的"硬胶胎"大客车。

新中国诞生后，上海自力更生地生产出一大批满足人们交通需求的大客车，其运载客流量曾是亚洲第一、世界第三。随着改革开放的不断深入，上海私人轿车的占有量也越来越多，现已成为轿车城市。所以，从某种程度上讲，上海是轮子转出来的。

**第一馆，城厢风貌。**

该馆主要展示明清时期上海城厢内的商业繁荣和民俗风情。这里有一张清末上海县城垣景观照片。上海建城已有700多年了，但自宋末建镇，元初设县，直至明代筑城。嘉靖三十二年（1553年），上海及周边地区发生倭患，为了防止倭寇屠杀百姓，抢夺财产，上海人民于同年十月开始建筑实用的圆形城墙，该城墙对防御和抗击外来侵略起到了很大作用。随着以后倭寇灭绝以及近代上海建设的时代到来，老城墙才被全部拆除，原址改筑成马路（即中华路、人民环路上），现在在黄浦区小北门大境庙（关帝殿）附近，还保存着约10米长的城墙遗迹，供人们参观游览。

另外，《丹凤楼》画卷也是值得一提的。该画卷为清道光年间

(1821—1850年）画工曹史亭临摹之作，画卷反映出黄浦江上帆樯如林，沿岸商店林立的繁荣景象。

丹凤楼原址在今十六铺码头一带，因该楼珍藏着宋代陈珩书写的《丹凤楼》匾额，元代赵孟頫所写的纪事碑和元代杨维桢的《丹凤楼诗》而并称为"三绝"，名声远扬。凤楼远眺是旧时上海独有的自然景观之一，从《丹凤楼诗》中可以想象出当年美丽而又壮观的一幕："十二湘帘百尺梯，飞飞丹凤与天齐。天垂紫盖东皇近，地接银河北平低。笑魇秋空戎马阵，神灯夜烛海鸥啼。嫦娥昨夜瑶池筵，笑指蓬莱西又西。"

此外，该馆的"豆腐铺"、"打铁铺"、"咸肉行"、"中药店"、"香烛店"及"商船会馆"等，都是值得一看的。

**第二馆，开埠掠影。**

该馆主要反映了上海城市因开埠带来的文化变迁，和五方杂处的不同阶层的生活。

英国殖民者取得鸦片战争的胜利后，便开始实施开辟租界的计划，根据《南京条约》规定：英国人可以携带家属在通商口岸居住，从事通商贸易。到了1843年，中英又签订了《虎门条约》，其条约明确规定：中国地方官应根据各口岸情况划定一专门地区，准许英人租房租地建房。

不难看出，英国殖民者开始只是以居住和租房租地等形式来加以掩盖其狼子野心。到了1876年的《烟台条约》便撕下伪装，赤裸裸地将居住改为租界了。

开埠后的上海，英国首任上海领事巴富尔借口华洋混居一处容易发生矛盾，因而要求"华洋分居"，并提出以当时城外的块滩地（即今外滩）作为英人建房居住。按照当时的"土地章程"规定：划如今的延安东路至北京东路，黄浦江至河南中路，合计约830亩土地。

英国殖民者通过鸦片战争获得巨大利益，西方各国殖民者看了眼红纷纷效仿,美、法、葡等国也通过《黄浦条约》和《望厦条约》等获得同样的特权。

1845年,美国传教士文惠廉在上海虹口一带已经拥有教堂和住房,但他不满足,强行要求清政府给予他更多的地盘,可笑的是,上海道台还没与他签订协议,虹口一带已成为美租界的天地了。

法国殖民者也不甘落后,迫使清政府将如今的延安东路和人民路至西藏路定为法租界,合计近千亩土地。就这样,上海开埠没几年,便给西方殖民者划成三大块租界,占有了上海大部分的土地。后来还联合成立所谓"公共租界",建立自己的殖民统治制度。

刚开始时,清政府以为:洋人发动战争无非是想索地解决居留和贸易问题,况且这些租地一般多在荒郊野地,华洋分居又能严加防范,但谁知,西方殖民者的胃口难以填满,得寸进尺。他们凭借军事上的优势以及那些不平等条约,巧取豪夺,无所不用至极,租界地盘不断地得到扩充,索要土地已经到了随至随议的程度了。

此外,该馆有以下主要景点可以参观的,如吴淞海战、1850年外滩的模型、华界与租界的铁栅栏、当铺、石库门、徐家汇观象台、20世纪的南京路等。

**第三馆,十里洋场。**

该馆着重介绍了近代上海的发展,成为远东重要的城市,也反映了近代上海的崛起既繁荣又畸形的一面。

1840年西方殖民者用洋炮轰开了中国禁锢的大门,并用武力迫使清政府签订不平等的《南京条约》。1843年,上海对外开埠。从此,那些洋人、政客、冒险家等纷至沓来,他们瞄准上海这个大市场,妄图用各种手段掠夺榨取。在上海开埠不到一年的时间内,便先后建立洋行十余家之多,事过不久,上海的洋行竟达一百一二十家。发展速度令人咋舌。那些当时世界著名的洋行也纷纷开进了大上海。如怡和洋行、旗昌洋行、沙逊洋行、颠地洋行和仁记洋行等,有的洋行还将总部迁至上海滩,可见势头凶猛不同一般,可是,这

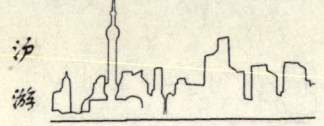

些洋行所干买卖几乎没有一家是不做鸦片生意的,有的干脆就是一个鸦片专卖行。那些嗜利如血的殖民者为了迅速打开上海的市场,以鸦片和棉纺织品等消费品为主扩大到所有能赚钱的一切领域,什么洋油、洋火、洋钉等,连上海滩的南京路也摇身一变,成为"十里洋场"了。

那些拎着空皮箱千里迢迢来到上海的殖民者,不久便腰缠万贯,在上海盖起了洋房,进出都是乘小轿车了。上海已经变成了无法无天的外国人的一个真正的黄金国,只要有利可图,那么走私和犯禁,一切都不顾忌,就是行凶杀人,也在所不惜。与此同时,有些不失丝毫时机发财致富的殖民者为了获得更大的利润,竟不顾中国的基本国情,从国外运来了大批的钢琴和刀叉等厨房餐具。他们想:中国有二亿多妇女,每二百人买一架钢琴,那该需要多少钢琴。再说中国人口又那么多,刀叉餐具会有很大的市场……但是事实却与那些殖民者的愿望相反,上海人吃饭仍旧用筷子,钢琴那些洋玩意连看都不去看一眼,只能放在商店作为摆设品。

此外,除大量的鸦片进入上海市场外,外国的工业品以及生产资料的进口也大幅度增长,从而超过了消费资料,上海这时成为国内外贸易的窗口和中转站。

随着内外贸易的迅速发展,伴随贸易服务的产业也相继出现,比如轻工业、重工业、加工制造业以及船舶修造业等。这种连锁反应相互促进的发展,极大地刺激了金融业的发展。据有关资料统计,英国的汇丰、麦加利、有利和丽如银行,美国的花旗银行,法国的法兰西银行,还有日本、比利时、荷兰、沙俄……约计40多家,此外还有许多外资保险公司170多家,上海成了全国金融中心。

另外,该馆内有许多景点可以参观的,如十六铺码头、黄浦江、大世界、老海关、天蟾舞台、王开照相馆等。

**第四馆,海上旧踪。**

近一百多年来,上海有她过去的辉煌和繁荣,不但有值得骄傲的地方，而且有难以诉尽的苦楚。寻访海上旧踪，就是要了解上海的过去，更重要的是激励未来。

值得一提的是：上海有趣的市郊年夜。俗话说："千里不同风，百里不同俗。"近代上海的民俗风情无一不烙着中国民俗风情的痕迹，加之这些来自五湖四海的"上海人"，他们从各个方面反映着自己的风俗习惯，在"海派文化"特定的氛围中不断发展和形成特有的民俗风情。同时，也体现出鲜明的中西文明并存的特点。

在近代上海的风俗和礼节中人们最重视的要属"过年"了。岁末除夕即将来临之际，家家户户不论富贫都得忙碌起来，打扫卫生，买好年货。农历十二月二十四日送灶神爷上天，二十五日请众佛爷下凡，门上贴好春联和换上新桃符，堂上挂上祖先遗像和牌位，桌上祭供各种菜肴和水果、香烛，直到除夕夜，人们先要祭祀祖先，然后全家团聚在一起吃年夜饭，饭后全家团坐待旦，谓之"守岁"。

正月初一全家早起，穿新衣裳，先拜天地祖宗，然后小辈向长辈拜年，长辈则给予红包"压岁钱"。午饭后邻里乡亲相互拜年，该活动要持续好几天。正月初五为接财神爷的日子，一大清早和晚上关门睡觉之前都得燃放鞭炮。

正月十五日为元宵灯节，此时，每家每户都要将扎好的彩灯悬挂门口。市郊有农家高挑"望田灯"。晚上有"龙抢球"的灯舞，还有村姑走三桥的习俗，说是"行过三座桥，一年病灾消"。城镇的孩童还有拉"兔子灯"游玩的娱乐活动等。

除此之外，上海的民俗风情还有像四月五日为清明节、农历五月初五是端午节、农历七月三十日是地藏王生日、八月十五中秋节、农历十一月的冬至节气、农历三月的龙华庙会、立夏日悬秤称体重、九九重阳吃重阳糕等。除上述外，近代上海的民俗风情还有走亲戚、做满月与周岁、做寿、送人情、荡马路和轧闹猛等。

另外，我们还可以参观的景点有张园、哈同花园、大华饭店、棚户区等。

**第五馆，建筑博览。**

这一馆由上海的优秀近代建筑模型组成，还有多媒体触摸屏，人们想看什么建筑，只要点击屏幕就可以看到包罗万象的内容。

另外，据有关资料统计，上海共有各种不同风格的近代建筑近5 000幢左右，其中徐汇区就占到百分之四十，数量达1 100多幢，主要集中在衡山路附近，它们都掩映在梧桐树下。这些建筑是上海"万国建筑博览"的重要组成部分，正在受到重视，成为上海海派特色的文化旅游资源。

此外，该馆内有三件重要文物，被视为镇馆"三宝"。

第一宝是原汇丰银行门前的铜狮。据说当时总共铸造了两对，一对放在上海汇丰银行门口，另一对放在香港汇丰银行门口。这两对铜狮当时铸造成后立即将模型毁掉，这样它们的样子便成为全世界独一无二了，现今收藏在馆内展出。

第二宝是静安寺涌泉内的井石和井栏。静安寺是江南古刹，寺院门口有一古井，井水昼夜沸涌，因此称涌泉。该涌泉由于时间关系被埋在地下，修建地铁时重新发掘，井石和井栏现被收藏在馆内展出。

第三宝是"百子大礼轿"。"我是明媒正娶，坐过花轿的"。这句口头禅在中国妇女中不知流行了多少年，新娘乘坐花轿出嫁乃是传统的中国礼轿迎娶仪式，由此可见，坐花轿对于新娘具有类似结婚证书的同等意义。

这项百子大礼轿原属"物华号贳器铺"拥有，因轿子上安装着一百只小电珠而得名，这在当时的上海滩十分罕见。

步出大厅，拾级而下，我们又回到现实生活之中。上海城市历史发展陈列馆是介绍上海的一个缩影，又是介绍全国的一把钥匙，一万多平方米的展厅叙述着一百多年的历史，它直接告诉我们一个简单的道理：没有共产党，哪来新中国。

# 从"南洋公学"到"交通大学"

去年夏天，我有个同行突然生病住院，旅行社老总聘请我替他带个团，该团一行36人，是台湾过来的教师暑期参观团，其要求是了解上海教育的发展情况和参观一所名牌大学。我一看该团接待计划有些为难，要知道我在这方面不太熟悉，讲也讲不清有多少知识。怎么办呢？救团如救火，只有三天的时间参观团就要到了，赶紧作些准备吧。我还是老规矩、老办法，到市图书馆去找些资料。通过两天半的时间翻找查阅，我终于得到了一些极为零星的材料，也不知这些材料能否应付得过去。

要谈上海教育发展，首先来说说上海最早办学的那些情况，公元1269年，上海人唐时措当时买下韩氏的房产，改建后辟为祀孔子之堂，后来又改建办镇学，起名"古修堂"，这也许是上海最早的学堂了。到了公元1291年上海正式建城，又改名为"县学"，再以后经历代政府的扩建和修缮，县学制度日趋完备。

与此同时，同县学一起发展的有"义塾"和"书院"，如当时有鹤沙义塾和清忠书院等。现在的上海市重点中学"敬业中学"，就是上海保存得最早、最好的一所学校。另外，原名申江书院创建于清乾隆十三年（1748年），到了清乾隆三十五年改名敬业书院，该书院人才辈出，人杰地灵，是封建社会在上海教育发展的典型例子，也说明当时的教育比较发达。

其实县学也好，义塾和书院也罢，它们的教育内容主要是孔孟之道，比如《三字经》、《千家诗》等，也就为了应对科举考试。直至清朝末年科举制度被废除，那时的上海已经出现了一些新潮学校。

公元1840年，第一次鸦片战争以后，上海的教育开始进入齐头并进的发展道路。其一是中国官办和私立的学校,由于中国近代外交、军事都遭受失败,历史的教训使得一些清政府中和社会上看得出问题的有识之士,他们认为中国要改变现状,要国富民强,就必须兴办学校,办各式新式学校。以后,约在1876年中外合办了很有名、很成功的格致书院。该校是晚清时期中办得最好的一所学校,培养了一大批对社会有用的人才。除此之外,还有像梅溪书院、经正女校等,可以看得出当时上海人办学校、学西学、想强国的迫切之心。

在以后的洋务运动的变法中,兴办学校的呼声日趋高涨,不少有识之士认为:兴学就能启蒙,启蒙就能救国。为此,在这一时期上海的教育形势要领先于全国,比如像复旦公学(后改为复旦大学)、同德医学院、上海美术专科学院、国立音乐学院、国立同仁大学、立信会计学院等,直至1907年,上海已有各类学校达二百七十多所。值得一提的是:洋务运动杰出的代表盛宣怀,他原为清末大理寺少卿、邮传大臣,于光绪二十一年(1896年)奏办"南洋公学",初设师范院,辛亥革命后改名为交通部上海专门学校,以后又将北平邮电学校、铁路管理学校、唐山工业专门学校等合并,取名交通大学,校名沿用至今。现已成立有一百多年历史。学校培养造就了一大批对国家有用之材,其中作出过突出贡献的有钱学森、茅以升、夏衍、邹韬奋、陆定一、汪道涵、江泽民等,在国家23位"两弹一星"功臣中,交通大学的校友就占了6位,现为教育部和上海市共建的全国重点大学。为了纪念盛宣怀,该校为他设制全身铜像矗立在学校内。

交通大学不但有盛名,而且校园内有着许多保存完好、古色古香的老建筑,具有较高的历史观赏价值,被上海市列为市级建筑保护单位和市优秀近代建筑,其中有1896年初创建的上院(师范院)、1919年建造的交通大学正门和校内三层砖木结构的图书馆,还有体育馆和总办公厅。除正门是中国的歇山式建筑外,其余都是西式建筑并带有巴洛克风格和折中主义风格。

其二是西方教会传教士们在上海建立的学校，上海最早创办的一所学校叫"徐汇公学"，是天主教在1850年建立的。在这方面美国的传教士们够卖力的，其次是法国的传教士。美国在上海建立的学校有：裨文女塾，这是上海第一所女子学校。以后又有文纪女塾（1851年创办），清心中学堂（1857年创办），圣约翰书院（1879年创办），圣玛利亚书院（1881年创办），中西书院（1881年创办），中西女塾（1890年创办）等。法国传教士创办的学校有：经言学校（1867年创办），圣芳济学堂（1874年创办）等。这些学校的发展有个共同的特点，即刚开始时，学校对学生管饭、管穿和免付学费。到后来，随着上海越来越开放，懂外文和受过西方教育的人容易找工作，而且在洋行和外人的机关里任职，工资高、待遇好，这样就使得教会身价百倍。上海许多家长为了儿女们有个好前程，故不惜用重金送他们进教会学堂，那些传教士们，见办学校有利可图，拼命鼓吹"要进入富有阶层，就必须进教会学堂"。在这种双重诱惑下，教会学校的数量逐年增多，学生数量也越来越多，学校教育水平由低级走向高级。

尽管教会学校里的教育是充满浓厚的宗教色彩，但在学习先进技术、培养人才等方面起到了相当积极的作用。特别是教会学校率先在上海建立各式学校，培育大批新式人才，如东吴大学法学院，沪江大学等，大学所培养的人才在中国近现代发展中都起过重大的作用。

事到如今，上海在党的改革开放政策的鼓舞下，上海有各类高等院校30多所，其中复旦、交通、同济、上外、华师大、上医大六所大学是全国重点（这些大学和其他大学都接受外国留学生，还聘请外国专家、教授、学者来沪讲课）。中等学校有1 000多所，小学有850多所。这还不包括职校、幼儿教育和特殊教育。此外，自党的十一届三中全会以来，成人教育也有迅猛的发展，据不完全统计，

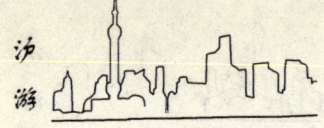

十年间就创办了 830 多所学校。近年来,上海又出现了许多专门职校和夜校(其中包括民办学校),为培养人才,补充公办教育的不足,作出了很大的贡献。

上海教育的发展从宋人唐时措的"古修堂"到现在各式各样学校的建立,从"学堂"到"学校",都充分说明了上海教育发展的速度要领先全国,领先于世界,这颗太平洋西岸的明珠必定绽放出更加艳丽的光芒。

综合整理出以上这些资料,我不知是否能过得了关?但愿能使这批台湾教师参观团满意,也但愿使类似替代带团的事情不要发生、少发生……

## 有趣的桂花节

"桂子月中落,天香云外飘。"中秋赏月,桂子飘香。据我了解上海有不少观赏桂花之处,如桂林公园、淀山湖的香屑飘香、上海植物园等,就连民间也留有许多古桂,据说真如镇东北处有一古桂,乃宋朝所植,以后清康熙皇帝想去观赏,当时地方官员深知接驾一次,要用很多钱,于是派人把古桂砍死,并上奏朝廷说此桂已死。谁知该古桂枯木逢春,数年后又长出了红、黄、白三种颜色,该古桂每年换一种颜色,人们觉得很奇怪。现在这一古桂早已死去,只留下美好的传说。

如今,上海每个社区基本上都种植桂花,一到中秋节前后,桂花绽放,香气扑鼻,沁人心脾,上海到处可闻到桂花香,大约可持续一星期左右。

记得有一年,我们全家去桂林公园观赏桂花,到了公园门口只见人山人海、热闹非凡。好不容易才算进入公园,一进公园,大家都觉得很奇怪,只见通道两旁的桂花开得很好,香气扑鼻,其余所有的桂花树都没绽放,这样就形成了鲜明的对比。"这真是天下一大奇观。"我父亲接着又说:"一样的气候、一样的土地、一样的桂花树,为啥会有两种截然不同的结果呢?"父亲摇着头表示不理解。此时我们大家也觉得不理解,但我更多的担心是此行算是遗憾了,玩也玩不成,照片也拍不成了,这该怎么办呢?忽然,我灵机一动,有了,找一名景区点导游为我们讲解公园的情况吧,很快我请来了一名志愿者。

她,姓徐,20岁刚出头,瘦瘦的个子,身高1米60左右,一张娃娃脸,一开口就让人喜欢。"各位游客朋友大家好!对于上海人来说,桂林公园并不陌生,它原名叫黄家花园,是旧上海法国租界捕房督察长,青帮头目黄金荣的私人花园别墅。""什么?这花园是青帮头目黄金荣的私人别墅?"我儿子十分好奇地问着。我看他这般模样忍不住笑了,是的,桂林公园对我父亲这一代人是不陌生,但对80后、90后这些年轻人来说就显得很陌生,他们或许知道旧社会有一个组织叫青洪帮的,但他们或许不知道桂林公园曾是青帮头目黄金荣的私人别墅。

"黄家花园始建于1931年,历时四年,由两亩多的黄氏家祠及墓地扩建而成。据说,建成后,蒋介石等国民党政要和各界达人显贵都纷纷前来祝贺或送匾恭维,其场面之热闹是可想而知的。"我们慢慢地走着,她接着介绍说,"据有关资料记载,黄金荣当时造园的意图是:为戚友酬酢处,为及门欢叙处,为己身憩息处,故薄具亭台花木山石之胜,以备来宾觞咏娱情。园中建筑布局讲究自然,与周围景物浑然一体,其中以四教厅、长廊、鸳鸯楼、颐亭等建筑尤为著名。"

"不错,讲得好!"我情不自禁地称赞道,像这样一个志愿者,一个景区点导游能讲出如此深的学问,实属不易。

"各位请看,这幢建筑叫四教厅,又称四面厅。"她接着说道,"它位于园中央,五开间,砖木结构,面积约250多平方米。厅名取于《论语·述而》中予以四教,文行忠信两句。所谓文行忠信,就是温文尔雅,德行端正,忠心竭力,诚实可信之意。该厅是黄金荣组织讲学说教,大宴宾客的地方,也是黄家花园赏景的好地方。厅外四周有山水环抱,东北角有普陀山、西南角有凤凰山、东面角有大假山。厅内巨梁横空,楹柱粗壮,顶天立地,梁上悬挂着3盏大铜灯。大厅的每扇长门都刻有精美的木雕,这一幅幅栩栩如生的图案描写的三国故事人物,可以说每扇长门都是一件工艺美术品。"

"姑娘,这两栋外观相同的楼就叫鸳鸯楼吧?"我父亲像煞有介事地说着。"您说得对,它是叫鸳鸯楼。"徐导游在表扬我父亲呢。

"鸳鸯楼是黄家花园的住宅建筑，底楼部分原名称槐荫堂，是主人会见家眷常客的地方。鸳鸯楼顾名思义是两栋左右对称、外形相同的楼房。据说黄金荣有时也住在东楼，1937年侵华日军践踏黄家花园，鸳鸯楼被毁，原因是黄金荣在抗战时期不愿为日本鬼子做事，不愿当汉奸，故装有病，休息在家。解放以后，人民政府拨款按原样复建了东楼。所以两只鸳鸯才得以团圆。鸳鸯楼在建筑结构上多处采用了钢筋混凝土结构，这在中国古典园林建筑中较为少见。"

"爸爸你看，这个湖心亭建筑式样很古怪，是不是有点像园主黄金荣，不伦不类，不阴不阳。""哈哈哈哈。"我们听后都笑了起来。徐导游赶紧说："你的看法有些对，这叫颐亭，俗称湖心亭。颐亭可以说是一幢古怪的建筑，它的屋顶是中式建筑，屋顶以下和内部却是西洋风格，这种似亭非亭、不中不西，就好比一个人头戴瓜皮帽，身穿洋装，赤脚站在脚盆里的怪人。""哈哈哈哈。"我们大家又是一阵笑声。

"各位游客朋友，我们现在走的这条长廊称九曲长廊，木结构，长60多米，两侧为吴王靠（又称美人靠）。这条长廊的特色是连接多个六角亭。廊的中间有三个六角亭，高约5米，廊中间的腰亭为八角形，高约10多米，亭顶装饰着四个龙头，称为多角龙头亭。像这种建筑形式在上海地区的园林中称得上是佳作。

"各位游客朋友们，今天桂林公园的讲解就到此结束了，感谢大家的支持与配合，谢谢大家。"

"谢谢徐导游！"我们大家都说着。"感谢徐导游为我们作如此生动精彩的讲解，我们再一次表示感谢。"我一边说着，一边紧紧握着徐导游的手，这时，我们全家都鼓起掌来。"没什么，这是应该的。"徐导游陪我们从桂林公园边门出来，在走的路上她顺便介绍说："桂林公园现已成为以桂花为特色的公园，其桂花树种有金桂、银桂、紫桂、四季桂等30多个品种，1 000余株，形成桂树之林。到了中秋佳节，桂花盛开，满园飘香。桂林公园每年都要举办桂花节，届时如同庙会一般，热闹非凡。"这时，我突然想起父亲刚进桂林公园的那段话，"一样的气候，一样的土地，一样的桂花，为啥会有两种截然不同的结果，这真是天下一大奇观。"想到这儿，我问徐导游是什么原因。徐导游微微一笑，她告诉我们说："桂花树到了绽放期其气候特征一定要昼夜温差大，今年的气候比较热，眼看要到桂花节，组委会的领导请园林方面专家号脉，最后决定每天晚上用大块冰压在桂花树的树根周围，这样就形成温差，到了你们来参观时就变成那种结果，这就是你们说的天下一大奇观。""噢，原来是这样的。""哈哈哈哈。"

告别了徐导游，我们在回家的路上，我想，今年参观桂花节的人定会说没意义，因为他们没看到绽放的桂花树，也没闻到桂花香，可我要说今年的桂花节值、有意义、有趣的桂花节……

## 争论湖上大观园

"天上掉下个林妹妹,似一朵轻云刚出岫……"唱着越剧《红楼梦》中选段,心里却在想,我胆子也够大的,竟敢带一批"红楼"爱好者去游览湖上大观园,这不是自找麻烦、自讨苦吃吗?幸亏我有所准备,没出多大洋相,我是这么介绍的:

"各位来宾!湖上大观园是《红楼梦》小说中的一座园林,也是曹雪芹笔下的一座园林,但它并非空中楼阁、空穴来风。只要你进入这座园林内,就会被它的故事、建筑、园林艺术所吸引,它确实是我国一座具有较高水平的仿古建筑园林。

"各位请看!这座建筑叫怡红院,它是《红楼梦》中最重要角色贾宝玉的住处,门额上书写着怡红快绿的字迹,是元春省亲时将贾宝玉题作的红香绿玉修改而成的……"

我正想介绍下去,话头被一位上了年纪的老太给打断了,只听她插话说:"元春修改得好,依本人肤浅之见,贾宝玉是有才,但他身上有不少不足之处,如爱哭、整天混在女人堆里以及缺少男子汉风度等。但是他那种不惜放弃功名利禄,为了自由和幸福敢于和封建家庭决裂,这种勇敢的精神恐怕当代有许多人还不如他呢。""好!好!说得好。"大家都拍着手,我望着他们,心里在想这批游客够有水平的。

"我来说两句。"一个姑娘争先恐后地抢着说,"贾宝玉在《红楼梦》中是贯穿始终的重要角色之一,也是塑造得最为成功的艺术典型,有许多人认为贾宝玉就是曹雪芹的影子,留给人们的印象是极为深刻的。贾宝玉是贾家最受宠的未来主子,其权势可以说是至高无上,但他从不计较和考虑这些得失,他房内的丫头佣人,高兴时

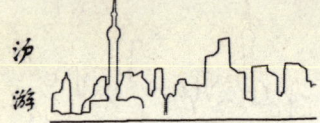

可没大没小地与他打闹嬉笑,不高兴时可以不去理睬他,跟随他的小厮,喜欢时可以将他身上的东西拿走,他也觉得没啥。香菱的裙子弄脏了,他让丫头用干净的裙子给她换上,晴雯赌气冷落他,可他当夜赔罪,让晴雯撕扇子作千金一笑。他发现秦钟与水月庵的小尼姑偷情野合,他只是摇头一笑罢了。他知道了龄官的阴私,还生怕惊动了别人。贾宝玉的混的确是出了名的,难怪泼辣货王熙凤对人说,宝玉为人不管青红皂白爱揽事情,别人再求求他去,他又搁不住人两句好话,给他炭篓子戴上,什么事情他不应承。

"因此,移至今日,我们也不难在生活中看到一些人这种品行的影子,说句开玩笑的话,如今的姑娘真正喜欢宝玉型的男子恐怕不多,想嫁给宝玉型男子的女子也许更加少了。"

"对啊,这位姑娘说的有道理。"大家七嘴八舌地说着。"姑娘!你是否是喜欢宝玉型的女人?"那位上了年纪的老太开玩笑地说,"还是喜欢武大郎型的?""哈哈哈哈!"大家是一阵笑声,那姑娘的脸都红了。为了给姑娘解围,我故意介绍贾宝玉的贴身丫头袭人和晴雯以及刘姥姥醉卧怡红院的故事。

"栊翠庵到了,栊翠庵是大观园中的'槛外人'妙玉居住的地方,《红楼梦》中栊翠庵的描写虽不多,但其内容给人们留下了深刻的印象。"我接着为他们介绍说,"妙玉是出生于仕宦之家的小姐,苏州人氏,从小接受极好的诗书教育,既精通文墨又绝顶聪明。因自幼体弱多病,故父母将她送入空门,带发修行。父母双亡后随师父四处谋生,最终于长安落脚。不久师父圆寂,即被贾府请来大观园入栊翠庵。"

"哎,妙玉是蛮可怜的。"一位戴眼镜的中年游客说道,"气质美如兰,才华阜比仙。天生孤癖人皆罕,你道是啖肉食腥膻,视绮罗俗厌,却不知太高人愈妒,过洁世同嫌。""那是的,是的。"大家都点头称赞他对妙玉的评价。"另外,有趣的是,在《红楼梦》第八十七回中写道:妙玉在惜春的住处下棋,正巧宝玉前来说:妙公轻易

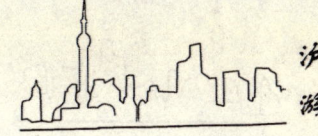

不出禅关,今日何缘下凡一走?妙玉听后立即脸发红。后来,宝玉又送妙玉回栊翠庵,在潇湘馆外听了一会儿琴。妙玉当天坐禅静修,因想起白天宝玉向她恭敬地施礼,脸上顿时发热,渐渐地觉得禅床在晃动,她心里明白,自己已经走火入魔了。""哈哈哈哈。"大家又是一阵笑声。

"各位游客,稻香村到了,这是具有农家本色以及田园风光的建筑。稻香二字典出于唐人许浑的'柴门临水稻花香'的诗句。"我也学着他们的腔调解释着景点。"来来!我们请大学者说两句。"大家把一个颇有学者风度的人推到了人群前,他推了推脸上的眼镜说:"稻香村是贾政长媳李纨及长孙贾兰居住之处。按照《红楼梦》中描写:李纨出身名宦之家,因早年丧夫,过早地背起沉重的十字架,但她面对贾府里一群抢食的乌眼鸡似的争斗,勾心斗角以及尔虞我诈的激烈矛盾纠葛,俨然又是一个局外人。她清静守节,俭朴持家,躲在家中教子读书,用自己毕生的精力和汗水,终于换来儿子贾兰中举功名的成果,因此,有人把稻香村称之世外桃源。另外,大菩萨、大善人的雅号也是李纨在大观园中的代名词。她除晨昏定省、礼尚往来之外,谁也不得罪。她宽怀善良,对夫人公子、丫头佣人一视同仁,以礼相待。当凤姐、鸳鸯等人戏弄刘姥姥时,只有李纨劝她们不要无礼。林黛玉临死时,是李纨在她的身边,替她料理后事,擦身换衣服,其他人都到金玉良缘处看热闹去了。为此,我个人认为李纨是局外人,她的做人低调风格是值得我们借鉴的。""是啊,做人要低调些。""不对!做人该低调时要低调,该高调时要高调,看你如何把握分寸。""对对对!做人要高、中、低三种调都要有,否则没有腔调。""是啊,做人老是一个调,一个低调,那人生还有什么戏可唱。"他们七嘴八舌地说着,我心想,让他们去争论吧,《红楼梦》不就是一直让人争论的吗?

我们经过了梨香院、大观楼、凸碧亭、凹晶馆等,它们都是一个个自成一体的建筑,而且风格各不相同。这批游客玩得很高兴,

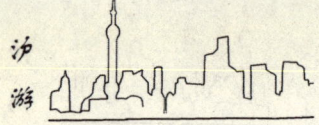

争论得也很热烈。下一个景点使我意识到可能争论得更厉害些,因为好多红楼专家都在争论的对象——薛宝钗。

"各位!蘅芜院到了。"我跟大家介绍说,"蘅芜院是薛宝钗的住处,蘅芜,是古代神话传说中的一种香草。曹雪芹用香草比喻薛宝钗,并赠与蘅芜君的雅称,正说明人草之间的品格相符。按照《红楼梦》中的描写,贾宝玉原题以蘅芷清芬四个字,后元春省亲时赐名蘅芜院。""我再来说两句。"那位颇有学者风度、戴着眼镜的朋友摇摆双手说,"就现今大观园建筑艺术而言,与《红楼梦》书中的描写不能相提并论,虽然有些氛围但气息并不强。按照书中描写:这天,贾政带着众清客来到蘅芜院,他见一所清凉瓦舍,一色水磨砖墙,清瓦花堵时,便摇头叹道:此处这所房子,无味得很。谁知当众人走进蘅芜院时,眼前的景色使大家惊呆了,只见一块突出插天的大玲珑山石神秘地矗立在那儿,四周群绕各色石块,竟把里面所有的房屋全都包围遮住。更加令人不解的是,这儿无一株花木,净是那些异草:或有牵藤的,或有引蔓的,或垂山巅,或穿石隙,甚至垂檐绕柱,萦砌盘阶,或如翠带飘曳,或如金绳盘屈,或实若丹砂,或花如金桂,味芬气馥,非花香之可比。此刻众人无不点头称赞,贾政也不由脱口而出:有趣!"

"啊唷!你的要求不要太高,书中的描写和现实总归是有差距的。""是啊,现在的大观园在艺术处理上已经是相当不错啦。"大家又开始争论起来。这时,我邀请一位中年妇女发言,她剪着短发,也戴着眼镜,瘦小的身材,好像是个教师身份。"好吧,我来说两句。"她清了清嗓子说,"大凡读过《红楼梦》的人都知道薛宝钗在《红楼梦》中是个举足轻重的人物,也是历来众多红学家和学者以及人们争论比较集中和较多的一个角色。争论的焦点无非一说她是好人,二说她是坏料。是非暂时不论,但有一点是共识的,那就是她是一个被封建社会的道德礼教毒害摧残的悲惨人物,她的不幸命运是封建制度下众多女子中的一个。其实,说薛宝钗好也好,说她坏也罢，这些都是读者各人的理解和观点，《红楼梦》就是有这等神秘的魅力，尽管它是在说宫闱秘事，男盗女猖，满纸荒唐，尽管它曾被禁被锢被视为淫书，但人们在它诞生之后，读到现在，争到现在，这不仅仅是在读在争，读的是人生，争的是世间。也许，以后人们还要读它几百年，争论几千年呢。""以前听说有一件非常有趣的调查研究报告。"那姑娘赶紧插话说，"说是有人在大学生中调查这样一个课题：林黛玉和薛宝钗之间，你选择谁作为终生伴侣？结果显示，绝大部分男学生选择了薛宝钗，而许多女同学则认为：贾宝玉可以喜欢，但不可作丈夫。""你怎么又来啦，老是丈夫、妻子的。""哈哈哈哈。"大家都笑了。

"这就值得人们去思考，去重新翻阅《红楼梦》了。"那位中年妇女接着又说，"薛宝钗从小丧父，以后随着母兄客居大观园。曹雪芹将她安排在第二十几回后才亮相，如果说她坏，那么这种坏也是有限的。书中的她以容貌丰美、品格端方、举止娴雅的面貌出现，因而博得贾府众多人们的好评，就连林黛玉也不得不暗服。诚然，从如今现代人的角度观察和理解，薛宝钗自然有爱的权利，甚至有和林黛玉竞争的自由，根本谈不上什么第三者和插足者。试看天下哪一位不是把为了追求幸福和美好的爱情生活当做人生一大目标的呢？

至于有人讲薛宝钗的为人处世具有虚伪性和欺骗性，那只是对她是封建正统教育而培养出的一个完美的典型人物而言，是她全部生活中的一部分。例如：她是主张男人们应该读书明理，辅家治民。时常劝宝玉用功读书，争取功名仕途，并要求他常和做官人在一起。同时，薛宝钗也存在着不尽人意以及可恨的一面，例如：当金钏儿含冤投井自尽后，她轻描淡写地说：也不过是个糊涂人也不为可惜，说金钏儿是为了赌气而投井的。她对尤三姐的悲惨而死，柳湘莲随道士出家而去等又表现出与己无关，十分冷漠的表情。又例如：当元春省亲时给众人猜灯谜，她早就猜出谜底了，但她不露锋芒，口

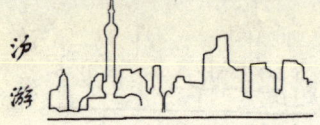

中不但称赞谜语有水平,还有意寻思。最后,她终于爬上了贾府第一夫人的宝座。这也是服从贾府最高统治者的意图,冒名顶替嫁与不爱她的宝玉。宝玉出走后,她实际上成了孀妇,其命运也够惨的。"她说到这儿声音有些沙哑,周围是一片肃静,一点儿杂声都没有。

她的话虽然长了些,但是很精彩。我带过许多批旅游团、许多客人,像他们对《红楼梦》研究得这么深、这么有水平、讲出这么多的道理,而且有这么多的新意,这还是新娘子坐花轿——头一回呢。

出蘅芜院大门往东行,便是湖上大观园内的最后一个参观游览点,也是最为精彩的一个景点——潇湘馆。我是这么跟大家介绍的:"《红楼梦》第十七回至第十八回的描述,潇湘馆为省亲别墅第一行幸之所,为此,贾宝玉提名为有凤来仪,元春省亲时则赐名潇湘馆。""所谓有凤来仪的仪字。"一位游客接着说,"解释为有容仪,典出《尚书·益稷》中的萧韶九成,凤凰来仪。意谓萧韶演奏了九章乐曲,凤凰听了都鸣叫着翩翩起舞。在古代,人们把凤凰视为美丽而又祥端的灵鸟,后又比喻皇妃。""潇湘馆为一带粉恒,数楹修舍。"另一位游客也接着说:"进门可见曲折走廊,阶下用石子铺成的甬道,沿甬道曲折往东,便可见粉墙上有绛珠草庐四个秀丽篆体金字。因林黛玉是绛珠仙子下凡,所以这里的绛珠也暗指血泪。""林黛玉是为了实现自己的诺言下凡到人间,她从辞父到客居大观园,从绛珠仙子变成了潇湘妃子。""贾母曾带着刘姥姥来到潇湘馆,刘姥姥见黛玉房内摆饰高雅,书架上堆放着满满的书,窗前案上放着文房四宝,墙上还挂有古色古香的图画,开始她还以为是哪位高贵公子的书房呢。"他们一个接着一个,仿佛有次序地说着,话题互不冲突,又很有意思。

"值得一提的是:床中间放着那只炭盆,它叙述着黛玉焚稿的动人故事。这一幕……""好啦!好啦!你就别说了,这一幕大家都清

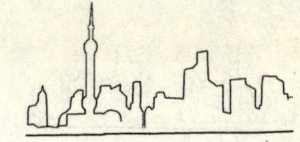

楚,这个故事大家都知道。""是啊,别说了吧。"大伙儿都不让他讲下去。这位游客有点着急了,他赶紧说:"你们故事可以不让我讲,但故事的性质可以讲一讲吧。"说完他生怕有人再打断他的话,又赶紧说,"黛玉焚稿可说是在《红楼梦》中最为精彩最为动人的一幕,也是宝黛爱情悲剧色彩和艺术感染力极为绝妙的一节,它强烈地控诉了封建统治者的冷淡狠毒,同时热情讴歌了林黛玉这位纯洁少女'质本洁来还洁去'的高尚风格。""好!好!讲得好!"大家都鼓起掌来。这时,我说:"我们讲了那么多的林黛玉故事,但总有人把它归纳总结一下吧。看谁来?"大家一下子安静下来,谁都不好意思说。这时,一位年轻人、大约30多岁,只见他走到人群面前说:"我来说几句。"大家都愣住了,仿佛在说,年轻人你行吗?这可是归纳总结啊。

"曹雪芹在《红楼梦》中把林黛玉描写成最为美丽、最为可爱的女性,尽管众多红学家和学者把林黛玉说成是心灵善良纯真,追求美好理想,为封建礼教的叛逆者。但是,在许多平民百姓的心目中,林黛玉为人处世的问题是值得商榷的。

"诚然,林黛玉在《红楼梦》中是一个最为成功的艺术典型,她在思想观念上、感情上、人格上等均是无可挑剔,她面对十分强大的封建势力敢于抗争,执着地追求理想和自由幸福的生活。因此,由于特定的环境和诸多因素,在她日常生活中出现了孤高自忤,目无下尘,用比刀子还厉害以及专挑刻薄的语言讽刺挖苦那些凡夫俗子。这些虽然可说在那个年代为理想的和典型的人格。然而可以假设,像黛玉型的人物,恐怕当今时代也难以接纳。当然,正像刚才那位姑娘所说的那样,人们可以喜欢黛玉型,但真正选择终生伴侣,也许更多的人则要去选择宝钗型了,这用人们常说的一句俗话来解释:人不可没有理想,但理想不等于生活。"

"说得好,太好了!"有些人拍着手称赞着。"好什么啊,有什么好的啊。刚才你不是说了吗,由于特定的环境和诸多因素,林黛玉

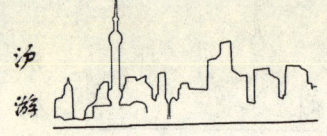

变成这样的品行,如果没有这些因素,她会变成另外一个林黛玉的。""是啊,她用刻薄的语言讽刺挖苦那些凡夫俗子,如果是换了你,你就受得了。"他们又开始争论起来。

　　走出潇湘馆,湖上大观园就参观结束了。望着他们边走边争论的样子,我在想:大观园在《红楼梦》中占有极其重要的地位,它仿佛茫茫天地不知所穷。没读过《红楼梦》的人,参观湖上大观园一定会有较大的收获,凡看过《红楼梦》的人,今天一定会有更多的体会,《红楼梦》就是有这般迷人的魅力,每读一遍总会产生新的感想。为此,这批游客再过一段时间故地重游,一定会有一个更美好的感受,一个更为热烈的争论场面,一个更多不同观点的见解,一个更加深刻美好的回忆……

## 说说上海这个中国话剧的发祥地

记得有一次,我参加了一个振兴旅游事业的座谈会,在会上我无意地说起了上海是中国话剧的发祥地,这时,会场上出现了一些异常情况,有些人在交头接耳,有些人感到惊讶,更有的人在默默地摇头……看样子他们是不同意我的观点,我也觉得奇怪,这个观点不是我的发明,那些专家学者们早已有了定论,无非是这些摇头者不知道罢了。

散了会,那些人的一部分走到我的面前,说:"中国话剧的发祥地应该在北京,怎么跑到上海来了呢?""是啊,《茶馆》、《四世同堂》等都是北京的名著,话剧是北京的最好。""这位先生,你讲错了,话剧是以北京话作基础的。"看着他们提出的各种问题,我真有些哭笑不得,但我一时又讲不清楚,我只能说,"你们说的这些问题只能证明现在的话剧是北京实力强,但实力强并不等于是发祥地。""这算什么话?实力强就不能代表是发祥地。""是嘛,实力是基础,没有基础,哪来的发祥地。"我们之间仿佛有些争论起来,这时,幸好清洁工进来打扫会场,这才算是给我"脱身"的机会。回到家,我连饭都顾不上吃,赶紧翻书找资料,没多久找到了,我想这些资料足以使这些朋友信服的:

上海是中西文化交流的窗口和中转站,亦是中西文化冲撞和融合的汇聚点。早在上海开埠后的1850年,那些先期到达上海的英、美、法侨民,他们为了自娱生活,便开始组成业余演剧团,自编自演了许多剧目,如《梁上君子》、《势均力敌》等,这对看惯传统戏的中国人来说无疑是一个新鲜感,尤其是演员的化妆,逼真的场景,华丽的灯光等,均给人们留下了深刻的印象,尽管剧中人物的情感、语言和意

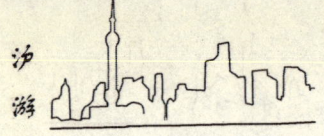

识形态等和上海人的感情距离相差太远，但为以后的戏曲改良成为海派戏曲提供了一个模仿的样板。大约又过了十几年，这些侨民将分散的业余剧团合并起来，同时又吸收了一部分新成员，成立了上海历史上非常有名的"A、D、C剧团"，直译为"上海业余戏剧俱乐部"。1866年，上海出现了一座木结构的大戏院，称兰心大戏院，A、D、C剧团就在该戏院演出，他们一演就是几十年，在洋人中也产生了极为深刻的影响。

上海最早出现戏剧团的形式是在洋人创办的学校中，那时，教会学校每年定期召开多次家长会，又俗称"恳亲会"。会上学校要安排学生表演一些小节目，其内容有《圣经》里的故事，莎士比亚的作品等。后来，学生演戏的风气慢慢传到了中国办的学校中，又在学校推向社会，剧种也由话剧发展到各种新剧。

随着中西文化的冲撞和融合，上海的各种剧团越办越多。特别是辛亥革命以后，反映时代气息的新剧，如《共和万岁》、《革命家庭》和《秋瑾》等，都深受各界人士的欢迎，人们将有新意的剧目都称为"文明戏"了。

我国地大物博历史悠久，戏曲剧目被誉为世界剧目三大源流之一。当时上海是一个近代的年轻城市，各种戏曲剧目并不多，随着上海的开埠和经济的发展，各地戏曲的故乡纷纷瞄准上海，昆、京、越、淮、甬、锡和评弹、独脚戏等不久便在上海安营扎寨，评、川、豫和湖南花鼓、黄梅戏等也常来上海做客，其中相当一部分戏曲经过完善、并创造性地演变成上海的特色文化——"海派文化"，从而反过来推动和影响全国的戏曲发展，使上海成为全国"南腔北调的熔炉和大舞台"。

上海是当时的中国文化中心，也是中国话剧的发祥地。

读完这些资料，我显得有些激动，我想，要振兴一个城市的旅游事业，首先要搞清自己到底有哪些旅游资源，知道自己有哪些家底，这些家底又有哪些历史文化内涵，只有把握了这些基本常识，才能更好地振兴一个城市的旅游事业。

## 听大叔讲那过去的事情

记得有一年的 5 月 27 日，我去参加一个纪念上海解放周年的庆祝活动。那天我早早地赶到会场，到了会场一看，人是特别的多，有不少是老同志，但更多的是 80 后、90 后出生的小青年。我的座位正好在小青年的旁边。当我坐下不久，身旁有一位姑娘低声地对我说："大叔，你知道上海解放是怎么回事吗？厂领导组织我们前来参加庆祝活动，可我们不清楚这段历史，你知道吗？""我知道的！"我也低声地回答着。"那好！你给我们讲讲吧。"望着她那天真可爱的样子，我笑了。这时又围过来两个小青年，他们也想听我讲解放上海的这段历史，我记得很清楚我是这么介绍的：

1945 年 8 月 15 日，日本天皇宣布无条件投降，消息传来，上海人民载歌载舞，欢天喜地，沉浸在胜利的喜悦之中。然而这种幸福感很快成为泡影，蒋介石政府"接收上海"的行径很快打破了人民对和平、民主、独立和自由的美梦，上海人民刚离狼窝又入虎口。

日寇投降后，长期躲在四川峨眉山上的蒋介石迫不及待地要抢夺胜利果实，为了抢先一步接收上海，他竟不论是汉奸还是流氓特务，只要对己有利一律重用，这时，"饥鹰满天飞，饿虎遍地滚"的"劫收"开始了。

首先粉墨登场的是那些汉奸、特务和流氓，他们摇身一变成为"英雄的地下工作者"，并以政府接收要员身份大肆抢夺敌伪财产。第二批轮到军队头目，他们简单地进行了受降仪式，然后十分迅速地霸占日伪产业，人人都成为巨富。第三批才是空运到上海的"劫收大员"，他们以抗战英雄面目出现，不择手段地劫夺敲诈和贪污，这些劫收要员无一不是"三洋开泰"（即捧西洋、爱东洋、要现洋）

和"五子登科"（即房子、车子、女子、位子、条子）。难怪上海人民深深地叹息道："天上来，地上来，平民百姓活不来；盼中央，望中央，中央来了更遭殃。"

上海人民很快地识破了蒋介石政府从接收到劫收的实质，眼前物价飞涨，百业萧条，民不聊生情景再次告诉人民天还没亮，上海人民深深感到只有共产党才能救中国，于是，又一场声势浩大的反饥饿、反内战、争民主、争自由以及向炮口要饭吃的爱国主义运动推向高潮。

1946年，蒋介石政府不顾全国人民的强烈反对，公然依靠美国的力量悍然向我解放区发动进攻，妄图三个月消灭共产党，同时，在统治区又推行法西斯专政，残酷镇压人民。

1947年年底，北京发生了美军强奸中国女大学生事件。这时，上海人民的怒火再也按捺不住了，各界人士和学生纷纷走上街头抗议美军暴行，并且高呼"美国兵滚回去"的响亮口号，上海学生在中国共产党的领导下成立了"全国学生抗暴联合总会"。面对风起云涌的学生浪潮，蒋介石政府穷凶极恶，大肆镇压，下令全国城市执行戒严，用皮鞭、军棍、水龙和手枪对付手无寸铁的学生，在此期间，学生遭受逮捕和受伤竟达2 000余名，失踪者也为数不少。直到1949年，蒋介石拒绝了中国共产党的和平条件后，同年4月21日，中国人民解放军以百万雄师过长江之势一举解放了整个南京城。5月，以陈毅和粟裕为首的第三野战军以十分惊人的速度将上海团团包围了。

为了使这座英雄的城市完整地回到人民手里，为建设新中国发挥更大的作用，党中央和毛主席十分重视这一战役，明确指示三野的全体官兵"要文打，不要武打。不仅要军事进城，而且要做到政治进城"。同时又电示上海的地下党组织"要保护工厂、机关和学校。反对国民党最后失败前的疯狂破坏，配合解放军维持秩序，恢复生产"。陈毅也下令：上海要完整保全好。这时，一场"瓷器店里捉老鼠"的战斗打响了。

5月12日,三野全体将士以排山倒海之势一举摧毁了城市外围工事,紧接着沿着市郊向市区挺进。蒋介石为了给这些残兵败将打气,亲自来到复兴岛督战,但是,这一切已经无济于事了。我强大的中国人民解放军仅用了一个月左右的时间,在上海南京路的永安公司顶楼,升起了一面鲜艳的红旗,它象征着天将要亮了。

上海的地下党组织根据党中央的指示,他们组织以工人为主的纠察队,进行护厂、护校和护店活动,并且保证全市水、电、煤的供应工作,解放军进入城市后,他们积极充当向导,打击企图破坏和冒充解放军的特务流氓分子,为大上海完整回到人民手里作出了重大贡献。

解放军进入上海城后,严格遵守三大公约十项守则,士兵一律不准进入老百姓家中,部队全都露宿街头,就连吃饭均由后勤部队从市郊将饭送到市内。这种铁一般纪律的部队深受上海人民的爱戴和拥护。

1949年5月28日,激动人心的时刻终于来到了,人们含着喜悦的泪水,等待着上海人民广播电台的播音:"上海解放了,上海又回到了人民的身边……"

此刻,浦江两岸鞭炮齐鸣,锣鼓喧天,人们欢呼着新上海的诞生。同时,电台又向全世界庄严宣布:"上海市人民政府正式成立,陈毅同志任市长。帝国主义侵略、奴役中国的历史已经一去不复返了,上海将翻开它崭新的一页。"

当我介绍完这段历史,我才发现周围有许多年轻人在听我讲解。这时,一个小伙子在轻声地唱道:"听大叔讲那过去的事情。""哈哈哈哈!"大家响起了一阵爽朗的笑声。

"当、当、当。"大会场里响起了钟声,庆祝活动开始了。

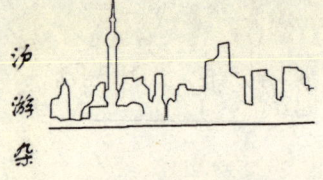

沪游杂谈

## 资本家给我们上的一堂课

记得有一次参观展览会,展览会的主题已经淡忘了,叫什么上海文化的内容,但是,参观的情景却记忆犹新,展览会的讲解员都是小青年,给人耳目一新的感觉。

我边走边看,忽然,我发现那边有一群人,跟着一个老头在听讲,我走近一看,那老头大约七十多岁,中等个子,满头白发,看上去很精神。这么老了还当志愿者,经打听才知道他是原上海著名工商界某个重要人物的"公子",是个资本家,今天是自发的、是由感而发。我打算挤出人群,但他的话却像磁铁般地吸引住我的心,使我留在人群中听他讲解:

"上海开埠不久,中外贸易迅速发展以及发生质的变化,上海人民清楚地看出这种贸易的掠夺性和不平等性。一场保卫国家经济权益的斗争首先在民族资本企业中开始。"

"这个观点我还是第一次听说,颇有新意。"我自言自语地说着,"这个人还是蛮有水平的。"

"民族资本企业的崛起也充满了辛酸和血泪。"他继续说着,"上海刚开埠时,有些企业商业先和洋人发生贸易往来,例如百货、五金和西药等。随着洋货大量倾销上海市场,那些小铺小店难以适应需要,这时,以卖杂货为主的店铺开始向专业化方向发展,上海卖洋布的专业店在1850年左右诞生了,由于洋布质好、色艳、价格便宜,一时吸引了不少顾客,许多同行竞相仿效,在该布店附近又开设十多家专业布店,这样就初步形成了新型商业系统。

"在百货和五金行业中,过去旧模式和夫妻老婆店得以改变,西药行业也出现了中西结合的大药房。在这些行业中,老板或主人收人的重要一部分，便是对员工和学徒进行的剥削所产生的利润。这些行业适应潮流促进上海经济的发展，同时，资本主义的萌芽也就此产生。

"约在19世纪60年代，上海第一家民族机器工业企业诞生了，称发昌机器厂。该业主姓方，据说以前是一家打铁铺老板和兼做杂货贩运的生意。方业主也自称：发昌能自造小火轮数只。大小车床有十多台雇用工几百名。发昌机器厂的诞生，一方面说明上海已从手工业作坊向近代机器工厂的转变，另一方面说明部分商业企业随着资本的积累，开始走向工业资本。

"另一部分商人继续活跃在自己所熟悉的圈子里，他们和洋人做生意其范围相当广泛，在上世纪初，在上海滩著名的南京路上，出现了由华侨创建的四大公司，即大新公司（今第一百货公司）、新新公司（今第一食品公司）、先施公司（今服装公司）和永安公司，这些公司经销手段各异，竞争相当激烈，从而反映了近代上海商业的繁荣景象。

"说句题外话，在这十里洋场上，两边卖的都是洋货，有中国人自己开的四大公司，实属不易。也不知道是什么原因，上海人对这个洋字情有独钟，什么洋伞、洋蜡烛、洋布，就连钉子也叫洋钉。"
"哈哈哈哈。"大家响起了一阵笑声。

"大约在19世纪后半期，那些洋务运动的代表开始从西方引进机器设备和生产技术，原意想维护封建统治制度，但想不到生产力的发展必定会破坏生产关系，促进封建体制的加速灭亡。与此同时，洋务派代表李鸿章等又在上海创办官僚企业，如江南制造总局、上海机器织布局和轮船招商等。这些均为中国近代工业的起点。

"官僚企业的创办成功，同时也带动了民族私人资本主义工业企业的发展，如公永和机器缫丝厂以及龙虎公司（现上海中华制药厂）等。旧中国最大的私人民族资本企业集团要属上海的荣宗敬、荣德生兄弟俩创办的，并称为面粉大王和棉纱大王。

"这时,在沪的许多洋商人都在暗暗吃惊,私下发表言论说,一种以外国方法发展工业的精神无疑地已在这些部门的人员中占了上风。并且预感到,以手工进行生产的时代已将过去,机器化大生产的时代即将到来。

"上海的经济发展反过来促使了金融的发展,金融和经济如影随行,相辅相成。上海开埠早期银行均为洋人所开设。大约在19世纪末期,中国第一家华资银行中国通商银行在上海诞生,以后又有像中国、交通、金城和盐业等银行将总部迁至上海。1920年还开设了上海证券物品交易所,这时,中国银行的资力开始超过外国银行,加上上海资

金集中、金融业集中,金融市场对全国以及沿海国家的辐射能力明显增加,至上世纪初,上海终于确立了全国金融中心和远东金融中

心的地位。

"民族资本企业的艰难崛起,为近代上海的经济繁荣作出了重大贡献,但是,在那个只有挨打、不能还手反抗的年代里,民族资本企业只能得到排挤和打击,同时也要受到封建和官僚势力的压榨。其命运是够惨的。如刚才所讲的发昌机器厂,尽管厂方想尽办法求生存发展,但最终逃脱不了倒闭的命运,最后连厂房和设备一起卖给了外商老板,从而结束了自己是中国民族资本私人机器工厂创史人的历史。"

"哎,这是蛮惨的。""是啊,旧社会民族资本家就是这个命。"听讲的人们都纷纷议论起来。

"这是20世纪初的邵万生南货店门景照片。宁波人邵氏于1852年创办邵万兴南货店,今吴淞路后迁至南京路,并改名为邵万生。"他指着墙上的照片自豪地说。"这是上海水泥厂,由煤炭大王刘鸿生在1920年创办的,该厂的巨大烟囱堪称远东第一。""这是中华制药厂,该厂生产龙虎牌人丹等著称于世,是中国第一家制药工厂。""这是中央造币厂,于1922年创办……"他还在继续介绍着,仿佛越讲越有劲、越讲越自信。我跟着人群在向前走着,心想,今天听"资本家"上的一堂课,很有启发、颇有收获。在旧社会中国民族资本企业就是在夹层中求生存,它的发展充满了辛酸和血泪,这些知识在课堂上是学不到的,只有有切身体会的人,才能有更深的体会,才能更加懂得这段珍贵的历史。

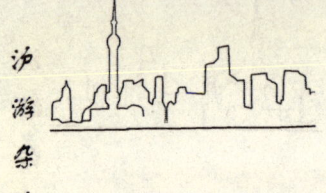

沪游杂谈

## 上海——犹太人的诺亚方舟

  一天傍晚，我在美国纽约的中央公园里认识了一位名叫霍夫曼（Hoffmann）的犹太老人。他坐在轮椅上，背有些驼，长额头，一双深邃的眼睛，一副犹太人特有的民族特性，看上去好像有些老态龙钟。当我说出我是从上海来、是上海人时，他马上挥动着颤抖的手，显得有些激动，用"洋泾浜"上海话说："阿拉都是上海人"。我很惊讶，在异国他乡听到外国人能讲上海话，真是难得。也许是我那种惊讶的神态，他微笑着告所我说："上世纪40年代，我还是个孩子，和许多犹太难民一起来到上海，就住在西摩会堂附近。""噢，原来是这样的。"我心里此时什么都明白了，我知道那段历史，也明白犹太难民到上海是怎么回事。

  那是在1939年，希特勒上台后立即掀起反犹狂潮，纳粹德国屠杀了大约600万犹太人。在战火纷飞的年代，迫使大批犹太人背井离乡，逃离家园，当时有数万名犹太人（其总数相当于去加拿大、澳大利亚、印度、南非和新西兰人数的总和）历经磨难来到上海，并定居下来。1941年太平洋战争爆发后，希特勒竭力向日本当局施加压力，迫害在沪犹太人。日本当局于1943年2月宣布建立所谓"无国籍难民限定居住区"（据有关史料记载，其范围西至今天的公平路，东到通北路，南抵惠民路，北接周家嘴路）强迫所有的犹太难民迁入该区，当时居住在该区的难民有上万名。同时，日本当局还携带了一份血淋淋的"河豚鱼"计划，该计划的最终解决方案是：把上海的犹太人统统赶上船，驶到公海上去沉掉，或者驶向某个荒岛让他们自生自灭。为此，进集中营是他们唯一选择。

  在这一地区，犹太难民与上海邻居友好相处，互敬互帮，结下了深厚的友谊,他们用自己特有的智慧和创造力,为该地区的经济文化发展作出了应有的贡献。第二次世界大战结束后,这个限定居住区也就不复存在了,但他们永远不会忘记的是:上海为他们提供了极其宝贵的避难所,使他们免遭德国纳粹的屠杀。

想到这儿,我有些激动地说:"犹太民族是世界上最勤劳和聪明的民族之一,也是最富有的民族之一,你不要看美国很有钱,但它的钱还是在犹太人手中,美国要用钱还得看犹太人的脸色。""哈哈哈哈!"我们都会心地笑了。

"霍夫曼先生,"我继续说着,"据我所知,犹太人在上海先后建造七座教堂,由于种种历史原因,现存只有三座,即西摩路教会堂、拉都路(今襄阳南路)的新会堂和虹口长阳路62号的摩西会堂。我想这些教堂的存在你不会有看法吧?""不会,不会。"他赶紧摇摇手,说,"这已经很不容易了,时间过去那么久了,上海还把它们保存得这么好,我们犹太人真的要感谢上海,感谢上海人。"我们俩的手紧紧地握在一起,久久说不出一句话。"唷,对了。"霍夫曼似乎想起什么,他接着说,"2001年10月,世界纪念性建筑基金会对外宣布:中国有四个著名的建筑被入选2002年世界纪念性建筑遗产保护名录,它们分别是:长城、陕西大秦宝塔、云南剑川沙溪寺登街区和上海欧黑尔·雷切尔犹太教堂(即西摩路教会堂)……"说到这儿他的声音有点沙哑了,也许是激动。是的,近几年来世界各地的犹太人和许多外国政要到西摩路教会堂参观访问,其中就有以色列两位总统、两位总理。另外有美国现国务卿希拉里·克林顿、美国前国务卿奥尔布赖特等到此访问过,还有德国总理施罗德来此参观,并写下了"我们纪念这段史实并向这里伸出援手的人们致以极大的感谢和赞赏"。霍夫曼用手帕擦了擦眼睛,又接着说:"我和我的儿孙们说,你们可以不到世界上著名的景点去旅游,但是你们不可不去中国,不可不去上海,因为上海是我们犹太人的诺亚方舟,上海则是救我们命的诺亚方舟,我们身上流着上海人的血。"听完他

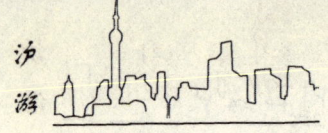

的一番话，我的眼眶里有些湿润了。是的，我们上海人衷心希望这座教会堂和其他犹太教会堂一样，永远成为上海人和犹太人友谊的见证。

　　时间不早了，该到分手的时候了，当我起身告别的时候，只见他还有些依依不舍，我走了一段路，无意地回头看了他一眼，只见他还在不停地挥着手。啊！多么好的犹太老人啊。这时，我耳旁又仿佛响起他的那段话："你们不可不去中国，不可不去上海……我们身上流着上海人的血。"想到这儿，我也挥动着手，向这位犹太老人致敬……

**图书在版编目(CIP)数据**

沪游杂谈 / 蒋炳辉著. —上海：文汇出版社，
2012.7
ISBN 978-7-5496-0120-2

Ⅰ.①沪… Ⅱ.①蒋… Ⅲ.①游记—作品集—中国—
当代 Ⅳ.①I267.4

中国版本图书馆 CIP 数据核字(2012)第 095139 号

## 沪游杂谈

| | |
|---|---|
| 作　　者 / | 蒋炳辉 |
| 责任编辑 / | 乐渭琦 |
| 图片摄影 / | 张载养 |
| 封面绘画 / | 何　青 |
| 封面题字 / | 白　鹤 |
| 装帧设计 / | 张　晋 |
| 出 版 人 / | 桂国强 |
| 出版发行 / | 文匯出版社 |
| | 上海市威海路 755 号 |
| | （邮政编码 200041） |
| 经　　销 / | 全国新华书店 |
| 照　　排 / | 南京理工大学资产经营有限公司 |
| 印刷装订 / | 上海港东印刷厂 |
| 版　　次 / | 2012 年 7 月第 1 版 |
| 印　　次 / | 2012 年 7 月第 1 次印刷 |
| 开　　本 / | 890×1240　1/32 |
| 字　　数 / | 230 千 |
| 印　　张 / | 7.75 |
| 书　　号 / | 978-7-5496-0120-2 |
| 定　　价 / | 20.00 元 |